墨人著

本全集保留作者手批手稿

墨人博士作品全集【全60冊】

第四十五冊　塞外

文史哲出版社印行

國家圖書館出版品預行編目資料

墨人博士作品全集 / 墨人著 -- 初版 -- 臺北
市:文史哲, 民 100.12
頁： 公分
ISBN 978-957-549-987-7 (全套 60 冊：平裝)

1.現代文學 2. 中國文學 3.別集

848.6　　100022602

墨人博士作品全集【全60冊】

第四十五冊　塞　外

著　者：墨　人
出版者：文史哲出版社
http://www.lapen.com.tw
登記證字號：行政院新聞局版臺業字五三三七號
發行人：彭正雄
發行所：文史哲出版社
印刷者：文史哲出版社
臺北市羅斯福路一段七十二巷四號
郵政劃撥帳號：一六一八〇一七五
電話886-2-23511028 · 傳真886-2-23965656

【全60冊】定價新臺幣 36,800 元

中華民國一百年（2011）十二月初版

ISBN 978-957-549-987-7　　08992

墨人博士著作品全集　總目

一、散文類

二、長篇小說

三、中短篇小說散文合集

四、詩詞及論評

附：外篇

墨人的一部文學千秋史

張萬熙先生，筆名墨人，江西九江人，民國九年生。爲一位享譽國內外名小說家、詩人、學者。歷任軍、公、教職。六十五歲始自從國民大會簡任一級加年功俸的資料組長兼圖書館長公職崗位退休，但已是中國文壇上一位閃亮的巨星。出版有：《全唐詩尋幽探微》、《紅樓夢的寫作技巧》、二百九十多萬字的大長篇小說《紅塵》、《白雪青山》、《春梅小史》；詩集：《哀祖國》；散文集：《小園昨夜又東風》……。民國五十年、五十一年連續以短篇小說，兩次入選維也納納富出版公司出版的《世界最佳小說選集》。七十歲時自東吳大學中文系教席二度退休，仍著述不輟，爲國寶級文學家。墨人博士在臺勤於創作六十多年（在大陸時期已創作十年），並以其精通儒、釋、道之學養，綜理戎機、參贊政務、作育英才，更以其對傳統文學的精湛造詣，與對新文藝的創作，在國際上贏得無數榮譽，如：美國世界大學榮譽文學博士、美國馬奎士國際大學榮譽文學博士、美國艾因斯坦國際學院榮譽人文學博士（包括哲學、文學、藝術、語言四類）、英國劍橋國際傳記中心副總裁（代表亞洲）、英國莎士比亞詩、小說與人文學獎得主，現在出版《全集》中。

壹、家世·堂號

張萬熙先生，江西省德化人（今九江），先祖玉公，明末時以提督將軍身份鎮守雁門關，蒙古騎兵入侵，戰死於東昌，後封爲「河間王」。其子輔公，進士出身，歷任文官。後亦奉召領兵「三定交趾」，因戰功而封爲「定興王」。其子貞公亦有兵權，因受奸人陷害，自蘇州嘉定（即今上海市一區），謫居潯陽（今江西九江）。祖宗牌位對聯爲：嘉定源流遠，潯陽歲月長；右書「清河郡」、左寫「百忍堂」。

貳、來臺灣的過程

民國三十八年，時局甚亂，張萬熙先生攜家帶眷，在兵荒馬亂人心惶惶時，張先生從湖南長沙火車站，先將一千多度的近視眼弱妻，與四個七歲以下子女，從車窗口塞進車廂，自己則擠在廁所內動彈不得，千辛萬苦的從湖南長沙搭火車南下廣州，從廣州登商輪來臺。七月三日抵基隆，由同學顧天一先生，接到臺北縣永和鎮鄉下暫住。

參、在臺灣一甲子奮鬥的過程

一、初到臺灣的生活

家小安頓妥後，張萬熙先生先到臺北萬華，一家新創刊的《經濟快報》擔任主編，但因財務不濟，四個月不到便草草結束。幸而另謀新職，舉家遷往左營擔任海軍總司令辦公室秘書，負責紀錄整理所有軍務會報紀錄。

民國四十六年，張先生自左營來臺北任職國防部史政局編纂《北伐戰史》（歷時五年多浩大工程，編成綠布面精裝本、封面燙金字《北伐戰史》叢書），完成後在「八二三」炮戰前夕又調任國防部總政治部，主管陸、海、空、聯勤文宣業務，四十七歲自軍中正式退役後轉任文官，在臺北市中山堂的國民大會主編研究世界各國憲法政治的十六開大本的《憲政思潮》，作者、譯者都是台灣大學、政治大學的教授、系主任，首開政治學術化先例。

張先生從左營遷到臺北大直海軍眷舍，只是由克難的甘蔗板隔間眷舍改爲磚牆眷舍，大小一般，但邊間有一片不小的空地，子女也大了，不能再擠在一間房屋內，因此，張先生加蓋了三間竹屋安頓他們。但眷舍右上方山上是一大片白色天主教公墓，在心理上有一種「與鬼爲鄰」的感覺。張夫人有一千多度的近視眼，她看不清楚，子女看見嘴裡不講，心裡都不舒服。張先生自軍中假退役後，只拿八成俸。

張先生因爲有稿費、版稅，還有些積蓄，除在左營被姓譚的同學騙走二百銀元外，剩下的積蓄還可以做點別的事。因爲住左營時在銀行裡存了不少舊臺幣，那時左營中學附近的土地只要三塊多錢一坪，張先生可以買一萬多坪。但那時政府的口號是「一年準備，兩年反攻，三年掃蕩，五年成功。」張先生信以爲真，三十歲左右的人還是「少不更事」，平時又忙著上班、寫作，實在不懂政治、經濟大事，以爲政府和「最高領袖」不會騙人，五年以內真的可以回大陸，張先生又有「戰士授田證」。沒想到一改用新臺幣，張先生就損失一半存款，呼天不應。但天理不容，姓譚的同學不但無后，也死了三十多年，更沒沒無聞。張先生作人、看人的準則是：無論幹什麼都是「誠信」第一，因果比法律更公平、更準。欺人不可欺心，否則自食其果。

二、退休後的寫作生活

張先生四十七歲自軍職退休後，轉任台北市中山堂國大會主編十六開大本研究各國憲法政治的《憲政思潮》十八年，時任簡任一級資料組長兼圖書館長。並在東吳大學兼任副教授二十年、香港廣大學院指導教授、講座教授、指導論文寫作、不必上課。六十四歲時即請求自公職提前退休，以業務重要不准，但取得國民大會秘書長（北京朝陽大學法律系畢業）何宜武先生的首肯，六十五歲依法退休。當時國民大會、立法院、監察院簡任一級主管多延至七十歲退休，因所主管業務富有政治性，與單純的行政工作不同，六十五歲時張先生雖達法定退休年齡，還是延長了四個月才正式退休，何秘書長宜武大惑不解地問張先生：「別人請求延長退休而不可得，你爲什麼反而要求退休？」張先生答以「專心寫作」，何秘書長才坦然不疑。退休後日夜寫作，因胸有成竹，很快完成了一百九十多萬字的大長篇小說《紅塵》，在鼎盛時期的《臺灣新生報》連載四年多，開中國新聞史中報紙連載最大長篇小說先河。但報社還不敢出版，經讀者熱烈反映，才出版前三大冊。當年十二月即獲行政院新聞局「著作金鼎獎」與嘉新文化基金會「優良著作獎」，亦無前例。《台灣新生報》又出九十三章至一百二十二章，只好名爲《續集》。墨人在書前題五言律詩一首：

浩劫未埋身，揮淚寫紅塵，非名非利客，孰晉孰秦人？

毀譽何清問？吉凶自有因。天心應可測，憂道不憂貧。

二〇〇四年初，巴黎 youfeng 書局出版豪華典雅的法文本《紅塵》，亦開「五四」以來中文作家大長篇小說進入西方文學世界重鎮先河。時爲巴黎舉辦「中國文化年」期間，兩岸作家多由政府資助出席，張先生未獲任何資助，亦未出席，但法文本《紅塵》卻在會場展出，實爲一大諷刺。張先生一生「只問耕耘，不問收穫」的寫作態度，七十多年來始終如一，不受任何外在因素影響。

肆、特殊事蹟與貢獻

一、《紅塵》出版與中法文學交流

《紅塵》寫作時間跨度長達一世紀，由清朝末年的北京龍氏家族的翰林第開始，寫到八國聯軍、滿清覆亡、民國初建、八年抗日、國共分治下的大陸與臺灣，續談臺灣的建設發展、開放大陸探親等政策。空間廣度更遍及大陸、臺灣、日本、緬甸、印度，是一部中外罕見的當代文學鉅著。墨人五十七歲時應邀出席在西方文藝復興聖地佛羅倫斯所舉辦的首屆國際文藝交流大會，會後環遊地球一周。七十歲時應邀訪問中國大陸四十天，次年即出版《大陸文學之旅》。《紅塵》一書最早於臺灣新生報連載四年多，並由該報連出三版，臺灣新生報易主後，將版權交由昭明出版社出版定本六卷。由於本書以百年來外患內亂的血淚史爲背景，寫出中國人在歷史劇變下所顯露的生命態度、文化認知、人性的進取與沉淪，引起中外許多讀者極大共鳴與回響。

旅法學者王家煜博士是法國研究中國思想的權威，曾參與中國古典文學的法文百科全書翻譯工作，他認爲深入的文化交流仍必須透過文學，而其關鍵就在於翻譯工作。從五四運動以來，中西文化交流一直是西書中譯的單向發展。直到九十年代文建會提出「中書外譯」計畫，臺灣作家才逐漸被介紹到西方，如此文學鉅著的翻譯，算是一個開始。

王家煜在巴黎大學任教中國上古思想史，他指出《紅塵》一書中所引用的詩詞以及蘊含中國思想的博大精深，是翻譯過程中最費工夫的部分。為此，他遍尋參考資料，並與學者、詩人討論，歷時十年終於完成《紅塵》的翻譯工作，本書得以出版，感到無比的欣慰。他笑著說，這可說是「十年寒窗」。

《紅塵》法文譯本分上下兩大冊，已由法國最重要的中法文書局「友豐書店」出版。友豐負責人潘立輝謙沖寡言，三十年多來，因對中法文化交流有重大貢獻而獲得法國授予文化「騎士勳章」的榮譽。他於五年前開始成立出版部，成為歐洲一家以出版中國圖書法文譯著為主業的華人出版社。

潘立輝表示，王家煜先生的法文譯筆典雅、優美而流暢，使他收到「紅塵」譯稿時，愛得不忍釋手，他以一星期的時間一口氣看完，經常讀到凌晨四點。他表示出版此書不惜成本，不太可能賺錢，卻感到十分驕傲，因為本書能讓不懂中文的旅法華人子弟，更瞭解自己文化根源的可貴之處，同時，本書的寫作技巧必對法國文壇有極大影響。

二、不擅作生意

張先生在六十五歲退休之前，完全是公餘寫作，在軍人、公務員生活中，張先生遭遇的挫折不少。軍職方面，張先生只升到中校就不做了，因為過去稱張先生為前輩、老長官的人都成為張先生的上司，張先生怎麼能做？因為張先生的現職是軍聞社資料室主任（他在南京時即任國防部新創立的「軍事新聞總社」實際編輯主任，因言守元先生是軍校六期老大哥，未學新聞，不在編輯之列）。但張先生以不求官，只求假退役，不擋人官路，這才退了下來。那時養來亨雞風氣盛行，在南京軍聞總社任外勤記者的姚秉凡先生頭腦靈活，他即時養來亨雞，張先生也「東施效顰」，結果將過去稿費積蓄全都賠光。

三、家庭生活與運動養生

張先生大兒子考取中國廣播公司編譯，結婚生子，廿七年後才退休，長孫修明取得美國南加州大學電機碩士學位，之後即在美國任電機工程師。五個子女均各婚嫁，小兒子選良以獎學金取得美國華盛頓大學化學工程博士，媳蔡傳惠為伊利諾理工學院材料科學碩士，兩孫亦已大學畢業就業，落地生根。

張先生兩老活到九十一、九十二歲還能照顧自己。（近年以一印尼女「外勞」代做家事）張先生一伏案寫作四、五小時都不休息，與臺大外文系畢業的長子選翰兩人都信佛，六十五歲退休後即吃全素。低血壓十多年來都在五十五至五十九之間，高血壓則在一百一十左右，走路「行如風」，年輕人很多都跟不上張先生，比起初來臺灣時毫不遜色，這和張先生運動有關。因為張先生住大直後山海軍眷舍八年，眷舍右上方有一大片白色天主教公墓，諸事不順，公家宿舍小，又當西曬，張先生靠稿費維持七口之家和五個子女的教育費。三伏天右手墊墳著毛巾，背後電扇長吹，三年下來，得了風濕病，手都舉不起來，花了不少錢都未治好。後來章斗航教授告訴張先生，圓山飯店前五百完人塚廣場上，有一位山西省主席閻錫山的保鑣王延年先生在教太極拳，勸張先生天一亮就趕到那裡學拳，一定可以治好。張先生一向從善如流，第二天清早就向王延年先生報名請教，王先生有教無類，收張先生這個年已四十的學生，王先生先不教拳，只教基本軟身功攀腿，卻受益非淺。

四、耿直的公務員性格

張先生任職時向來是「不在其位，不謀其政」。後來升簡任一級組長，有一位「地下律師」的專員，平時鑽研六法全書，混吃混喝，與西門町混混都有來往，他的前任爲大畫家齊白石女婿，平日公私不分，是非不明，借錢不還，沒有口德，人緣太差，又常約那位「地下律師」專員到家中打牌。那專員平日不簽到，甚至將簽到簿撕毀他都不哼一聲，因爲爲他多報年齡，屆齡退休時想更改年齡，但是得罪人太多，金錢方面更不清楚，所以不准再改年齡，組長由張先生繼任。

張先生第一次主持組務會報時，那位地下律師就在會報中攻擊圖書科長，張先生立即申斥，並宣佈記過。簽報上去處長都不敢得罪那地下律師，又說這是小事，想馬虎過去，張先生以秘書處名譽紀律爲重，非記過不可，讓他去法院告張先生好了。何宜武秘書長是學法的，他看了張先生簽呈同意記過，那位地下律師「專員」不但不敢告，只暗中找一位不明事理的國大「代表」來找張先生的麻煩。因事先有人告訴他，張先生完全不理那位代表，他站在張先生辦公室門口不敢進來，幾分鐘後悄然而退。人不怕鬼，鬼就怕人。諺云：「一正壓三邪」，這是經驗之談。直到張先生退休，那位專員都不敢惹事生非，西門町流氓也沒有找張先生的麻煩，當年的代表十之八九已上「西天」，張先生活到九十二歲還走路「行如風」，一坐到書桌，能連續寫作四、五小時而不倦，不然張先生怎麼能在兩岸出版約三千萬字的作品？

原載新文豐《紮根台灣六十年》，墨人民國一百年十一月十三日校正）

墨人博士作品全集

文學是千秋藝業
秦皇漢武今何在
李白杜甫仍風流

全集共分四大類
一、散文類 六小類
三、文學理論類
四、新詩古典詩詞類

我出生於一個「萬般皆下品，惟有讀書高」的傳統文化家庭，且深受佛家思想影響，因祖母信佛，兩個姑母先後出家，大姑母是帶著賠嫁的錢購買依山傍水風景很好，上名山廬山的必經之地的「天后宮」出家的，小姑母的廟則在鬧中取靜的市區。我是父母求神拜佛後出生的男子，並寄名佛下，乳名聖保，上有二姊下有一妹都夭折了，在那個重男輕女的時代！我自然水漲船高了。我記得四、五歲時一位面目清秀，三十來歲文質彬彬的李瞎子替我算命，母親問李瞎子，我的命根穩不穩？能不能養大成人？李瞎子說我十歲行運，幼年難免多病，可以養大成人，但是會遠走高飛。母親聽了憂喜交集，在那個時代不但妻以夫貴。也以子貴，有兒子在身邊就多了一層保障。母親的心理壓力很大，李瞎子的「遠走高飛」那句話可不是一句好話。

到現在八十多年了，我還記得十分清楚。母親暗自憂心。何況科舉已經廢了，不必「進京趕考」，更不會「當兵吃糧」，安安穩穩作個太平紳士或是教書先生不是很好嗎？我們張家又是大族，人多勢眾，不會受人欺侮，何況二伯父的話此法律更有權威，人人敬仰，去外地「打流」又有什麼好處？因此我剛滿六歲就正式拜孔夫子入學啓蒙，從《三字經》、《百家姓》、《千字文》、《千家詩》、《論語》、《大學》、《中庸》……《孟子》、《詩經》、《左傳》讀完了都要整本背，在十幾位學生中，也只有我一人能背，我背書如唱歌，窗外還有人偷聽，他們實在缺少娛樂。除了我父親下雨天會吹吹笛子、簫，消遣之外，沒有別的娛樂，我自幼歡喜絲竹之音，但是很少聽到。讀書的人也只有我們三房、二房兩兄弟，二伯父在城裡當紳士，偶爾下鄉排難解紛，他是一族之長，更受人尊敬，因爲他大公無私，又有一百八十公分左右的身高，眉眼自有威嚴，能言善道，他的話比法律更有效力，加之民性純樸，真是「夜不閉戶，道不失遺」。只有「夏都」廬山才有這麼好的治安。我十二歲前就讀完了四書、詩經、左傳、千家詩。我最喜歡的是《千家詩》和《詩經》。

關關雎鳩，在河之洲，
窈窕淑女，君子好逑。

我覺得這種詩和講話差不多，可是更有韻味。我就喜歡這個調調。《千家詩》我也喜歡，我背得更熟。開頭那首七言絕句詩就很好懂：

雲淡風清近午天，傍花隨柳過前川。
時人不識余心樂，將謂偷閒學少年。

老師不會作詩，也不講解，只教學生背，我覺得這種詩和講話差不多，但是更有韻味。我也了解大意，我以讀書爲樂，不以爲苦。這時老師方教我四聲平仄，他所知也止於此。

我也喜歡《詩經》，這是中國最古老的詩歌文學，是集中國北方詩歌的大成。可惜三千多首被孔子刪得只剩三百首。孔子的目的是：「詩三百，一言以蔽之，曰思無邪。」孔老夫子將《詩經》當作教條。詩是人的思想情感的自然流露，是最可以表現人性的。先民質樸，孔子既然知道「食色性也」，對先民的集體創作的詩歌就不必要求太嚴，以免喪失許多文學遺產和地域特性。楚辭和詩經不同，就是地域特性和風俗民情的不同。文學藝術不是求其同，而是求其異。這樣才會多彩多姿。文學不應成爲政治工具，但可以移風易俗，亦可淨化人心。我十二歲以前所受的基礎教育，獲益良多，但也出現了一大危機，沒有老師能再教下玄。幸而有一位年近二十歲的姓王的學生在廬山一未立案的國學院求學，他問我想不想去？我自然想去，但廬山夏涼，冬天太冷，父親知道我的心意，並不反對，他對新式的人手是刀尺的教育沒有興趣，我便在飄雪的寒冬同姓王的爬上廬山，我生在平原，這是第一次爬上高山。

在廬山我有幸遇到一位湖南岳陽籍的閣毅字任之的好老師，他只有三十二歲，飽讀詩書，與民國初期的江西大詩人散原老人唱和，他的王字也寫的好。有一天他要六七十位年齡大小不一的學生各寫一首絕句給他看，我寫了一首五絕交上去，廬山松樹不少，我生在平原是看不到松樹的，我是即景生情，信手寫來，想不到閣老師特別將我從大教室調到他的書房去，在他右邊靠牆壁另加一桌一椅，教我讀書寫字，並且將我的名字「熹」改爲「熙」，視我如子。原來是他很欣賞我那首五絕中的「疏松月影亂」這一句。我只有十二歲，不懂人情世故，也不了解他的深意。時任漢口市長張群的侄子張繼文還小我一歲，卻是個天不怕、地不怕的小太保，江西省主席熊式輝的兩個小舅子大我幾歲，閣老師的侄子卻高齡二十八歲。學歷也很懸殊，有上過大學的、高中的，多是對國學有興趣，支持學校的袞袞諸公也都是有心人士，新式學校教育日漸西化，國粹將難傳承，所以創辦了這樣一個尚未立案的國學院，也未大張旗鼓正式掛牌招生，但聞風而至的要人子弟不少，校方也本著「有教無類」的原則施教，閣老師也是義務施教，他與隱居廬山的要人嚴立三先生也有交往。（抗日戰爭一開始嚴立三即出山任湖北省主席，諸閣老師任省政府秘書，此是後話。）同學中權貴子弟亦多，我雖不是當代權貴子弟，但九江先組玉公以提督將軍身分抵抗蒙古騎兵入侵雁門關戰死東昌(雁門關內北京以西縣名,一九九〇年我應邀訪問大陸四十天時去過。)而封河間王;其子輔公。以進士身分出仕,後亦應昭領兵三定交趾而封定興王;其子貞公亦有兵權,因受政客讒害而自嘉定謫居潯陽。大詩人白居易亦曾謫為江州司馬,我另一筆名即用江州司馬。我是黃帝第五子揮的後裔,他因善造弓箭而賜姓張。遠祖張良是推薦韓信為劉邦擊敗楚霸王項羽的漢初三傑之首。他有知人之明,深知劉邦可以共患難,不能共安樂,所以悄然引退,作逍遙遊,不像韓信為劉邦拼命打天下,立下汗馬功勞,雖封三齊王卻死於未央宮呂后之手。這就是不知進退的後果。我很敬佩張良這位遠祖,抗日戰爭初期(一九三八)我為不作「亡國奴」,即輾轉赴臨時首都武昌以優異成績考取軍校,一位落榜的姓熊的同學帶我們過江去漢口。中共未公開招生的「抗日大學」(當時國共合作抗日,中共在漢口以「抗大」名義吸收人才。)辦事處參觀,接待我們的是一位讀完大學二年級才貌雙全,口才奇佳的女生獨對我說負責保送我免試進「抗大」一期,因未提其他同學,我不去。一年後我又在軍校提前一個月畢業,因我又考取陪都重慶中央政府培養高級軍政幹部的中央訓練團,而特設的新聞「新聞研究班」第一期,與我同期的有為新詩奉獻心力的覃子豪兄(可惜五十二歲早逝)和中央社東京分社主任兼國際記者協會主席的李嘉兄。他在我訪問東京時曾與我合影留念,並親贈我精裝《日本專欄》三本。他七十歲時過世,這兩張照片我都編入「全集」一百九十多萬字的空前大長篇小說(紅塵)照片類中。而今在台同學只有兩位了。

民國二十八年(一九三九)九月我以軍官、記者雙重身分,奉派到第三戰區最前線的第三十二集團軍上官雲相總部所在地，唐宋八大家之一，又是大政治家王安石，尊稱王荆公的家鄉臨川，（屬撫州市）作軍事記者，時年十九歲，因第一篇戰地特寫《臨川新貌》經第三戰區長官都主辦的行銷甚廣的《前線日報》發表，隨即由淪陷區上海市美國人經營的《大美晚報》轉載，而轉爲文學創作，因我已意識到新聞性的作品易成「明日黃花」，文學創作則可大可久，我爲了寫大長篇《紅塵》、六十四歲時就請求提前退休，學法出身的秘書長何宜武先生大惑不解，他對我說：

「別人想幹你這個工作我都不給他，你爲什麼要退？」我幹了十幾年他只知道我是個奉公守法的張萬熙，不知道我是「作家」墨人，有一次國立師範大學校長劉真先生告訴他張萬熙就是墨人，劉校長看了我在當時的「中國時報」發表的幾篇有關中國文化的理論文章，他希望我繼續寫，劉校長真是有心人。沒想到他在何宜武秘書長面前過獎，使我不能提前退休，要我幹到六十五歲多四個月才退了下來。現在事隔二十多年我才提這件事。鼎盛時期的（台灣新生報）連載四年多的拙作《紅塵》出版前三冊時就同時獲得新聞局著作金鼎獎和嘉新文化基金會「優良著作獎」，劉真校長也是嘉新文化基金會的評審委員之一，他一定也是投贊成票的。「世有伯樂而後有千里馬」。我九十二歲了，現在經濟雖不景氣，但我還是重讀重校了拙作「全集」我一向只問耕耘，不問收穫，我歷任軍、公、教三種性質不同的職務，經過重重考核關卡，寫作七十三年，經過編者的考核更多，我自己從來不辦出版社。我重視分工合作。我頭腦清醒，是非分明，歷史人物中我更敬佩遠祖張良，不是劉邦。張良的進退自如我更歎服。在政治角力場中要保持頭腦清醒，人性尊嚴並非易事。我們張姓歷代名人甚多，我對遠祖張良的進退自如尤爲歎服，因此我將民國四十年在台灣出生的幼子依譜序取名選良。他早年留美取得化學工程博士學位，雖有獎學金，但生活仍然艱苦，美國地方大，出入非有汽車不可，這就不是獎學金所能應付的，我不能不額外支持，他取得化學工程博士學位與取得材料科學碩士學位的媳婦蔡傳惠雙雙回台北探親，且各有所成，幼子曾研究生產了飛機太空船用的抗高溫的纖維，媳婦則是一家公司的經理，下屬多是白人，兩孫亦各有專長，在台北出生的長孫是美國南加州大學的電機碩士，在經濟不景氣中亦獲任工程師，我不要第三代走這條文學小徑，是現實客觀環境的教訓，我何必讓第三代跟我一樣忍受生活的煎熬，這會使有文學良心的人精神崩潰的。我因經常運動，又吃全素二十多年，九十二歲還能連寫四、五小時而不倦。我寫作了七十多年，也苦中有樂，但心臟強，又無高血壓，一是得天獨厚，二是生活自我節制，我到現在血壓還是60—**110**之間，沒有變動，寫作也少戴老花眼鏡，走路仍然「行如風」，十分輕快，我在國民大會主編《憲政思潮》十八年，看到不少在大陸選出來的老代表，走路兩腳在地上蹉跎，這就來日不多了。個人的健康與否看他走路就可以判斷，作家寫作如在八十歲以後還不戴老花眼鏡，沒有高血壓，長命百歲絕無問題。如再能看輕名利，不在意得失，自然是仙翁了。健康長壽對任何人都很重要，對詩人作家更重要。

一九九〇年我七十歲應邀訪問大陸四十天作「文學之旅」時，首站北京，我先看望已九十高齡的老前輩散文作家，大家閨秀型的風範，平易近人，不慍不火的冰心，她也「勞改」過，但仍心平氣和。本來我也想看看老舍，但老舍已投湖而死，他的公子舒乙是中國現代文學館的副館長，他也出面接待我，還送了我一本他編寫的《老舍之死》，隨後又出席了北京詩人作家與我的座談會，參加七十賤辰的慶生宴，彈指之間卻已二十多年了。我訪問大陸四十天，次年即由台北「文史哲出版社」出版照片文字俱備的四二五頁的《大陸文學之旅》。不虛此行。大陸文友看了這本書的無不驚異，他們想不到我七十一高齡還有這樣的快筆，而又公正詳實。他們不知我行前的準備工作花了多少時間，也不知道我一開筆就很快。

我拜會的第二位是跌斷了右臂的詩人艾青，他住協和醫院，我們一見如故，他是浙江金華人，卻體格高大，性情直爽如燕趙之士，完全不像南方金華人。我們一見面他就緊握著我的手不放，侃侃而談，我不知道他編《詩刊》時選過我的新詩。在此之前我交往過的詩人作家不少，沒有像他如此豪放真誠，我告別時他突然放聲大哭，陪我去看他的北京新華社社長族侄張選國先生，陪我四十天作《大陸文學之旅》的廣州電視台深圳站站長高麗華女士，文字攝影記者譚海屏先生等多人，不但我為艾青感傷，陪同我去看艾青的人也心有戚戚焉，所幸他去世後安葬在八寶山中共要人公墓，他是大陸唯一的詩人作家有此殊榮。台灣單身詩人同上校軍文黃仲琮先生，死後屍臭才有人知道，他小我二歲，如我不生前買好八坪墓地，連子女也只好將我兩老草草火化，這是與我共患難一生的老伴死也不甘心的，抗日戰爭時她父親就是我單獨送上江西南城北門外義山土葬的。這是中國人「入土為安」的共識。也許有讀者會問這和文學創作有什麼關係？但文學創作不是單純的文字工作，而是作者整個文化觀、文學觀，人生觀的具體表現，不可分離。詩人作家不能「瞎子摸象」，還要有「舉一反三」的能力。我做人很低調。寫作也不唱高調，但也會作不平之鳴、仗義直言。我不鄉愿，我重視一步一個腳印，「打高空」可以譁眾邀寵於一時，但「旁觀者清」，讀者中藏龍臥虎，那些不輕易表態的多是高人。高人一旦直言不隱，會使洋洋自得者現出原形。作品一旦公諸於世，一切後果都要由作者自己負責，這也是天經地義的事。

我寫作七十多年無功無祿，我因熬夜寫作頭暈住馬偕醫院一個星期也沒有人知道，更不像大陸的當代作家、詩人是有給制，有同教授的待過，而稿費、版稅都歸作者所有。依據民國九十八年一月十日「中國時報」A十四版「二〇〇八年中國作家富豪榜單」二十五名收入人民幣的數字統計，第一高的郭敬明一年是一千三百萬人民幣，第二名鄭淵潔是一千一百萬人民幣，第三名楊紅櫻是九百八十萬人民幣。最少的第二十五名的李西閩也有一百萬人民幣，以人民幣與台幣最近的匯率近一比四・五而言，現在大陸作家一年的收入就如此之多，是我一九九〇年應邀訪問大陸四十天作文學之旅時所未想像到的，而現在的台灣作家與我年紀相近的二十年前即已停筆，原因之一是發表出版兩難，二是年齡太大了。民國九十八年（二〇〇九）以前就有張漱菡（本名欣禾）、尹雪曼、劉枋、王書川、艾雯、嚴友梅六位去世，嚴友梅還小我四、五歲，小我兩歲的小說家楊念慈則行動不便，鬍鬚相當長，可以賣老了。我托天佑，又自我節制，二十多年來吃全素，又未停止運動，也未停筆，最近在台北榮民總醫院驗血檢查，健康正常。我也有我的養生之道，每天吃枸杞子明目，吃南瓜子抑制攝護腺肥大，多走路、少坐車，伏案寫作四、五小時而不疲倦，此非一日之功。

民國九十八（二〇〇九）己丑，是我來台六十周年，這六十年來只搬過兩次家，第一次從左營搬到台北大直海軍眷舍，在那一大片天主教白色公墓之下，我原先不重視風水，也無錢自購住宅，想不到鄰居的子女有得神經病的，有在金門車禍死亡的，大人有坐牢的，有槍斃的，也有得神經病的，我退役養雞也賠光了過去稿費的積蓄，讀台大外文系的大兒子也生病，我則諸事不順，直到搬到大屯山下坐北朝南的兩層樓的獨門獨院自宅後，自然諸事順遂，我退休後更能安心寫作，遠離台北市區，真是「市遠無兼味，地僻客來稀。」同里鄰的多是市井小民，但治安很好，誰也不知道我是爬格子的，連警察先生也不光顧舍下，除了近十年常有人打電話來騙我，幸未上大當外，我安心過自己的生活。當年「移民潮」去不了美國的也會去加拿大，我是「美國人」的祖父，我不移民美國，更別說去加拿大了。娑婆世界無常，早年即移民美國的琦君（本名潘希真）、彭歌，最後還是回到台灣來了，這不能說台灣是「天堂」，以我的體驗而言是台北市氣候宜人，夏天三十四度以上的日子少，冬天十度以下的日子也很少，老年人更不能適應零度以下的氣溫，我只有冬天上大屯山、七星山頂才能見雪。有高血壓、心臟病的老人更不能適應。我不想做美國公民，做台灣平民六十多年，也沒有自卑感。

娑婆世界是一個無常的世界，天有不測風雲，人有旦夕禍福，老子早說過：「福兮禍所倚，禍兮福所伏。」禍福無門，唯人自招。我一生不起歪念，更不損人利己，與人爲善。雖常吃暗虧，只當作上了一課。這個花花世界是我學不完的大教室，萬丈紅塵其中也有黑洞，我心存善念，更不造文字孽，不投機取巧，不違背良知，蒼天自有公斷，我本著文學良心寫作，盡其在我而已，讀者是最好的裁判。

民國一〇〇年（二〇一一）辛卯七月二十九日下午六時二十三分於紅塵寄廬

1951 年墨人 31 歲與夫人曾麗春女士（30 歲）結婚十周年紀念合影於左營

墨人博士七十壽辰與夫人曾麗春女士合影。此照為大翻譯家、文學理論家黃文範先生所攝，並在照片背後題「南山北海惟仁者壽」。

民國二十九年(1940)作者墨人在江西南城戎裝照。

1939 年墨人即自戰時陪都四川重慶奉派至江西臨川王安石家鄉，第三戰區前線任軍事記者創辦軍報，提供抗日官兵精神食糧。時年 19 歲。

2010 年「五四」作者墨人 91 歲在花蓮和南寺家人合影

2003 年 8 月 26 日作者墨人（中）在含鄱口觀山景點與
作者長女韻華、長子選翰、三女韻湘、二女韻真合影。

2005 年 2 月作者次子選良（右一）回台北與父（右二）及
作者夫人（中）三女韻湘（左二）二女韻真（左一）合影。

作者墨人在書房留影，時年八十五歲。

《墨人博士大長篇小說〈紅塵〉法文譯本封面照片》

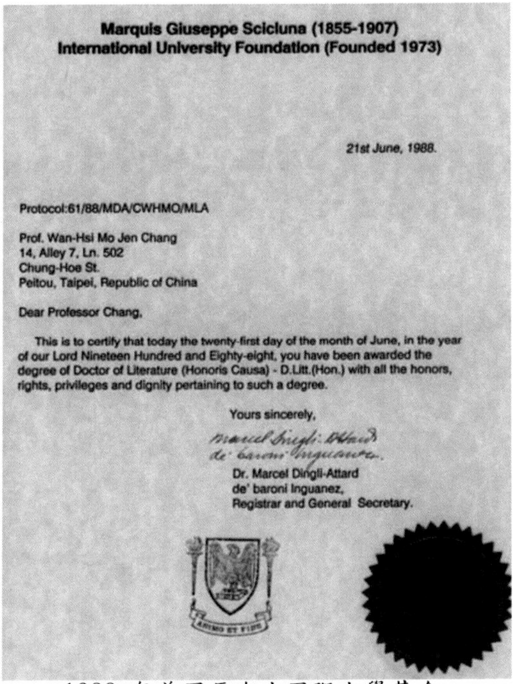

Marquis Giuseppe Scicluna (1855-1907)
International University Foundation (Founded 1973)

21st June, 1988.

Protocol:61/88/MDA/CWHMO/MLA

Prof. Wan-Hsi Mo Jen Chang
14, Alley 7, Ln. 502
Chung-Hoe St.
Peitou, Taipei, Republic of China

Dear Professor Chang,

This is to certify that today the twenty-first day of the month of June, in the year of our Lord Nineteen Hundred and Eighty-eight, you have been awarded the degree of Doctor of Literature (Honoris Causa) - D.Litt.(Hon.) with all the honors, rights, privileges and dignity pertaining to such a degree.

Yours sincerely,

Dr. Marcel Dingli-Attard
de' baroni Inguanez,
Registrar and General Secretary.

1988 年美國馬奎士國際大學基金會，授予張萬熙墨人教授榮譽文學博士學位證書。

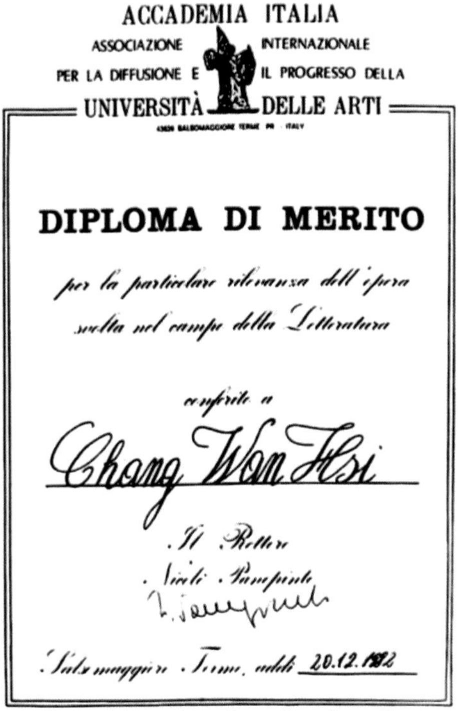

ACCADEMIA ITALIA
ASSOCIAZIONE INTERNAZIONALE
PER LA DIFFUSIONE E IL PROGRESSO DELLA
UNIVERSITÀ DELLE ARTI

DIPLOMA DI MERITO

per la particolare rilevanza dell'opera svolta nel campo della Letteratura

conferito a

Chang Wan Hsi

Il Rettore
Nicola Pampinto

Salsomaggiore Terme, addì 20.12.1982

義大利出版英、法、德、義四種文字的「國際文學史」的 ACCADEMIA ITALIA, 1982 年授予墨人的文學功績證書。

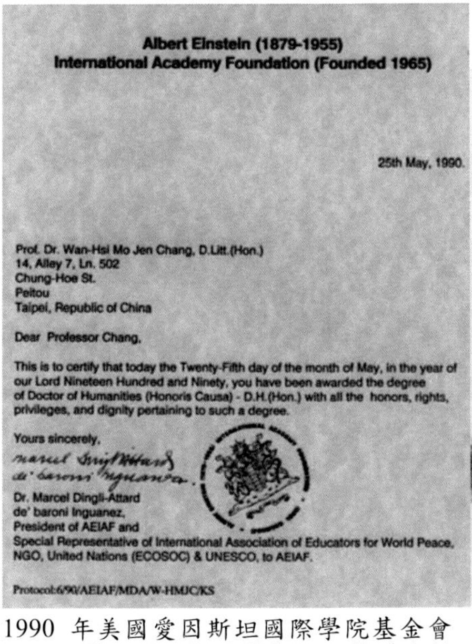

Albert Einstein (1879-1955)
International Academy Foundation (Founded 1965)

25th May, 1990.

Prof. Dr. Wan-Hsi Mo Jen Chang, D.Litt.(Hon.)
14, Alley 7, Ln. 502
Chung-Hoe St.
Peitou
Taipei, Republic of China

Dear Professor Chang,

This is to certify that today the Twenty-Fifth day of the month of May, in the year of our Lord Nineteen Hundred and Ninety, you have been awarded the degree of Doctor of Humanities (Honoris Causa) - D.H.(Hon.) with all the honors, rights, privileges, and dignity pertaining to such a degree.

Yours sincerely,

Dr. Marcel Dingli-Attard
de' baroni Inguanez,
President of AEIAF and
Special Representative of International Association of Educators for World Peace, NGO, United Nations (ECOSOC) & UNESCO, to AEIAF.

Protocol:6/90/AEIAF/MDA/W-HMJC/KS

1990 年美國愛因斯坦國際學院基金會授予張萬熙墨人教授榮譽人文學（含哲學文學藝術語言四種）博士學位

WORLD UNIVERSITY ROUNDTABLE
In Corporate Affiliation with the World University
Greetings
In recognition of Distinguished Achievement within the principles and purposes of the World University development, the Trustees of the Corporation, upon the nomination of the Secretariat, confer doctoral membership and this honorary award upon
Chang Wan-Hsi (Mo Jen)
The Cultural Doctorate in Literature
with all rights and privileges there to pertaining.

Witness our hand and seal at the International Secretariat Regional Campus, Benson, Arizona April 17, 1989

President of the Board of Trustees
Secretary of the Board of Trustees

1989 年美國世界大學授予張萬熙墨人榮譽文學博士學位，文化大學創辦人張其昀（曉峰）先生亦獲此榮譽。

THIS PICTORIAL TESTIMONIAL OF ACHIEVEMENT AND DISTINCTION proclaims throughout the world that

DR. CHANG WAN-HSI (MO JEN)

is the recipient of the above-mentioned Honour, granted by the Board of Editors of the

2000 OUTSTANDING SCHOLARS OF THE 20TH CENTURY

meeting in Cambridge, England, on the date set out below, AND that the Board also resolves that a portrait photograph of

DR. CHANG WAN-HSI (MO JEN)

be attached to this Testimonial as verification of the Honour bestowed.

2000 OUTSTANDING SCHOLARS OF THE 20TH CENTURY

First Edition

Signed and sealed on the 14th December 1999

Authorized Officer

1999年10月張萬熙墨人博士榮登英國劍橋國際傳記中心《二十世二千位傑出學者》第一版證書。

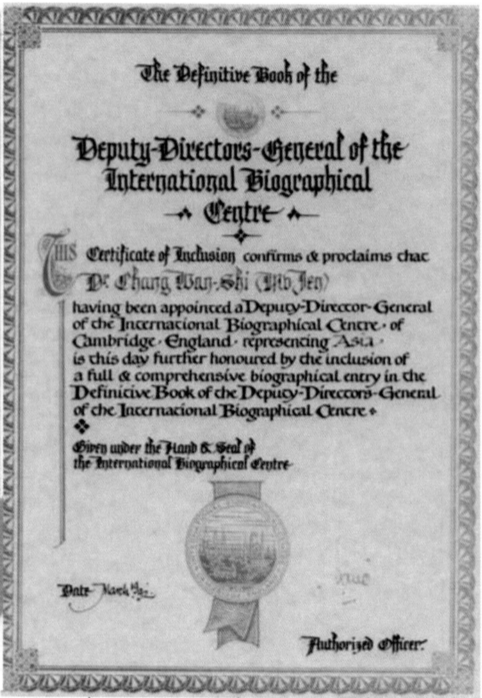

The Definitive Book of the

Deputy-Directors-General of the International Biographical Centre

THIS Certificate of Inclusion confirms & proclaims that Dr Chang Wan-Shi (Mo Jen) having been appointed a Deputy-Director-General of the International Biographical Centre of Cambridge England representing Asia is this day further honoured by the inclusion of a full & comprehensive biographical entry in the Definitive Book of the Deputy-Directors-General of the International Biographical Centre.

Given under the Hand & Seal of the International Biographical Centre

Date

Authorized Officer

1992英國劍橋國際傳記中心（I.B.C.）任張萬熙墨人博士為代表亞洲的副總裁。

THE INTERNATIONAL SHAKESPEARE AWARD FOR LITERARY ACHIEVEMENT

This Illuminated Certificate of Merit commemorates and celebrates the life and work of

Dr. Chang Wan-Hsi (Mo Jen) DDG

and is therefore a rightful recipient of the Shakespeare Award for Literary Achievement and as such stands testament to the efforts made by said individual in the arena of

Poetry, Novels and the Humanities

Witnessed on the date set out below by the Officers of the International Biographical Centre at its Headquarters in Cambridge, England and signed by the Director General and Editor-In-Chief.

16th March 2009

Director General

Editor-In-Chief

2009年3月16日英國劍橋國傳記中心總裁與總編輯聯合授予張萬熙墨人博士國際莎士比亞文學成就獎。

International Biographical Centre Cambridge CB2 3QP England
Telephone: +44 (0) 1353 646600 Facsimile: +44 (0) 1353 646601

IBC

REF: LAA/MED/MW-13640

13 November 2002

Dr Chang Wan-Hsi (Mo Jen) DDG
14 Alley 7, Lane 502
Chung Ho Street
Peitou
Taipei
Taiwan

Dear Dr Chang

Please find enclosed the Medal in respect of the **Lifetime Achievement Award** which I hope meets with your approval.

Yours sincerely

MICHELLE WHITEHALL
Personal Assistant to the Director General

Enc

英國劍橋國際傳記中心(I.B.C.)2002年頒發詩人作家張萬熙（墨人）博士終身成就獎，英文信及金牌正反面照片墨人早年即被I.B.C.推選為副總裁。

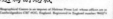

塞外目次

塞外

雁門關外野人家，朝穿皮襖午穿紗。
天蒼蒼，野茫茫，風吹草低見牛羊。
蒙古三宗寶：牛奶、炒米、蒙古包。

一

抗日戰爭一結束，我就放下了槍桿拿起筆桿。在戰爭中，我跑遍了大半個中國，也到過緬甸、印度，就是沒有到過東北、蒙古和新疆。我不想再和部隊一道拖，希望無拘無束，自由自在地遨遊，因此我在上海一家大報找到一份記者工作。別的記者都賴在南京上海過燈紅酒綠的生活，不肯跑到邊遠的地方去，報社正需要一個肯跑東北、蒙古、新疆的特派記者，我湯裏火裏都去過，恰好頂上。別人認爲這是個大冷門，沒有在首都跑政治要聞那麽吃香，那麽容易闖出來，我反正不想作無冕之王，只是玩兒票，所以我願意燒這個冷灶。

我的第一站是北平。從這裏出關可到東北，從這裏出塞可到內外蒙古，一到北平我就先打聽那兩方面的情形和人事關係。在一次酒席中，我認識了皮貨商人薛逢春，他在北平開了一個皮貨莊，從小跑口外蒙古，不但前套後套十分熟悉，外蒙古也跑了不少地方，庫倫和大同一般瞭如指掌。他還會蒙古話，可以算得是個蒙古通。

他身體健壯，高大魁偉，性情豪爽，一臉絡腮鬍鬚。可是粗中有細，有一副山西人的生意頭腦，而且相當幽默。三十五六的年紀，愛說愛笑，還愛喝幾盅汾酒。認識他我非常高興，決定先去蒙古。可是他要過中秋以後才成行，他的目的地是烏喇特後旗。我不能單人匹馬亂闖，只好等他。

在北平將近一個月的期間，我和他來往得很勤，他請我到他莊裏吃過飯，我也請他聽過幾次戲，他是個戲迷，也像大多數的老北平一樣，生旦淨丑都能哼幾句兒。我也深愛此調，不過以往看的多是海派，沒有看過京朝大角兒。到了北平，開了眼界，眞是個艷陽天，暖風吹，入了迷。由於臭味兒相投，我們彷彿如魚得水。在這期間，我只寫了一篇通訊稿，發了幾則專電。

動身前夕，他陪我上街買了一些日用品，我們要在烏喇特後旗耽擱一兩個月，他要收足皮貨，我想跑遍烏蘭察布盟三公六旗，還想他陪我去庫倫一趟。

我只買了自己應用的毛巾、牙刷、牙膏和幾條香煙。這些東西他買了不少，另外還買了一個精緻的鼻煙壺、打火機，不少糖果，和女人的頭巾耳墜之類的東西。

「你和他們做這些生意？」我問他。

「韃子吃羊肉、穿皮襖，他們需要的是茶磚、布疋。」他說。

「那你買這些東西幹什麼?」

「送韃子的人情，先讓他們甜甜心，他們自然會多送幾張皮。」

「蝀蝦釣鱘魚，你的算盤打得精。」

「老弟，人情一把鋸，你來我去。我跑遍了前套後套，沒有一處的韃子對我不好，就是這個訣竅。」

我不得不佩服他的頭腦。他又指點我：

「老弟，我看你也不妨買一兩樣娘兒們喜愛的東西。」

「何必專買娘兒們的玩藝?」

「那兒只有蒙古包，沒有琵琶巷。你又不是五台山的老和尚，何必吃長齋?」他向我神秘地一笑：「我兩年沒有去烏喇特，扎爾烏達王爺的公主扎爾烏蘭今年十八了，準是一枝塞上花。」

「我又不是去做駙馬，管她是不是塞上花?」我笑着回答。

「老弟，扎爾烏蘭的禮物你可要買一份，討討她的歡心，會有不少好處；別的娘兒們的東西，你可以見機行事，在我這兒拿。」

「我怕蒙古老的解手刀，犯不着送命。」

「老弟，韃子爽直得很，蒙古娘兒們也風流大方。到了蒙古包，你可要像個男子漢，她們特別喜歡我們韃子，你要是扭扭揑揑，就別想得到她們的歡心。」

「薛大哥，你不是去蒙古販皮貨，是另有野心？」

「老弟，我一雙手按兩隻鱉，一擧兩得。」他向我一笑。

他隨即替我挑了一對翡翠綠耳墜，一塊紅綢巾，往我手上一塞，輕輕地說：

「老弟，天下烏鴉一般黑，娘兒們都貪小。說不定這兩樣小東西，可以換到扎爾烏蘭一顆心。」

「人家有成千成萬的羊，還在乎這兩樣小玩藝？」

「老弟，一萬頭羊，也抵不住我們漢人一句甜言蜜語。」他得意地一笑。

「薛大哥，你傳了我的開門計，你自己怎麽不打歪主意？」

「一來她的身份不同，我不想飛上梧桐樹；二來我的年齡不對，不想老配少；三來我有家有室，只能逢場作戲，不想做蒙古女婿。你老弟是根青竹子光棍，二十出頭，三十郎當，又是一表人才，順風吹火，毫不費力。」

「我有正經事，不想惹身騷。」

「老弟，我是生意人，還是講生意經，你要是當了駙馬爺，這票生意可賺了半邊天。小船靠在大船邊，不起火也生烟，連我也沾點油水，你何必當這個窮記者？」

他笑着在我肩上一拍，螺旋眉和絡腮鬍鬚都動了起來。

二

第二天清早，我和薛逢春趕七點鐘的早班車，我們在火車站會合。我六點半就到，買了兩張頭等票。薛逢春接踵而來，他手上提了一個油膩的皮口袋，肩上斜掛着一個酒葫蘆，一身粗藍布短打，套了一個沒有袖子的老羊皮背褡，頭上戴了頂蟲蛀的破氈帽，一身髒相，我幾乎不認識他。

「薛大哥，你怎麼這身打扮？」我問他。

「老弟，我們是去住蒙古包，可不是進皇宮內院。」他望了我一眼，嘲笑地說：「你長袍大褂，可是誠心去做駙馬？」

「那我該怎樣打扮？」我問他。

「到歸綏再說。在車上讓你作大爺，我作跟班。」

「薛大哥，你輕舟淺儎，作什麼買賣？」我打量他一眼說。

「老弟，人馬未動，糧草先行，我的貨物前天就上了車，到歸綏我只要去提。」

眞是隔行如隔山，我不懂這一套，我以爲貨隨人走。

我們匆匆忙忙地在豆漿攤上吃了早點，我趕着上車。當我把他帶上頭等車廂時，他睜着大眼睛向我一笑：

「老弟，太監上轎，你派頭兒可不小。」

「薛大哥，你大老板不坐頭等車?」

「老弟，我山西人賣醋，滴滴酸。三等車，老規矩。」

我笑了起來，他堵住我說：

「老弟，別見笑，酸秀才的考籃裏也有篇把小文章。」

「什麼文章?」

「這叫做眞人不露相。」他附着我的耳朵輕輕地說。

我望了他一眼，不敢再笑。

頭等車廂的客人穿着都比較整潔，只有他是例外。他把靠窗口的座位讓給我，悄悄地對我說：

「這次我少帶了一個跟班，現在我們兩人正好是主僕模樣，這台戲我們唱到歸綏。」

「豈敢，我才是禿子跟着月亮走，叨光。」我輕輕回答。

他笑着往背後一靠，屁股在坐位上顚了兩下，彈簧一起一伏，他自言自語：

「一分價錢一分貨，騎駱駝到底沒有坐馬背舒服。」

我聽了好笑。他掀開酒葫蘆的蓋，向嘴裏倒了一口，酒香四溢，一定是道地的汾酒。

「莫喝卯時酒，昏昏醉到酉。」我笑着對他說。

「老弟，你放心，一葫蘆酒還醉不倒我。車上無事，喝兩口兒過癮。」他擨緊葫蘆蓋。「以後你也得學着喝兩口兒，蒙古天寒地凍，說不定九月底就會下雪，我們漢人不喝兩口兒酒抵不住。」

現在是陰曆八月底，外面已經草枯木黃，不同江南景象，從窗口吹進來的風頗有寒意，塞外自然冷得更早了。

「酒色是親兄弟，我怕壞事。」

他哈哈一笑，望着我說：

「老弟，天蒼蒼，野茫茫，不親親酒葫蘆，不摟摟娘兒們，那日子怎麼打發得掉？在那種地方你還能發什麼鬼的消息？難道你去數牛羊拉了幾堆屎？」

他的話使我好笑，也使我有點迷惘。那是個游牧社會，以天為帳，以地為蓆，人和畜牲在一起，不像工商業社會，那麼複雜，從「新聞眼」看來，的確沒有什麼新聞價值。我又不會講蒙古話，看樣子也難挖出什麼幕後新聞來。

薛逢春就告訴過我，韃子認話不認人，只要會講他們的話，他們便把你當自己人。於是我臨時抱佛脚，要他教我蒙古語，我學得很快，忘得也快，一上午記不住十句話。他有點不耐煩，在我肩上一拍：

「老弟，船到橋頭自然直，你要是和扎爾烏蘭相好，保你順水推舟，特別快。現在我教你是頭戴石臼玩獅子，費力！」

賽塔不是一天砌成的，我自然不好勉強他教。車上的客人又好奇地打量我們，彷彿我們兩人攪在一塊是葫蘆藤扯上了絲瓜架，他警覺地用手肘碰碰我，輕輕地說：

「不要忘記這台戲。」

我不再講話，裝出主人模樣。

車到歸綏已經天黑，歸綏收復不久，冷冷清清。蒙古老牽着駱駝在街上走，彷彿散步，三分悠閒，七分落寞。

我們在大北街一家客棧裏落脚，薛逢春是這家客棧的老主顧，招待很好，他也從老板口裏探聽到後套的情形。第二天我陪着他僱車子，汽車很少，費了很多的勁，出了將近雙倍的價錢，才僱到一部老爺車，還只肯到百靈廟。第三天上午，他才去車站提貨，裝上卡車，直放百靈廟。

他要我坐在司機座旁，他自己坐在茶磚上面。路上風沙滾滾，蒙古人牽着駱駝，馱運貨物，在風沙中慢慢地行走，彷彿時間在他們脚邊停住。

到百靈廟已經下午三點。薛逢春從車上跳下來，變成了一個灰人。

我們在百靈廟過夜，第二天清早就動身向烏喇特後旗進發。薛逢春僱了八匹駱駝兩匹馬，駱駝馱茶磚布疋，我們騎馬。

一路上眞是天蒼蒼，野茫茫，風吹草低見牛羊。有牛羊的地方就有蒙古包，遠看像一座座坟墓，加之草色枯黃，特別予人一種悲涼的感覺。

白綿羊成羣地集在一塊吃草，像一團團白雲白雪。沒有絡頭的馬不時引頸長嘶，或是一窩蜂地揚起尾巴奔跑起來，個個膘厚肉肥。我這才瞭解薛逢春爲什麼要在這個節骨眼兒到塞外來收購皮貨。

「你看，那些禿尾巴羊多肥？」薛逢春揚起馬鞭向羊羣一指：「不但皮毛好，肉也特別肥嫩。老弟，一兩個月下來，包你長幾斤肉，長幾斤力氣。韃子的體格棒，就靠吃這些羊肉。」

我回頭看看兩個牽駱駝的韃子，古銅色的臉，寬濶的肩，皮靴踩在黃沙路上一步一個脚印，粗獷，雄健。我們南方人絕對比不上，只有薛逢春這種關西大漢，才旗鼓相當。

「不但他們體格棒，娘兒們也不賴，騎馬不用鞍，羊毛氈上也呱呱老叫。」薛逢春哈哈一笑，隨手打開酒葫蘆，咕的一聲喝了一大口。

濃烈的酒香，隨着風沙飄散在大草原上。兩個蒙古佬不自覺地砸砸嘴唇，薛逢春解下酒葫蘆，向他們打了一聲呼哨，把酒葫蘆一拋，前面的蒙古佬雙手一抱，接個正着，打開蓋子咕了兩口，又遞給後面那個蒙古佬，他也咕了兩口，親自送還薛逢春，用漢話說了一聲多謝。我有點驚奇，薛逢春說：

「韃韃也能學人言，跑這條道兒的韃子，全都會幾句漢話。」

駱駝走得比牛還慢，弓着背，兩邊吊着一箱箱的茶磚，像隻大肚皮的船，逆風逆水。風沙從牠們的頭頸掠過，牠們彷彿毫無感覺，只有項下的銅鈴發出緩慢而悠長的叮——噹——叮——噹的響聲，打破大草原的大寂寞。

我們的馬陪駱駝走路，眞個是急驚風遇着慢郎中，要快也快不了。我和薛逢春把韁繩儘量放鬆，讓牠們自由自在，牠們吃吃路邊的長草，散散步，倒也悠游自得。

我也打開小水袋，喝了幾口水，唇乾舌燥，牙齒縫裏都有黃沙。

這天我們只走一站路，到了烏拉蒙古佬就不肯走。我看看錶已經下午四點，烏拉到洪赫，等於百靈廟到烏拉的距離，不到半夜趕不到地頭，薛逢春也不勉強他們，我們就在烏拉歇息。

我站在蒙古包外，看塞上落日。草原一望無際，渾圓的，血紅的太陽像個大臉盆，在遙遠的天邊，漸漸沉落；西方滿天紅霞，枯黃的大草原形成一片赭色的海；腰深的草在晚風中搖曳，如起伏的波浪；白色的羊羣，在嗚嗚的牛角聲中，漸漸向一堆堆的蒙古包移動，像風逐流雲。

我有一種從來未有的偉大與渺茫的感覺。

薛逢春打開酒葫蘆，對着落日，仰着脖子咕嚕咕嚕地喝了幾口酒。揚起大巴掌在我肩上一拍：

「老弟，穿大鞋，放響屁，河裏洗臉，校場裏睡。今天是大初一過年，熱鬧還在後頭哩。」

三

從烏拉到洪赫，又是一天。從洪赫到拜申圖，也是一天。從拜申圖到烏喇特後旗，又需要一天。這三四天來，一眼望去，無邊無際，盡是茫茫的原野，彷彿一輩子也走不到盡頭。第四天中午，我發現遠處有一堆蒙古包，比別處的蒙古包既高又大，氣象不凡。薛逢春揚起馬鞭向前一指：

「老弟，那就是烏喇特。你馬上就可以見到扎爾烏蘭了。」

「薛大哥，我見過多少金枝玉葉，扎爾烏蘭不過是個蒙古小娘兒，她算那根葱，那根蒜？」我澆他一頭冷水。

「老弟，你四兩人說半斤話，」他望着我一笑：「北平的胡同，爺哪一條沒有去過？大同府的窰姐兒，爺哪一個沒有親過？你親未定，房未圓，門縫裏看人，你識得什麽貨？爺看你是擀麵棍吹火！」

「薛大哥，你針杪挑螺肉，挖得我好苦！」

「老弟，我打開天窗說亮話，搖筆桿兒我搖你們洋秀才不過，做生意，挑娘兒們，我可是薛丁山打雁，瞄得很準。扎爾烏蘭好就好在不是金陵十二釵，她可是塞上一朵花，一匹千里馬，經得看，耐得騎，用不着你服侍。」

這一路來，我已經看見好幾個蒙古女人，不論老的少的，都沒有什麽稀奇，而且都是單眼皮。她們沒有江南女人那種水色，更沒有蘇州女人那種姣滴滴的味兒，上海女人的那股嗲勁，除了矯健以外，別無可取。我以爲薛逢春是閻王出告示，鬼話連篇，不再接腔。

駱駝走得實在太慢，那堆蒙古包看看就在眼前，走了個把鐘頭還是可望而不可即。我要薛逢春告訴那兩個蒙古佬把駱駝趕快一點，他回頭吩咐了那兩個蒙古佬幾句，然後向我一笑：

「老弟，我知道你葫蘆裏賣的什麼藥？好，我捨命陪君子，早到早看扎爾烏蘭。」

他兩脚一夾，韁繩一緊，鞭子在黑馬屁股上一抽，黑馬四蹄一揚，他頭一低，身子一伏，馬像一溜黑烟，向前直竄。我只好鞭子一抽，趕了上去。

烟塵滾滾，風沙在我的耳邊呼呼而過。黑馬是一匹快馬，又高又大。我的白馬也不弱，牠緊追不捨，鼻孔噴出兩道白氣，像我吐着的一個個烟圈。不到十分鐘，我們就到達這堆蒙古包。

薛逢春的馬剛剛衝到一座大而漂亮的蒙古包前，裏面突然衝出一隻高大肥壯的黑獒犬，直衝到黑馬面前，黑馬一驚，前脚離地，直立起來，大聲嘶鳴。

蒙古包前紅影一閃，輕叱一聲，黑獒犬便立刻跑了回去。我定睛一看，蒙古包前站着的原來是一位鵝蛋臉的俏娘子，羊脂般的皮膚，兩條烏溜溜的大辮子，拖在胸前，右手正捏着一根辮梢旋轉，大半截白羊皮襖，上了紅緞面，長褲脚塞在半截軟皮靴裏，兩隻大而黑的眼睛，盯了我半天，然後轉過頭去向薛逢春一笑。

薛逢春翻身下馬，雙手一抱，向她躬躬身子，打個哈哈：

「扎爾烏蘭，眞是女大十八變，癩蛤蟆變天仙，兩年不見，妳越來越俏了！」

「薛蠻子，你一見面就開玩笑，我要黑蠻子咬你！」她指指身邊的黑獒犬，白了薛逢春一眼。

她講的完全是漢話，我不由兩眼瞪瞪地望着她。我不知道薛逢春究竟搗的什麽鬼？

「老弟，你別蘆溝橋的獅子，楞頭楞腦。」薛逢春向我把手一招，又向扎爾烏蘭一指：「這位就是扎爾烏蘭公主，你應該大禮參拜。」

我怕上當，沒有照他的話做，只向扎爾烏蘭鞠了一個躬，她連忙點頭還禮。薛逢春這才指着我對她說：

「這是范蠻子，他是南邊來的，搖筆桿兒的。」

她又打量我幾眼，薛逢春冷眼旁觀。

蒙古包裏同時走出三個男人。一位五十多歲，蓄着山羊鬍鬚；一位三十多歲，瘦小個兒，却有一對鷹眼，一身裝束完全像蒙古人，但沒有蒙古人高大強健；另一位是白種人，中等身材，鷹爪鼻子，看來也只有三十多歲，也是一身蒙古人的裝束。

薛逢春和那山羊鬍鬚的人用蒙古話交談了幾句，又指指我，山羊鬍鬚笑着表示歡迎。薛逢春輕輕地對我說：

「這就是扎爾烏達王爺。」

我向他鞠躬，又伸手和他一握。

扎爾烏達把他身邊兩個人介紹和我們認識。那瘦小個兒主動和我們握手，又自我介紹：

「我叫王奇，那位是格林斯基，我們都是做生意的。」

原來這姓王的也是漢人！我和他熱烈地握手。然後和格林斯基握手。

格林斯基和我一般高，有點像西班牙人，他可能是高加索種，除了鼻子鈎以外，相當漂亮。他和我握手完全是敷衍應酬，態度有點傲慢。

薛逢春習慣於抱拳打躬，不作興握手。他和王奇沒有握手，看格林斯基那狗不吃屎的樣子，他趁機走開。

扎爾烏達請我們進去，薛逢春和他說了幾句話，他便和王奇、格林斯基兩人先進去。薛逢春和我拴好了馬，把隨馬攜帶的東西取了下來。

當我們提着東西走近蒙古包，薛逢春大步跨了進去，扎爾烏蘭接着我的小皮箱，我說了聲謝謝，她搖頭一笑。

蒙古包裏面很寬敞，上方擺設了一尊瓷觀音、一對瓷花瓶、瓷筆架，這些瓷器都是景德鎮的出品。地下鋪着厚毛氈，四周和蓬頂也是厚毛氈。壁上掛了不少上好的羊皮，和一副「天蒼蒼，野茫茫，風吹草低見牛羊」的中堂。裏面比外面暖和舒適得多，一點不感到風沙的困擾。

扎爾烏達和王奇、格林斯基兩人都坐在毛氈上，圍着一隻烤熟的全羊、這是一隻半大的羔子，上面插了一把解手刀，顯然是我們打斷了他們的吃喝。

扎爾烏達招呼薛逢春和我坐下，我跟着薛逢春席地而坐。薛逢春取出那精緻的鼻煙壺、打火機，雙手獻給扎爾烏達。扎爾烏達高興地收下，把鼻煙壺放在鼻尖上嗅嗅，又打量着新打火機，薛逢春教他打火，他手一按，火花一冒，大聲地笑了起來。

「王爺，還有一罈陳年花雕，幾箱好茶磚，馬上就到，待會兒再送給你。」薛逢春補充說。扎爾烏達笑着拍拍薛逢春的肩，說了兩句漢話，表示感謝。隨後又捋捋山羊鬍鬚向我微笑，我送他一條駱駝香烟，他也拍拍我的肩膀，爽朗地笑。

薛逢春笑着對坐在扎爾烏達身邊的扎爾烏蘭說：

「扎爾烏蘭，我也有點兒禮物送妳。」

「薛蠻子，你送了王爺自然少不得公主。」她大方地笑着。

薛逢春在皮袋裏掏出毛巾、牙刷、小手絹，一盒巧克力糖和一盒蜜棗，雙手捧給扎爾烏蘭，她高興得一躍而起，雙手接住，說了兩聲多謝。

「扎爾烏蘭，妳別謝我，范先生還有好東西送妳。」

她看了我一眼，我連忙在手提箱裏取出紅綢頭巾，綠耳墜子，放在糖果盒上。她笑着向我鞠躬，輕輕地說了聲多謝。

我們送他們父女兩人的禮物時，王奇和格林斯基一直冷眼旁觀。

扎爾烏達看女兒把禮物收下，放進用毛氈遮隔的小房間，他便親手切割羊肉，分給我們四人。我們每人面前有一隻光溜溜的黃楊木盌，比我們漢人的飯盌大，和普通菜盌差不多大小。筷子是象牙的，晶瑩可愛。

扎爾烏蘭端了一盤熱洋芋和索力麻來，隨卽在她父親和我之間盤膝坐下。她自己割了一塊羊肉放進盌裡。

薛逢春打開酒葫蘆，今天早晨他灌了一葫蘆酒，在路上只喝了幾口。他先給扎爾烏達倒了半盌，扎爾烏達眉開眼笑。隨後他倒給王奇，王奇搖頭擺手，他又倒給格林斯基，格林斯基大模大樣地受了。他也適可而止，只有給扎爾烏達的一半，格林斯基瞪了他一眼。

「扎爾烏蘭，妳現在是大人了，喝不喝酒？」薛逢春轉向扎爾烏蘭，抱着酒葫蘆不放手。

「薛蠻子，你別那麼小器，你那半葫蘆還醉我不倒。」她挑戰地一笑。

薛逢春只好倒給她，和給格林斯基的不相上下。隨後他不徵求我的同意，倒了大約兩三盅酒，輕輕地說：

「酒能壯膽，不要在娘兒們面前丟臉。」

羊肉十分肥嫩，雖沒有北平的涮羊肉那麼多佐料，羊却是道地的塞上土產，正如藥材不過樟樹不靈。吃這種全羊也別有風味，而且不是當菜，是當飯，連扎爾烏蘭也是大口地吃，不像我們在北平吃涮羊肉那麼斯文，更不像在南方吃瘦山羊當作冬令補品。

薛逢春更是大口喝酒，大塊吃肉，他已經幾天沒有刮鬍鬚，腮邊像刺蝟，他看來更像蒙古人。

忽然外面響起叮——噹——叮——噹的銅鈴聲，薛逢春一躍而起，說聲對不起，就大步走了出去，扎爾烏蘭和我也跟着出來。

八匹駱駝停在外面，薛逢春笑問扎爾烏蘭：

「我的茶磚放在什麼地方？」

扎爾烏蘭指指右面一個蒙古包：

「那裏面是空的，隨便你放。」

薛逢春馬上吩咐那兩個蒙古佬，把東西搬過去。扎爾烏蘭也幫忙指揮。他們對她非常恭敬，在這兩個蒙古佬面前，我才看出她的身份高於普通蒙古人。

當我們再回原處時，扎爾烏蘭和我並肩走進，又和我並肩坐下。格林斯基妬嫉地瞟了我一眼，他和王奇已經吃完，面前放着兩盌奶茶。

扎爾烏達仍然陪着我們吃，他面孔紅潤，顯得非常興奮愉快，不時敞聲大笑。

散席之後，格林斯基和王奇走進左面一個蒙古包，我和薛逢春回到右面放茶磚的那個蒙古包。此地沒有旅館，這就是我們兩人下榻之處。這個蒙古包雖然比不上扎爾烏達住的，但比我們前兩天在路上住的好得多。

「薛大哥，你騙了我。」我奇兵突起地對薛逢春說。

他兩眼瞪着我，過了一會才說：

「老弟，我看你歪嘴吹喇叭，一團邪氣。從北平到蒙古，我幾時騙過你？」

「我看扎爾烏蘭不是蒙古人？」

「怎見得？」

「她會講漢話。」

「她在歸綏唸過小學，怎麽不會講漢話？」

「以前你沒有講過。」

「我要是先告訴你，恐怕你一句蒙古話也不肯學，你張口望靑天，怎麽和韃子打交道？」

「她的皮膚也比別的蒙古娘兒白。」

「所以我說她是塞上一朶花，現在你總開了眼界？」

我不再作聲，他又對我說：

「老弟，現在我再告訴你，扎爾烏達一共娶了五個太太，就只生她這一個寶貝女兒，她是扎爾烏達的心尖兒肉，掌上珠。前年春天扎爾烏達曾經爲她擧行過一次大賽會，想選個駙馬爺，可是扎爾烏蘭一個也沒有看中。」

「馬上英雄她不要，難道她還想摘天上的文昌星？」

「韃子都是西瓜大個字認不滿一籮筐的粗人，她是小學畢業生，自然眼睛長在額角上。」

我聽了有點好笑，薛逢春却一本正經地說：

「河裏無魚蝦也貴。在北平城裏我算不上一根葱，在烏喇特我可考得上狀元郎。你別看我一肚子草，在蒙古包就變成了滿腹文章。」

我忍不住嗤的一笑。他笑着拍拍我的肩膀：

「老弟，你穿綾羅，喝墨水，孔夫子放屁文氣冲天。說不定肥水流進外人田，扎爾烏蘭眞會看上你？」

「薛大哥，天下那有這回事兒？」

「老弟，你水仙花兒不開裝什麽蒜？先前一見面，你盯着她，她盯着你，你以爲我的眼睛是兩粒豆豉？」

「那不過因爲我是蠻子，她是韃子，彼此又不認識。」

「紙上沒有蜜，蒼蠅怎麽會飛過去？」他望着我的臉上說。

「別多管閒事，你還是做你的皮貨生意吧。」我往厚毛氈上一躺，不再理他。

「你別怪我多嘴，小心格林斯基。」他突然老氣橫秋地說。「一根椿上拴不得兩隻叫驢。」

四

晚上，我蓋着兩床厚毛毯和一件老羊皮襖，天亮以前還是給冷醒了。塞外，陰曆九月初的氣候，頗有江南隆冬的意味。

不久，薛逢春也醒來，他不賴在毛氈上，馬上穿起羊皮襖。我看他起來，也連忙穿衣，說了一聲好冷。

「老弟，塞外冰天雪地，現在還沒有到那個節骨眼兒呢！怕冷的羊兒過不了冬，你不如早點兒回南方去。」

薛逢春的話像塞了我一冷拳頭，我心裏不大舒服，也頂他一門閂：

「你又不是蒙古佬，充什麼英雄好漢？」

「韃子有韃子的開門計，我有我的跳牆法。摟着一個酒葫蘆，冰凍三尺，我也熬得過。」

我笑了起來，他挑逗地望了我一眼：

「老弟，你要是摟着扎爾烏蘭，保險勝過一爐火。蒙古小娘兒像大綿羊，一身熱力。」

「薛大哥，你清早起來就一嘴的豆渣兒，趕快去漱漱口。」

他哈哈一笑，拿起毛巾、牙刷、保險刀跑了出去。

我把毛毯疊好，走出蒙古包，一股寒氣迎面撲來，我打了一個寒噤。地上舖着一層霜，雪白如銀。

薛逢春站在馬槽邊，一面刮鬍鬚，一面和扎爾烏蘭談天。她嘴裏呵氣如雲，却沒有一點兒畏寒的意思。

她一發現我就笑着招呼，我向她說了一聲早。天剛亮她就洗好了臉站在外面，的確早。

王奇和格林斯基雙雙走了過來，我和王奇打了個招呼，格林斯基像沒有看見我，逕自和扎爾烏蘭談話，他們講的是蒙古話，講得輕而且快，我不大瞭解。

我匆匆洗完臉，和薛逢春一道走進蒙古包。

「格林斯基要扎爾烏蘭和他一道出去。」一走進蒙古包薛逢春就這樣說。

「少管閒事。」我馬上頂回去。

「老弟，你別狗咬呂洞賓，不識好人心。我看格林斯基是鷹爪鼻子秤鈎兒心，存心不讓扎爾烏蘭和你親近。」

「淸早起來，我不想爲這些雞毛蒜皮的事操心。」

他碰了一鼻灰，嘆了一口氣。

吃過山芋、酸奶餅，喝過羊奶，薛逢春就要出去收購皮貨，我爲了瞭解游牧社會的實際情況，自然和他一道。

扎爾烏達借給我們兩匹好栗色馬，和兩副漂亮的馬鞍。我們剛上好鞍，扎爾烏蘭就蹦蹦跳跳跑了過來。她圍着紅頭巾，戴着綠耳墜，穿着紅緞面的半截羊皮襖，長馬靴，手裏握着馬鞭子。

「薛蠻子，我陪你們去。」她笑盈盈地說，同時也瞟了我一眼。

「難得！」薛逢春眉開眼笑：「我正怕迷了路。」

她解開一匹沒有上鞍的黑緞似的大馬，一躍而上。這匹馬比薛逢春在路上僱的那一匹黑馬漂亮高大。薛逢春向我眨眨眼睛一笑。

王奇發現她上了馬，從蒙古包裏鑽出來急切地問她：

「公主，妳不和我們一道出去？怎麽中途變卦？」

她把馬鞭子在馬屁上一抽，馬蹄揚起朵朵黃沙，疾馳而去。

格林斯基趕了出來，望着滾滾沙塵，狠狠地瞪了我們一眼。我和薛逢春同時上馬，追趕扎爾烏蘭。

跑了一段路，薛逢春突然哈哈大笑。我問他笑什麽？他把繮繩一鬆，得意地說：

「老弟，我可不是過了河再看兩腿泥，我摸透了娘兒們的心思。你的紅綢巾、綠耳墜，都上了扎爾烏蘭的頭，既然旗開得勝，保你馬到成功。」

「薛大哥，你可不能弄假成眞。」我對薛逢春說：「看樣子格林斯基對扎爾烏蘭有意，我犯不着惹他打翻一缸醋。」

「老弟，你眞沒有出息！」他白了我一眼：「沒有絡頭的馬，誰抓着誰騎。烏喇特大草原，又不是哪一個人的？格林斯基既然拉着何仙姑叫二姨，你就不可以雙手按隻鱉？我要是像你這樣無花無葉，又年輕十歲，早就下了絆馬索。」

「薛大哥，你的臉皮比萬里長城還厚。」

「老弟，捨不得孩子套不住狼，爲了一個俏娘兒，厚點兒臉皮又何妨？你也不必像大姑上轎，半推半就，八月十五偷瓜，瞄準就摘。」

我望望扎爾烏蘭，她已經跑得很遠，馬像一道黑煙，人像一團火燄，紅襖、紅頭巾，特別鮮艷。

薛逢春抬頭一望，發現我們落後了一兩里路，輕輕地對我說聲：「追！」鞭子一抽，兩腿一夾，馬像流星疾矢般，在大草原上飛馳。

扎爾烏蘭的黑馬，體高腿長，身子又長又直，年輕力壯，眞是一匹千里駒。我們的馬也是好馬，但是追不上牠，距離反而越拉越遠，薛逢春不禁讚嘆兩句：

「嗨！人是一朶花，馬是千里馬！」

後來扎爾烏蘭發現我們落後太遠，自動停了下來，我們才追上。

「薛蠻子，你跑得這麽慢，要是遇上了胡匪，準會把你的腦袋摘掉。」扎爾烏蘭笑得像朶迎春花，她對薛逢春說話，却兩眼一溜，望了我一眼。

「扎爾烏蘭，不怪我們跑得慢，是妳的馬太快。」薛逢春說。

「牠剛滿兩週歲，是條上好的駒子。」她得意地拍拍馬頸。

我們一左一右，把她夾在中間，三匹馬並轡行走。

塞上的野風吹得她的紅頭巾唰唰地響，兩條烏黑的大辮子在背後飛揚起來，綠耳墜子晃晃盪盡。

「扎爾烏蘭，妳眞俏，像個新娘。」薛逢春打趣地說。

她揚起馬鞭要打他，他手一揺，向我一指：

「他送妳這樣好的禮物，妳怎樣謝他？」

她望望我，露出一排整齊雪白的牙齒，笑盈盈地問：

「氾先生，烏喇特遍地荒草，不出金銀珠寶，我眞不知道怎樣謝你？」

「公主，小意思，別信薛大哥的鬼話，我打擾妳的日子還多。」

「吃的是牛羊肉，住的是蒙古包，沒有好招待，你別見笑才好？」她向我一笑。

「公主，這樣我已經感激不盡了。」

「鼻煙壺掉進醋缸裏，酸的難聞。」薛逢春揶揄我。

「眞的，氾先生，別再叫我公主了。太客氣了，反而不好意思。」

「那我怎樣稱呼？」

「叫我扎爾烏蘭好了。」

「扎爾烏蘭，妳也叫他氾蠻子好了，」薛逢春揷嘴：「不要和他客氣。」

扎爾烏蘭望着我一笑，想叫又不好意思出口。

我們走進一堆蒙古包，遍野都是羊和馬，總有兩三萬頭。扎爾烏蘭把馬鞭一指，笑着對我們說：

「這都是我的。」

「扎爾烏蘭，妳能賣給我多少皮？」薛逢春問。

「懷小羊的不能宰，羔子不賣，除了別人定的，最多能讓你三五百張皮。」

「一個月以內能不能交貨？」

「我要問問他們。」扎爾烏蘭兩腿一夾，她的馬領先跑過去，她在一個大蒙古包前翻身落馬。

立刻有些男女小孩圍了過來，那些韃子對她都很尊敬。薛逢春散了一些糖果給小韃子，小韃子高興得跳跳蹦蹦。他又散了些毛巾給娘兒們，大家都認識他。他和他們用蒙古話談笑，非常融洽。

我們走進大蒙古包，裏面男女混雜，掛了不少新剝的羊皮，有很重的羶騷味。

他們招待我們喝奶茶，吃索力麻、炒米。

扎爾烏蘭和薛逢春同他們談羊皮的事情，他們說現在還不十分冷，一次不能殺得太多，到時候有多少算多少。扎爾烏蘭囑咐他們把好羊皮留給薛逢春，他們連連點頭。

隨後我們又跑了一二十里路，發現了上萬頭羊，有些韃子騎着馬帶着大獒犬，在羊羣周圍巡視。大白天四野無人，我問扎爾烏蘭他們怎麼如臨大敵？她說怕狼竄進來。

薛蓬春要走近去看看這羣羊是不是肉厚膘肥？我們策馬跑了過去。那些牧羊人不知道我們是幹什麽的？連忙跑了過來，獒犬也一湧而上，攔住我們。經扎爾烏蘭和薛逢春說明，他們便表示歡迎，邀我們去他們的蒙古包休息。

突然羊羣一陣騷動，牧人警覺地回頭一看，發現幾隻灰褐色的狼混進了羊羣。草和羊一般高，狼鑽進了羊羣的中心，貼着羊身移動，狡猾得很。要不是他們指點，我眞看不出來。

韃子面色緊張，展開四面包圍，指揮大獒犬進入羊羣趕狼。獒犬鑽進羊羣，狼和牠們捉迷藏，東躲西閃，羊又笨，成了狼的肉屏風，獒犬很難咬到狼。

有一隻特別機敏的獒犬終於咬到一隻狼，牠們在羊羣中打起來。狼沒有獒犬高大強壯，但非常狡猾靈活，獒犬一下咬牠不死，也趕牠不出來，後來另外來了兩隻獒犬幫忙，才把那條狼咬死。其他的狼偷偷地往外溜，有一隻狼向我們這個方向溜走，我和薛逢春不知如何是好？扎爾烏蘭突然伸手在長統馬靴裏一摸，掏出一枝手槍，不等狼鑽出來，朝羊羣中砰的一槍，狼的身子向上一跳，躍起兩三尺高，跌在羊的身上，嘴裏流血。

「喲！扎爾烏蘭，我眞沒有想到妳還有這一招？」薛逢春驚喜地說。

她不聲不響地把手槍揷進馬靴。

狼先後逃走了，沒入大草原中。韃子嗚嗚地吹起牛角來，把羊集中在另一塊地方。他們騎着馬在原來的地方搜索，俯身檢起兩隻死狼，五隻肥羔子。

一位年長的韃子過來向扎爾烏蘭道謝，留我們吃飯，扎爾烏蘭婉謝了，問他有沒有皮子賣？他笑着搖頭，扎爾烏蘭把馬頭一帶，繮繩一緊，兩腿一夾，黑馬就奔跑起來，她回頭向我們把手一招，我們追了上去。

三匹好馬在莽莽的大草原上飛奔，如三顆流星劃過浩瀚的藍色的夜空。她伏在黑馬光溜溜的背脊上，像隻大螞蝗緊緊地吸在牛身上。

風在我身邊噓噓而過，我的耳朵感覺火辣辣地痛。

沒有多久，我們兩人都被她抛在背後，越拉越遠。

她直趨十幾里路以外的一堆蒙古包，我們趕到時，她正在一個蒙古包前和一羣韃子談笑，面不改色。

我們一到，韃子們像歡迎遠遊的家人。薛逢春又散發糖果毛巾，還塞了一捲花洋布一對耳墜子給一個年輕漂亮的女人，她非常高興，別人也以爲這是她的榮譽。

韃子豪爽好客，他們剛好殺了羊，正叉在牛馬糞燒的文火上烤，羊肉上爆出一層焦黃的油脂，噴出陣陣香味。

薛逢春打開酒葫蘆喝了一大口酒，又遞給身邊的韃子喝，那個中年韃子像那個年輕的女人得了一捲花洋布一對耳墜子一般榮幸快樂。

我們吃飽了，薛逢春的生意也談妥了，這個部落的情形我也大致瞭解。夕陽西下時，我催薛逢春囘去，他向我一笑，輕輕地說：

「白天我抱着葫蘆兒，晚上我要抱個火爐兒，你們先囘去。」

「他們今天東，明天西，我在哪兒找你？」我問他。

「放心，明天他們不會搬，中午前我在這兒等你。」

我只好和扎爾烏蘭一道囘去，我以爲扎爾烏蘭會盤根問底，想不到她隻字不提。

我問她怎麽不和格林斯基他們出去？她笑着囘答：

「我是烏喇特的野馬，愛東就東，愛西就西。」

「妳不怕格林斯基生氣？」

「在烏喇特，誰也不能生我的氣。」她自負地說，一副凛然不可侵犯的樣子。

「格林斯基他們做什麽生意？」

「軍火。我的手槍就是他送的。」她拍拍長統馬靴。

「他們來了多久？」

「個把月。」

「他們的生意怎樣？」

「半賣半送，很好。」

在路上她還告訴我很多蒙古人的風俗習慣和各個部落的情形。她說蒙古人逐水草而居，忽東忽西，很少受教育的機會，沒有什麼知識。一般人都豪放、老實、義氣。

「多謝你送我的紅綢巾，綠耳墜子。」她忽然向我一笑，笑得非常嫵媚。

「如果妳不嫌棄，以後我多買點送妳。」

「眞的？」她兩眼望着我，笑容滿面。

我點點頭。

她高興得在馬屁股上抽了一鞭，黑馬四蹄一揚，得得得地奔跑起來，蹄子敲在地上，彷彿大木錘敲在鼓上。

我緊緊地追隨她，日落後並轡回到她的蒙古包。

晚上，王奇悄悄地走進我的蒙古包，和我寒暄，我把他當自己的同胞看待。臨走時他打量了四周一眼，忽然鄭重地對我說：

「氾先生，我們不同行，河水不犯井水，我們的生意希望你隻字不提。」

我沒有回答他，我覺得他這話講得有點兒唐突。我的工作是「有聞必錄」，何況是親眼所見？如果這不寫，那不寫，那不是自己砸自己的飯盌？他看我不作聲，又蹦出這樣的話來：

「還有，氾先生，格林斯基和公主本來很好，上茅坑也有個先來後到，希望你不要作半路殺出的程咬金。我們是自己人，我先關照你，蘇聯老大哥可不好惹。」

「王先生，我本來毫無此心，希望格林斯基不要叫起忘八犯夜。」我有點兒冒火。

他從頭到脚打量了我一眼，冷笑一聲，走了出去。

第二天我找到了薛逢春，順便把王奇的話告訴他，他打開酒葫蘆喝了一大口酒，望着我陰陽怪氣地說：

「你怕了老毛子？準備作縮頭的烏龜是不是？」

「薛大哥，你看怎麼辦？」我反問他。

「老弟，我告訴你：烏喇特天高皇帝遠，拳頭就是知縣官！要是我薛逢春，吊睛虎我也要拔幾根鬚，何況這樣一個老毛子？」

五

扎爾烏蘭有意無意之間，總是和我親近，她不像我們漢人小姐，扭扭揑揑，半推半就，她毫不掩飾她的情感，當着格林斯基的面也毫不在乎。

我為了怕薛逢春奚落恥笑，也不願意扎爾烏蘭和格林斯基把我看成懦夫，我也不逃避她，終於弄假成眞。

一天我和扎爾烏蘭薛逢春三人跑到諾音那邊一個大蒙古包，這兒靠近外蒙古，湊巧碰着格林斯基和王奇，他們正在向韃子賣槍。王奇一發現我們連忙把手槍塞進皮袋。格林斯基一看見我和扎爾烏蘭並轡而來，兩眼發紅。我剛下馬，一隻脚落地，一隻脚懸空，冷不防格林斯基從側面給我一拳，打得我兩脚朝天。

薛逢春飛起一脚，把格林斯基踢個人仰馬翻。他蹭蹭蹬蹬地爬起來，突然拔出手槍。扎爾烏蘭人影一閃，擋在他的面前。他要薛逢春和他比槍，扎爾烏蘭伸手在長統馬靴裏一摸，掏出手槍拋給薛逢春，薛逢春接住槍，像接住一個燙蕃薯，我一躍而起，大聲地對他說：

「給我！」

他遲疑地把槍拋給我。我對王奇說：

「王奇！你告訴格林斯基，槍子兒不認人，他要想活着回俄羅斯，最好我們另外找個活靶！」

王奇把我的話轉告格林斯基，格林斯基一怔。薛逢春輕輕地對我說：

「老弟，你別四兩人講半斤話，我看還是讓我拳頭上跑馬，你擺擺天橋把式，我乘機收拾他。」

「站開！」我大聲對他說。

薛逢春又一怔。王奇對我說：

「范繼淹，老大哥依你的，三槍爲準。」

「行？」我頭一點。

「要是你輸了呢？」王奇問。

「我馬上離開烏喇特！」我斬釘截鐵地回答。

扎爾烏蘭一怔，兩眼瞪瞪地望着我。薛逢春白了我一眼，輕輕地嘆口氣。

王奇得意地一笑，格林斯基打量了周圍一眼，找尋目標。我對王奇說：

「王奇，要是格林斯基輸了呢？」

王奇不敢作主，望望格林斯基，格林斯基用俄國話向王奇咕嚕了幾句，王奇轉問我：

「氾繼淹，你看怎樣？」

「請他馬上滾回俄羅斯，不然我拿他作活靶！」

王奇把我的話轉告格林斯基，格林斯基朝地上唾了一口，哈哈大笑。

離我六七十公尺外的草地上，有十幾隻小羔子在嬉戲，和兎子差不多大小，我砰的一槍，打倒了一個黑的。其他的小羔子驚慌地逃跑，我又砰砰兩槍，連續打倒兩個白的。我回頭望望格林斯基，他慌慌張張地跨上馬，調頭鼠竄。王奇也跟在他屁股後面一溜烟地逃走。

薛逢春平地一聲雷，哈哈大笑。扎爾烏蘭撲過來抱住我。其他的韃子也圍過來，迷惘地望着我，像乍聽春雷的呆頭鵝。

薛逢春打開酒葫蘆，喝了一大口，手在我肩上一拍：

「老弟，我原先以爲你是個酸秀才，想不到你眞人不露相，今兒格才亮箱底！」

「薛大哥，我和鬼子打了幾年仗，那有不玩槍？今天算我手癢。」

「招哇！老弟，你把我蒙在鼓裏！看來我天橋的把式是立秋的瓜，過時候兒了！」

我把手槍還給扎爾烏蘭，她在我臉上親親，鼻上擦擦。

這天我們囘來很晚。王奇和格林斯基沒有囘來。

扎爾烏蘭把我們在諾音那邊的事告訴她父親時，扎爾烏達笑得合不攏嘴，用手拉扯着他的山羊鬍。

「狼碰上了獒，只好夾起尾巴逃跑。」扎爾烏達笑着用漢話對我說。

六

十月初下了一場大雪，千里冰封，大地如銀，一眼望去，像一座銀色的大地毯，舖到天邊。我從來沒有看見過這麽壯麗而凄凉的雪景。

大雪阻碍了我們的行期。大雪前夕，我接到社裏的電報，東北戰事緊張。要我趕到東北去。薛逢春的皮貨也收得差不多，一來他要趕上節季，二來他也願意陪我囘去。

扎爾烏達要我當他的秘書，扎爾烏蘭自然更不願意我離開烏喇特。解鈴還是繫鈴人，薛逢春說我職沒有辭掉，不能賴着不走；再則我又怕冷，一下子還不習慣這兒的冬天。他保證我明年冰雪融化，春暖草生時一定囘烏喇特。

「縱然他是隻花脚猫，我可斷不了這條路，妳放心好了。」他向扎爾烏蘭拍着胸脯說。

「薛蠻子，你要是失了信，我找到北京城也不饒你！」扎爾烏蘭掏出手槍在他面前一晃。

「扎爾烏蘭，男人口，將軍箭，要是他不來，我提頭來見妳。」

這樣扎爾烏蘭才答應我走。

雪止之後，天氣稍有晴意，我們立刻動身。

扎爾烏蘭本來要送我們到百靈廟，雪天冰天，我們堅持不肯，她也堅持要送到拜申圖，我們只好依她。

十幾匹駱駝，馱着大包大包的皮貨，離開了烏喇特。

雪深一兩尺，罡風好似刀割，我們戴着遮住耳鼻的皮帽、皮手套，穿着大皮襖，騎在馬上。薛逢春為了讓扎爾烏蘭和我話別，他走在駱駝隊的前面，故意讓我們落後。

扎爾烏蘭和我相處一個多月，從來不作愁態，爽朗剛健一如男人，她在馬上身手的矯健，我和薛逢春都自嘆不如。可是此刻她却淚珠掛在眼睛下面，馬上凍住。

「我娘說，十個蠻子九個負心漢，出了蒙古包，就忘了羊毛氈。你會不會這樣？」她忽然這樣問我。

「我第一次住蒙古包，可惜我帶不走羊毛氈。」我說。

「我心想跟你上北平，可惜爹娘不肯放風箏。」她輕輕嘆口氣。

罡風像夜行人吹口哨，嘘嘘而過；捲起一層層雪，像下着毛毛雨。雪深風勁，駱駝走得更慢。馬鼻孔裏噴出一團團的熱氣，幾乎在空中凝住。

我們低着頭，避着風，不敢東張西望。雪光強得刺眼，我不時把眼睛閉住。

突然砰的一聲槍響，我的馬四脚一彈，翻倒在雪上，我被摔出好幾尺遠。

駱駝駭得聚在一起，我爬到駱駝背後，扎爾烏蘭和薛逢春連忙跳下馬，圍在我身邊。扎爾烏蘭掏出槍，向四周張望。

「是不是胡匪？」薛逢春輕輕地問扎爾烏蘭。

「沒有看見人馬。」她說。

我向四周打量了一眼，根本不見人影，在這種雪地怎樣也藏不住人馬。

突然我發覺上風有個兩三丈高的大雪坵，雪光刺花了眼，一下子分別不出來，其實離我們不過百把公尺。我想問題一定出在那裏。

我從扎爾烏蘭手裏拿過槍，輕輕地對薛逢春說：

「我們繞到雪堆後面看看。」

薛逢春向趕駱駝的韃子要了一把解手刀。我躍上扎爾烏蘭的黑馬，斜衝出去，我後面又響了一槍。

薛逢春也騎上馬，循着我的方向衝出來。

我繞着大圈子向雪坵後面抄過去。我怕對方有長槍，先脫離對方的射程，我的手槍只在較近的距離才有效。

黑馬健步如飛，光溜溜的背脊我幾乎騎不穩。很快地我就繞到雪坵的後方，把馬勒住，定睛一看。兩個反穿着白羊皮襖，反戴着白羊皮帽的人，正躍上兩匹白馬，疾馳而去，馬蹄後面揚起一團團雪花。

我兩腿一夾，黑馬像脫弦的箭，急射出去。我距離那匹白馬本來有四五百公尺，黑馬奔馳如飛，追了兩三里路就漸漸接近，我發現對方沒有長槍，大膽地追上去。距離四五十公尺時，跑在後面的傢伙突然在馬背上翻身，準備向我射擊，他身子剛剛側轉過來，我砰的一槍打了過去。他像中彈的鷂鷹，翻落下馬，手槍甩出一丈多遠。

我跳落在他身邊，把他遮頭蓋臉的皮帽一扯，踢翻過來，這傢伙原來是格林斯基。

我檢起他的手槍，連忙縱身上馬。薛逢春已經趕到，我對薛逢春說：

「把他的馬牽回去！」

我又去追趕那個逃走的人，我猜想他一定是王奇。

由於我這一躭擱，那匹馬已經衝出兩三里路，牠脚力好，也是一匹快馬，我追了十來里路，還差一大段距離，我怕躭誤了正事，又想起窮寇莫追這句話，只好回頭。

扎爾烏繭牽着薛逢春帶回的那匹白馬，我一跳下來，她就抱住我。我看看我原先騎的那匹栗色馬，硬梆梆地躺在地上，血已經結成冰，我抱歉地對她說：

「對不起，損失了妳一匹好馬。」

「你的命不止一千匹馬。」她望着我說。

我很感動，我從來沒有把我的生命看得這麽貴重，也沒有人這樣重視我的生命。我取下不久前在北平買的亞米茄錶，戴在她的腕上，勸她馬上回去，不必冒險再送。

薛逢春也極力勸她回去，他說要是她再送，我們就不走。

她望着我半天不作聲，眼淚在眼眶裏打滾。突然她掀起我的皮帽，用鼻子在我臉上親親，鼻尖上擦擦。隨即身子一旋，縱身躍上黑馬。

「蠻子，出了蒙古包，可不要忘記了羊毛氈。」她顫着聲音對我說。

我點點頭。

她把繮繩一帶，兩腿一夾，黑馬調轉了頭揚起四蹄飛奔，她頭一低，往馬背上一伏，傳來隱隱的哭泣聲。

馬像一道黑烟，在雪上溜走；她大氅的兩角隨風飄起，露出雪白的羊毛；她的哭聲忽低忽高，若繼若續……

我怔怔地站在雪裏，臉上有兩道冰凌。

「唉！人是一朵花，馬是千里馬！」薛逢春悠悠地嘆息。

他看我挺在雪地上久久不動，把我的袖子輕輕一拉：

「老弟，走吧！淚洒十里亭，不如記住羊毛氈。」

我無可奈何地懷着格林斯基的槍，騎上了格林斯基的馬，人向口裏走，心却丟在塞外。

——完

鬍子

一

十幾個死囚逃獄，只有武天成和我兩人逃出虎口，其他的不是當場打死，就是抓了回去。

武天成逃入青紗帳以後，彷彿龍游大海，非常高興。他不時爆發出哈哈的笑聲，朝地上唾一口，輕蔑地罵幾句：

「媽得巴子！日本人也想摘咱的腦袋瓜子？老子是關帝廟前的影壁牆，挨過多少大銃？還在乎這班兎仔子？」

「武大哥，我第一次出手就栽了一個大跟斗，你船頭上跑馬，以後可要小心。」我說。

「老弟，你初生的犢兒角嫩得很！這次要不是碰上我武天成，你準白送一條命。」他向我揶揄地一笑：「我是長白山的棒棰精，會滑！」

這次要不是他帶着我越獄，我絕對逃不出關東軍的毒手。我能和他關在一個牢房，眞是萬幸。

現在雖然逃出一條命，但外面的風聲很緊，通化，桓仁，興賓，本溪，我都不能去，瀋陽，遼陽更不必談，甚至我一走出青紗帳，說不定就會落在關東軍的手裏，因爲我阻擊了他們的小島大佐，他們是不會放過我的。

我是一隻喪家之犬，東北雖大，很難找到一個安身立命的地方，我總不能長久躭在青紗帳裏？再過十天半月，高粱就可以收穫了，我躲到那兒去？

「武大哥，你雖然救了我一條命，不過紙包不住火，青紗帳一割，我也就完了。」

「老弟，放心，跟咱上長白山去。」他在我肩上一拍。

「武大哥，你要我落草當鬍子？」

「怎麽？你不願意？」他奇怪地望着我。

「我是善良的百姓，不想打家刼舍。」我搖搖頭。

「小子，鬍子也不個個都是壞人，誰不是逼上梁山，走投無路？」

「武大哥，你堂堂正正的男子漢，也想上長白山坐山立寨？」

「老弟，現在咱和你打開天窗說亮話，咱就是從長白山下來的。」

我聽了一怔，原來他對我說他是穿山甲，地下英雄，想不到他也是個鬍子？

「武大哥，原來你也是個鬍子？」

「怎麽？小子，你們縫裏瞧人，看扁了咱武天成？」他瞪了我一眼。

「不，不，」我連忙陪個笑臉：「武大哥，我是塘裏的黃毛鴨兒乍聽響雷，恕我楞頭楞腦。」

「小子，你井底的蝦蟆醬裏的蛆，咱恕了你；如果你是關東軍，看咱摘不摘掉你的腦袋瓜子？」

面對着他這樣一個虎背熊腰的大漢，我只好閉嘴，何況他是我的患難之交，救命的恩人。他看我不作聲，又關切地對我說：

「老弟，長白山紅眼睛綠眉毛的人多得很，不在乎你這個洋秀才。咱是直鈎兒釣魚，願不願去在你？」

「武大哥，你的瓢把子是誰？」我順便問問。

「白金龍。」

「白金龍？」我幾乎跳了起來。這名字最近傳的好快，關東軍頭痛，鍋莊躭心，老百姓刦竊竊私語，臉上像塗了一層油彩。

「老弟，白金龍三個字能使日本人鷄飛狗跳，這塊白布招兒可沒有辱沒你，」他摸摸滿臉的鬍鬚，歪着頭打量我。

本來我對鬍子的印象不好，那是打家刼舍，殺人放火的代名詞。可是白金龍三個字意義又不相同，它代表刼富濟貧，鋤強扶弱，更難得的是他敢在太歲頭上動土，拔關東軍的虎鬚。我們靑年人對這個名字非常嚮往敬佩，我自然也不例外，我雞蛋碰石頭，單人匹馬狙擊小島大佐，可以說是受了白金龍的影響。

「武大哥，我吊頸找大樹，要眞是白金龍當瓢把子，我就情願落草。」

「好！」武天成的大手在我肩上一拍：「我代表白金龍歡迎你這個新弟子！」

二

起初我們白天躲在靑紗帳裏，夜晚出來趕路。一過通化，我們就大搖大擺，因爲沿途都有白金龍的暗樁子，我們受到安全的掩護，和很好的招待。

我們一踏進山區，過了鬼谷口，武天成就往一塊大靑石上一坐，指指周圍對我說：

「老林子的樹木數不淸，長白山的棒棰挖不盡。關東軍只敢在瀋陽耀武揚威，在長白山就該咱們亮家當。」

「他們不敢上來？」

「他們沒有進過鬼谷口，一上來就卸甲丢盔。」武天成取出懷裏的手槍，槍口一揚，啪的一聲，樹林裏一隻羽毛光亮的野雞，飄然而下，我根本沒有看淸楚牠原來落在那棵樹上？

「快去撿過來，晚上咱們哥兒倆下酒。」他把槍插進懷裏，笑着對我說。

野雞掉在六七丈外，我跑過去在一棵樹底下撿了起來，子彈穿胸而過，我摸摸牠，胸肉相當厚，這是一隻大雄雉，足有三斤重。
我把野鷄遞給武天成，他提起來打量了一眼，滿意地一笑：
「現在正是節骨眼兒，肉厚膘肥；天一落雪，就會餓瘦了。」
「武大哥，你的槍法眞準。」這是昨天別人給他的一枝槍，他第一次用，就不落空，這一手兒的確不賴。
「老弟，沒有三兩三，不敢上梁山。我當鬍子這麽多年，如果連一隻野鷄都打不中，我還能混這碗飯？」
「武大哥，我沒有你這一手，怎麽上得了長白山？」我知道鬍子要自己帶馬帶槍，我什麽都沒有帶，槍也打不準，白金龍會不會收我這個人？我倒有點兒躭心。
「老弟，你有七分膽，上了長白山，自然會變成個好鬍子。」
「武大哥，恐怕是黃鼠狼變貓，變死不高。」我沒有他這麽魁梧的身體，這麽好的槍法，更沒有他這種天場下來當被臥蓋的神氣。我覺得我不是個當鬍子的料。
「英雄不是從天降，生鐵久鍊也成鋼。老弟，你跟我火裏來，水裏去，到了那種節骨眼兒再把心一橫，保險刀山你也敢上，皇上你也敢揍。」他笑着站了起來，野鷄拎在手上，一馬當先，循着小徑而上。
山上樹木又粗又密又高，山風呼呼，響起一陣陣松濤。雖然是七月天氣，已經有點兒寒颼颼的。

由於樹木高大，一片林海，陽光很難照得進來，偶爾從枝葉間篩下金錢豹似的斑點，也沒有什麼熱力。天也好像黑得特別早。

「武大哥，我們要是碰見張三和黑瞎子怎麼辦？」視線漸漸模糊，我不怕關東軍，倒怕樹林裏突然竄出狼和熊來。

「老弟，咱正手癢，碰見張三黑瞎子那不更好？」他回頭向我一笑。

「武大哥，你有傢伙，我可是赤手空拳。」

「路邊的石頭多的是，隨便撿一塊就可以當狼牙棒。」他輕鬆地說：「一石頭還打不死張三？」

我啞子吃黃連，有苦說不出。看樣子他一拳頭就可以打死一條狼，我就是拿了一塊石頭，一下也打狼不死，何況狼又是那麼兇殘狡猾？但我爲了自衛，以防萬一，還是撿了一塊尺把長、棒槌形狀的青石握在手裏。

他看我撿起一塊石頭，又對我說：

「前面你不必躭心，不管是張三黑瞎子，碰上了咱武天成，牠就別想活命。後面你可要小心。」

我馬上回頭望望後面，他立刻警告我：

「老弟，千萬不可回頭，尤其是你肩上搭着兩隻手。」

「爲什麼？」

「你一回頭，張三正好把你的喉嚨咬斷。」

他說得我汗毛一豎，使我更加膽寒。我向他虛心請教：

「武大哥，那不是死路一條？」

「老弟，你怎麼擀麵棍吹火，一竅不通？」他揶揄地說：「你反手一石頭，不打得張三腦袋瓜子開花？」

「要是打死了人怎麼辦？」

「活該！誰教他玩兒命？有一次咱就這樣一槍把張三的腦袋瓜子打了個對穿。」

突然我眼前一亮，前面出現一個寨子，背依着一片背石峭壁，三面的樹木都已砍光，作成了一丈多高的木柵，像一道小城牆，上面還有三座砲樓子，裏面有幾棟覆着茅頂的木屋。

我們一走出樹林，砲樓子上就伸出一枝槍筒，人頭一晃。武天成向上面招呼了一聲，槍筒縮了進去。不久就有一個穿着短襖倒掛着長槍的人把柵門拉開。一隻大花狗竄了出來，吠了兩聲，武天成對牠吹了一聲口哨，牠馬上搖着尾巴蹦蹦跳跳跑了過來，聞聞他的衣服，又聞聞他提着的野鷄。武天成把野鷄交給牠，牠啣着跑了進去。

我們走進寨子，有幾十個人圍了過來，大家都以驚喜的眼光望着武天成，以懷疑的眼光打量我。他指着我向大家說：

「這是咱在桓仁收的小兄弟，哥兒們不要見外。」

他們果然對我和顏悅色，隨後又笑着對武天成說：

「武二爺，咱們以爲你的腦袋瓜子給關東軍摘下去了，沒想到還長着哩！」

「咱不能丢瓢把子的人，也不能給哥兒們灰頭灰臉。」武天成一面說一面跟着一位四十來歲顴骨上有道刀疤的人走進屋去。

我小心謹愼地跟在他的後面。廳裏正在開飯，桌上用大臉盆盛了一盆肉，沒有肥的，不知道是什麼肉，也沒有別的菜。

武天成走過去用筷子夾了一大塊往嘴裏塞，嚼了幾口，望着那刀疤說：

「梅花鹿？」

「不錯，算你狗屎運氣，今天打的。」刀疤笑着回答。

「有酒沒有？」武天成問。

「武二爺，前幾天咱們打下了一個鍋莊，高粱酒够喝三兩個月。」一個年輕的漢子提了兩大錫壺酒出來，足有十多斤。

於是大家圍着案板似的大長方桌，大盌喝酒，大塊吃肉。我顯得有點兒拘束，武天成望望我說：

「老弟，上了長白山，就不必假斯文，當了鬍子就不要唸貓經，有肉大家吃，有酒大家喝，自己動手，這兒沒有誰侍候你。」

我怕挨餓，也只好大盌喝酒，大塊吃肉。

飯後，我和武天成一塊休息，我正奇怪怎麼整個寨子都是光棍，沒有一個女人？廳堂裏突然響起一陣歡呼，武天成把我一拉：

「老弟，咱們去看壓裂子。」

我不知道「壓裂子」是什麼意思？只好跟着他走。

一走進廳堂，我不禁張口結舌！幾個大漢正把一個脫得光條條的女人往吃飯的那張大長方桌上一放，像放平一條刮了毛的肉猪。大家都圍了過去，武天成也拖着我走過去，我一遲疑，他用力一帶，我雙脚不由自主，跟着他走，他調侃地說：

「你又不是大姑娘，害什麼臊？」

他挾着我站在桌邊，那女人光着身子直挺挺地躺在桌上，細皮白肉，胸口鼓起兩個大白麵似的饅頭，她用手肘遮住眼睛，無法看淸她整個臉型，只露出俊俏的小嘴和圓潤的鼻尖。

「小娘兒別害臊，讓我這位小老弟見識見識。」武天成突然拉開她的手肘，馬上露出整個瓜子臉兒，她連忙把眼睛閉緊，臉上飛來兩片大紅雲。

我也閉上眼睛，不忍再看，周圍馬上爆出一陣哄笑。武天成拍拍我的肩說：

「老弟，要想上西天，先得經過十磨九難，你不是唐僧，還怕看妖精打架？」大家又笑了起來，其中有一個人對我說：

「她是通化縣太爺的四姨太，平時只許他一個人抱，你休想碰她一根毛，今天算你開了眼界。」

接着有一個人把一隻大碗往她肚臍眼上一放，她驚得彈了一下，那人把四粒骰子往碗裏一拋，骰子在碗裏叮叮噹噹跳了幾下。

大家圍着她，在她肚皮上賭了起來。賭的結果，恰好那位臉上一道疤的傢伙贏了，該他享受一夜風流，他却慷慨地對武天成說：

「武二爺，我讓給你，壓壓驚；下次你有了好肉票，可別忘了送我個順水人情。」

武天成打量了面前這個光條條的細皮白肉的女人一眼，笑着回答：

「刀疤王，你眞够意思！今天咱領了，解解饞；來日咱要是逮到一個關東軍的俏娘兒，一定請你開開洋葷。」

大家一陣哈哈。刀疤王把那個女的拉起來，往武天成面前一推：

「武二爺，咱當面交給你，你可不能放了生？這是棵搖錢樹，榮慶還欠咱們一千擔高粱。」

「刀疤王，你放心，老虎嘴裏的猪，跑不掉。」武天成把我一推，把那女人一摟，哈哈地笑了起來。隨後又望了我一眼：「老弟，這一向咱兄弟兩同床共被，今天可不能穿一條褲子？你一個人睡，以後開金鑛都少不了你。」

三

我翻來覆去睡不着，我眞有點兒後悔上了賊船。想不到白金龍的手下也是豆芽炒韭菜，亂七八糟。

我想逃走，可是沒有地方可逃，關東軍不會放過我。這幾天白金龍的椿子就揭了好幾張告示，他們拿給武天成和我看，武天成的腦袋瓜子值一百兩黃金，我的也值五十兩。誰逮住了我都是死，現在窮人多，見了金子沒有不眼紅的。

躭下去嗎？白布落進染缸裏，鴨綠江的水也洗不清。

天一亮我就起來，在寨子裏走來走去。山上的氣候大不相同，我能看出我呼出的熱氣。

砲樓子上的人不時打量我一眼，怕我打什麼歪主意。

吃過早飯之後，武天成又帶我走，今天我們要趕到天池總寨，白金龍駐在那邊。

刀疤王他們把我們送到寨子外面，武天成拍拍刀疤王的肩說：

「刀疤王，你眞夠意思，那小娘兒是個大白饃，中看又中吃，咱武天成謝了。」

「武二爺，咱們親兄弟，烟酒女人不分家，你別鼻烟壺掉進醋缸裏，一股酸氣。」刀疤王說。

武天成哈哈一笑，雙手一拱，邁着大步離開寨子。

武天成眞是鐵打的身體，他的精神仍然很好，一點看不出來做過什麼壞事。

「老弟，你可是怪我昨兒晚上一個人吃獨食？」他看我像隻悶葫蘆，打趣地問我。

「武大哥，我怕打進阿鼻地獄，我不做那種事。」我說。

他哈哈大笑。望了我一眼說：

「老弟，那小娘兒是榮老頭的四姨太，榮老頭是滿洲國的縣太爺，關東軍的狗腿子，他吃裏扒外，三宮六院，咱們光棍一條，怎麼不可以借來行個方便？這才叫做天公地道，怎麼會打進阿鼻地獄？」

「怎麼說也不該那樣作踐婦道人家。」

「老弟，咱們不想上西天。不撕肉票，已經積了陰德。哥兒們長久打光棍，讓他們開開眼界，也不算作踐。」

「武大哥，你們不要壞了白金龍的名聲。」

「老弟，這些事兒又不是咱們興的，多少年的老規矩，瓢把子一個人改得掉？何況這些三山五岳的兄弟，很多人坐寨比他早，不過咱們看他的確是條好漢子，樣樣比咱們強，才擧他作瓢把子，所以這種事兒他也只能睜一隻眼，閉一隻眼。他要咱們水裏去，咱們也決不敢說個「不」字。」

我望望他，他又接着說：

「老弟，鬍子可不是御林軍，帶鬍子要帶心，王法不成。瓢把子不是渾人，四川猴子服河南人牽，你不要到印度販駱駝，不識「象」。以後你還是多吃飯，少放屁，總寨的弟兄們過的橋比你走的路還多。」

我被他奚落得啞口無言。

武天成和刀疤王他們眞是天生的鬍子，校場的馬，啥都不在乎。我學不來，也配不上。不知道白金龍是怎樣的人？如果他是個魔王，見了他我只好打退堂鼓。

武天成看我低着頭不作聲，覺得有點兒寂寞無聊，又打趣地對我說：

「老弟，恕咱在和尙頭上敲木魚，下次咱要是擄到一個大閨女，賞給你好了。」

「武大哥，佛頭上着糞，我不想造孽。」

「老弟，咱看你是大姑娘上轎，嘴裏哭，心裏笑。三年不見娘兒面，老母猪賽貂蟬，要是到了那個節骨眼兒，咱看你假正經？」他望着我揶揄地一笑。

「武大哥，你歪嘴吹喇叭，一團邪氣。」

他哈哈一笑，從乾糧袋裏掏出一塊鹿肉乾，往嘴裏一塞，又拋給我一塊。

他邊吃鹿肉乾，邊和我談話，嘴乾了就伏在溪澗邊喝冷水。那樣子非常自得。

我們在森林裏蜿蜒的小徑中翻上翻下，路上舖滿了落葉，除了松柏杉之外，其他的樹葉都在發黃，不時隨風飄下。落葉蓋着落葉，踩在上面軟緜緜，水漬漬。有時也能走一段比較寬坦的路，但武天成好像故意和我爲難，專走小路，他自己偏說是近路。

我們躺在一塊大青石上休息時，突然聽見一聲槍響，我有點兒緊張，武天成躺在我旁邊若無其事。我坐起來推推他，要他注意，他冷冷淡淡地回答我：

「別大驚小怪，這方圓一兩百里，全是咱們的地界，兎兒不吃窩邊草，過路神仙也不敢闖進來。」

「這槍聲有點兒蹊蹺？」

「小孩兒放鞭炮，平常得很。」他把破草帽蓋在臉上。

他雖然滿不在乎，我却提心吊膽，不時注意周圍的動靜。

忽然我發現一隻大梅花公鹿，向我們這個方向跑來，離我們還有兩三百公尺，啪的一聲，鹿倒了下去，滾了兩滾。一棵大樹後面突然閃出一個紅布包頭，短裝短打的女人，她三步兩步跳到鹿的身邊，迅速地抓住在地上亂撞的鹿角，從靴裏抽出幾寸長的白晃晃的尖刀，把鹿角割了下來。

她一抬頭，忽然發現我在站在青石上看她，馬上向我走了過來。我漸漸看清了她的面貌，皮膚雖然不十分白，五官倒很端正，眉眼之間有股凜然不可侵犯的神氣。看樣子不過二十五六歲。這是個男人的世界，怎麼會突然蹦出一個年輕的女人？要是落在武天成他們手裏，那不是送肉上砧？

我正在替她躭心，她突然拔出手槍指着我，大聲喝問：
「你是什麼人？好大的狗膽！敢闖我們的寨子？」
我不知道怎樣回答？她却一步步向我逼近，我用脚蹴蹴武天成，希望他起來回答，他睡得像個死人。
「好漢不吃眼前虧，你再不回答，小心我打穿你的腦袋！」
「姑娘，我沒有吃豹子膽，不敢上長白山，是武二爺帶我來的。」我連忙回答。
她沉吟我一下，打量了睡在石上的武天成一眼，指着他問我：
「他可是武二爺？」
我未及答話，武天成迅速地揭開臉上的破草帽，一躍而起，向她拱手一笑：
「姑娘，妳好？」
她把槍往腰間一插，笑着問他：
「武二爺，你兎兒囘老窩，怎麼不先捎個信兒？我差點兒得罪了這位客人。」
「姑娘，咱武天成寶猪肉，搭蹄子，新收了這位小兄弟，他剛出篗兒的豆芽菜，嫩得很，咱有意讓他閱歷閱歷，不知道姑娘和瓢把子看不看得上眼？」
她重新打量了我一眼，向武天成一笑：
「武二爺，你過的橋比我走的路還多，薑是老的辣，你收的弟兄還會錯？待會兒見了哥哥我再方圓幾句，不就得了？」

「還不謝謝韓姑娘？」武天成眼睛向我一瞟。

「謝謝韓姑娘。」我向她一躬。

「剛才得罪了你，可別見怪？」她也向我欠欠身子。

「屙屎不出怪茅厠，姑娘，妳沒有讓他腦袋瓜子開花，就算他狗屎運氣。」武天成馬上接嘴。

這時有十來個大漢，趕到那隻鹿的跟前，一個人撿起鹿角，一個人提起鹿的後腿，往肩上一揹。

「武二爺，咱們走。」她手一揮，領先趕上大伴。

「武大哥，青埂峯下的大石頭，看樣子她有點兒來歷？」等她走遠一點，我輕輕地對武天成說。

「她是瓢把子的胞妹韓玉娥，自然不是無名小卒。」

「武大哥，長白山藏龍臥虎，她婦道人家怎麼也在這種地方討生活？」

「咱們弟兄人人都有一本難念的經，他們兄妹和關東軍有殺父深仇。要吃龍肉，親自下海，不當豁子，誰給他們報仇？」

我望望她矯健的背影，突然興起幾分敬意。

走了一會，面前突然開朗起來，不遠處有一池清水，面積不小，不少壯健的馬在池邊飲水吃草，池的附近有一座矗立的山峯，峭壁嶙峋，依山面水結寨，彷彿一個堅固的城堡。

韓玉娥一夥先進寨子，我和武天成隨後進去。

寨子裏的空場比足球場還大，有幾十家房屋，一排排地像個營房。空場的一端立了一排一人高的大木樁，木樁上端畫了人頭，五官清清楚楚。

一個短打中等身材的人，背着我們站在場子中間，突然兩手一揷，在腰間拔出兩枝手槍，砰砰地朝着那排木樁打去，每顆子彈都打中人頭的鼻尖，打完那十幾個大木樁，他從容地把槍揷回腰間，一步一步地走過去檢查彈着點。

「武大哥，這人是誰？眞好槍法！」我呆呆地望望他的背影，輕輕地問武天成。

「瓢把子白金龍。神槍手，還錯得了？」武天成也輕輕回答。「老弟，你的眼福不淺，他很少打死靶，今天你剛好碰上。」

「他這一手兒可眞了得！」

「當瓢把子的人還會是酒囊飯袋？他的絕活兒還多哩！」

眞是人外有人，天外有天，原先我以為武天成的槍法了不起，但是比起白金龍來，眞不知道他算老幾？我是一輩子也別想學會這一手的。

我正像喝了個八成兒醉，白金龍已經檢查好了每一棵木樁，回轉身來，這更使我一驚！原來他不是紅眉毛，綠眼睛，而是一個白面書生！非常英俊！不過三十來歲。

武天成連忙向他打個千兒，我也跟着把身子一躬。他笑着向我們走來，對武天成說：

「二爺，辛苦你了。」

「托你的鴻福，總算沒有陰溝裏翻船。」武天成笑着答囘。

白金龍打量我一眼，武天成連忙對我說：

「快見過瓢把子。」

我向白金龍九十度鞠躬，白金龍客氣地說了一聲不必多禮，武天成接着把收我上長白山的事說了一遍，問他同不同意？他又看了我一眼，審愼地對我說：

「老弟，我韓玉琦不像別的鬍子頭，決不勸人走我們這條路，一切全憑自願。如果你不想當鬍子，明天我派人送你下山去；如果你和關東軍結了樑子，願意留在山上找機會報仇，我就收留你，不過湯裏火裏都得去，不准說半個不字。我先打開天窗說亮話，你自己再忖量一下。」

我不敢貿然囘答，遲疑了一下，武天成奚落地看了我一眼，白金龍和顏悅色地說：

「沒有熟的瓜兒不要摘，多忖量一下更好，你明天早晨答覆我不遲。」

我鬆了一口氣，跟他們兩人走進屋去。

韓玉娥已經換了一身素淨的藍布旗袍、布鞋、布襪、大辮子，樸素端莊，臉孔彷彿也白淨一些。

「哥哥，這位新來的小兄弟，看來不像鷄鳴狗盜之徒，武二爺既然把他帶上山來，你總得賞個面子？」

「大妹，哥哥向來不拉着何仙姑叫二姨。就因爲他的來歷不同，哥哥更不敢委屈他當鬍子。我是直鈎兒釣魚，這件事全看他自己。」

韓玉娥打量了我一眼，像個大姐打量着小弟弟。

「小兄弟，我們兄妹兩人不是天生的鬍子，也算得上書香門第。長白山都是大盌喝酒，大塊吃肉的英雄好漢，也需要個把讀書種子，你如果不怕粉壁牆上糊牛屎，我斗膽保你不空跑一趟長白山。」

我看他們兄妹兩人坦白誠懇，又不像武天成，刀疤王這班老鬍子無法無天，我恭恭敬敬向她一鞠躬：

「多謝姑娘。」

「多謝瓢把子！」武天成連忙對我說。

我又向白金龍一鞠躬，白金龍點頭還禮。

「老弟，烏鴉飛上梧桐樹，算你的造化！」武天成的大巴掌在我肩上一拍，又笑着對韓玉娥說：「妳還請他三上轎，他一下長白山，關東軍就會摘掉他的腦袋瓜子！」

四

從此我也成了長白山的豁子。

韓玉娥教我打槍、騎馬。她的槍法雖然趕不上她哥哥白金龍，可決不在武天成之下，她也能左右開弓，百步之內百發百中，我要鍊到她這種地步，起碼得三兩年功夫。她的騎術也好，光背的馬躍上躍下，馳騁自如。

一過中秋山上就很冷，爲了準備過冬，白金龍帶着大家出去打獵，挖棒棰。這兩樣事我都沒有幹過。起初我跟着一班熟手，去挖棒棰，我看見了參苗也不認識，直到他們用紅布把參苗綑住，用竹鍬挖起時，我才知道那是名貴的棒棰。也有些上山挖參的「窮棒子」，他們遇着我們，會自動地獻上幾枝棒棰，也有人硬向他們勒索。

武天成和白金龍兄妹，因爲槍法好，他們帶了一批好手打獵。我也想凑凑熱鬧，請求白金龍准許我和他們一道去。白金龍鄭重地對我說：

「打獵不比挖棒棰，張三黑瞎子都不好惹，老虎、豹子更不必說，船頭上跑馬，你何必冒這個險？」

「瓢把子，沒有吃上四兩煎豆腐，算得什麼齋公？閨女要浪，小子要闖，你就讓他跟咱們去，吧。」武天成不等我答話，就先替我幫腔。

「好，吃一次虧，學一次乖。」白金龍隨手取下一柄長槍遞給我。

他們都是佩的短槍，只有我一個人拿這麼個長傢伙，我心裏有點兒納罕，韓玉娥笑着對我說：

「你的火候不够，只能遠瞄遠打。近處開槍，那是穿簑衣打火，惹禍上身。」

「長槍是姥姥的龍頭拐棍，你要是走不動，可以拄拄手。」武天成揶揄我說。

韓玉娥聽了一笑，我不敢作聲。當鬍子講眞材實料，爭口氣，說大話不成，談玩槍我是誰也比不上，寨子裏任何人都比我強，更別說武天成。

我們揹着乾糧、毛毯，向人跡罕至的深山進發。除了鬍子，大概這種地方鬼都沒有來過。打獵要圍，不能大家擠在一塊。我們一行三四十人，像扇子般散開，向一個大山峯圍過去。白金龍要我們天黑以前，在那塊青石崖下集合，他囑咐韓玉娥不要離我太遠。

起初大家拉得還不太遠，越走越零零落落。樹大林密，後來大家彷彿遺失在這原始森林裏。本來韓玉娥距離我最近，還不時和我講一兩句話。我爲了表示自己是個男子漢，故意暗中把距離拉遠。我有一根長槍，一把尖刀，我用不着一個女人保護，我只要不弄錯方向就行。

我遇見過野鷄，遇見過小兎，但是我沒有開槍，我不願意打草驚蛇，我希望打個大獐或是一隻梅花鹿，這樣我才有面子。

偶爾我也聽見一兩聲槍響，但是好像很遠很遠。

我也發現過「棒棰王」，但是我沒有帶傢伙，打獵和挖棒棰完全是兩套，我的刀碰都不敢碰它，只好放棄。

經過一塊密林，地上的落葉更厚。脚踏在上面，像踏進棉花簍。

我忽然發現一塊大石旁邊，躺着一隻大黑瞎子，牠肥重的身體，有一半陷在落葉裏面。我又驚又喜，連忙隱在一棵大松樹後面。牠似乎也有警覺，連忙抬起頭來，坐在地上，四處張望。牠離我有一百多公尺遠，我瞄準牠打了一槍，我以為這一下一定打得牠四脚朝天，在武天成面前我也可以揚眉吐氣。想不到牠只是輕輕地搖晃了一下，突然喉嚨裏沉濁地怒吼一聲，像打了一聲悶雷，瘋狂地向我衝來。我再扣板機，子彈卡住了射不出來，我第一次用這桿槍，不瞭解它的性能，心一慌，手忙脚亂，槍更打不響。只好拔出尖刀，準備投擲過去，白金龍教過我飛刀，我希望這一刀能够解決這隻黑瞎子。

牠衝到我面前兩丈遠時，我對準牠的眼睛投擲過去，可是刀却落在牠的肩上，牠又怒吼一聲，直衝過來。

我站在樹背後，倒握着槍筒，牠衝到樹下突然直立起來，我朝牠頭上直砍下去，牠前脚一揮，把我的槍震出一丈多遠。

我赤手空拳，駭出一身大汗，只好繞着樹轉。牠張嘴露齒，喉嚨裏嗚嗚作響，刀在牠肩上搖晃，血汩汩地流，牠站起來幾乎和我一般高，巨掌擊在樹上，蓬蓬作響，枝葉搖晃。如果打在我的身上，我的骨頭都會被牠打斷。

我正想大聲呼救，突然啪啪兩聲，黑瞎子像喝醉了酒，身子一晃轟然一聲，倒了下去。

我驚魂方定，韓玉娥已經躍到我的身邊。我臉上一陣熱，她却指着地上的黑瞎子一笑：

「你的運氣不壞。」

「謝謝姑娘救我一命。」

「你算得一條漢子，打一棍不哼一聲。」她反自誇奬我，我心裏暗叫慚愧。

我看看黑瞎子，她兩槍都打在牠頭上。我一槍打在牠的背上，根本不是要害。我拔出尖刀，指着黑瞎子，問她怎麽辦？

「你把槍檢起來，不必船頭上跑馬，早點兒回去。」

她一面對我說，一面撮起嘴巴吹起口哨，聲音尖銳嘹亮。過了十幾分鐘，有三個人從密林裏走了過來。她高聲地笑着對他們說：

「這位新來的柳兄弟，旗開得勝，打了一隻黑瞎子，麻煩你們陪他扛回去。」

我頭上直冒冷汗，她却一笑而去。

五

過冬的糧食還差得很多，通化縣長榮慶的一千擔高粱還沒有送上山來，刀疤王上總寨來吵着要「撕票。」

「瓢把子，榮慶那王八羔子到現在還沒有交貨，不知道他葫蘆裏賣的是什麼藥？依咱看，他是不見棺材不流淚，不撕票他不知道厲害。」刀疤王對白金龍說。

「刀疤王，你砸了泥菩薩他更不會上廟，那女人也是個可憐蟲，何必白白送她一條命？」韓玉娥說。

「姑娘，這就叫做殺鷄給猴子看。」

「你乾脆把榮慶的腦袋瓜子摘下來不就得了？何必殺他的四姨太？」

「姑娘，砍了搖錢樹，我們盤什麼蛇？」

「刀疤王，不要把那娘兒撕掉，咱們打一次鍋莊好了。」武天成說。

刀疤王瞇着眼睛望着武天成，嗤的一笑：

「我的武二爺，你殺人不眨眼，怎麼也發了善心？」

「刀疤王，一夜夫妻百夜恩，這次就讓咱作個好人。」武天成厚着臉皮一笑。

「武二爺，你作好人，咱們大小十幾個寨子怎麼過得冬呀。」

「咱說了去打一次鍋莊，弄三五個月的糧食就成。」

「瓢把子，咱們哥兒倆的意思你看怎樣？」刀疤王轉問白金龍。

「榮慶的四姨太是個婦道人家，犯不着送她的命；鍋莊雖然都是有錢的大戶，不到萬不得已，我們不要弄得他們鷄飛狗跳。」白金龍說。

「瓢把子，算不定是今天還是明天下雪，一旦大雪封山咱們無糧無草，難道學蜻蜓吃尾巴不成？」刀疤王說：

「你下道鷄毛文書給榮慶，限他三天之內交貨，否則將他碎屍萬段！」白金龍說：

「成！咱恨不得馬上宰掉那王八羔子！」

刀疤王身子一旋，衝了出去，蹤身一躍，騎上光背的黑馬，急馳而去。

三天後，榮慶果然交了貨。刀疤王送了兩百擔高粱上總寨，其他的按人口分給別的寨子。

「柳兄弟，這就是鬍子的生活，你過不過得來？」韓玉娥突然問我。

「姑娘，妳能過我也能過」我打腫臉充胖子。

「要不是鬼子抄了家，殺了我爹，我兩兄妹怎麽會上長白山當鬍子？」她黯然一笑，顯出幾分女人的嬌弱。

六

高粱送上寨子的第二天，就開始下大雪，雪像棉花條般掉下來，不到半天工夫，完全變了一個世界，千山萬樹，一片雪白。天上看不見一隻飛鳥，地上看不見一隻走獸，只有我們這些鬍子，點綴着長白山。

武天成拉着我陪他喝酒，他的酒量很大，幾乎是把酒當茶。我沒有一盌量，只好吃兎肉乾。

「老弟，刀疤王把那小娘兒送下了山，實在可惜；要是咱有一千擔高梁，咱情願交換。這種雪天，沒有啥事好幹，摟着小娘兒上炕，眞賽過活神仙。」武天成醉眼朦朧地說。

「武大哥，君子一言，快馬一鞭，刀疤王說話算話。你縱然有一千擔高梁，也不能壞了幫規。」

「嘿，好小子，你吃了三天鹽水飯，就打咱的鳥官腔。」武天成笑着喝了一大口酒。「你沒有吃過龍肉，不知道鮮味。」

「武大哥，你既然想娘兒，乾脆成個家好了。」

「當鬍子是船頭上跑馬，只能打野食，不能成家。」

總寨裏也只有韓玉娥一個女人，沒有誰拖家帶眷。武天成的話不假，他當了十幾年鬍子，還是寡人一個。

「大家都不成家，那來的小鬍子？」

「陰曹地府少不了寃魂怨鬼，東三省也少不了鬍子。長白山的棒槌挖不盡，你還怕咱們斷根絕代不成？」

「日本鬼子一滾蛋，我就不當鬍子。」

「老弟，你做夢娶媳婦，專想好事。縱然鬼子王八搬家，老毛子也不會放過東三省。」
「武大哥，你別講喪氣話。」
「老弟，咱過的橋比你走的路多，咱斗膽放這個屁，信不信由你。」他又喝了一大口酒，往炕上一躺。沒有多久就呼呼睡去。
我替他蓋上老虎皮，走了出來。
白金龍和他妹妹在下象棋，他看見我把我叫住，要我和他下兩盤，我只好遵命。
韓玉娥不等下完，連忙讓座。
「姑娘，妳下完了我再接手。」我說。
「老是我兩兄妹對車馬炮，也沒有什麼意思。」她說。
「瓢把子找不到對手？」
「弟兄們只會大盌喝酒，大塊吃肉，對這玩藝兒沒有興趣。」白金龍說。
他能邀我下棋，眞是抬擧，雖然他和大家都稱兄道弟，沒有一點兒架子，但他總是瓢把子。沒有上長白山之前，我簡直把他當作一個神出鬼沒的奇人，現在和他平吃平坐，面對面下棋，那不是像武天成說的烏鴉飛上了梧桐樹？
他的棋下的很高明，在這方面我並不是弱手，但是每一步都受他的掣肘，初看覺得他下的是一步閒棋，三兩步之後才能看出它的妙處。他奇兵一出，我就無法招架，淸盤皆輸，韓玉娥在我後面指點，還是救不了駕。

天冷，手指凍得發痛，輸了兩盤，我就不想再下，韓玉娥把我一拉：

「走，我們溜冰去。」

天池的水早就結了冰，已經有人在雪中滑來滑去。動一動身子反而暖和一些。我把皮帽向下一拉，遮住耳朵鼻子，跟着她走出寨子。

我們沒有冰鞋，短統靴子裏塞了烏拉草，鞋底雖不光滑，可是脚很暖。爲了便於滑行，我們一人找了兩根棍子撑。

她撑着棍子在冰雪上來去如飛，雪在她脚下像滑水板濺起的水花，竄起幾尺高，瀟瀟洒洒，像天女散花。天上的雪花又洒了她一頭一身，她很快地變成了一個雪人。

她的身子輕盈靈巧，比我溜得好，也比那些大塊頭溜得好。

先前下棋時，像冷水澆着背脊，現在全身暖和起來。我慢慢地溜。她溜到我的身邊突然一個急轉身，把身子刹住，眉開眼笑，彷彿年輕了幾歲，顯出少女的活潑輕俏。

「從現在起，大雪封了山，我們和外面斷絕來往，再過兩天雪就有幾尺深，什麼也幹不成，張三，黑瞎子也受不了，不知道你挺不挺得下去？」她問我。

「姑娘，妳放心，我不會開小差。」我說。

「雪比你還深，你想跑也跑不掉，」她嫣然一笑：「你一出寨子，張三就會把你當肉包子。」

「那我們早點兒回寨子去，免得餵張三。」我想適可而止，溜出了汗，身上會格外難過。

「現在還沒有到那個節骨眼兒，張三還有幾天好日子過。」她笑着把兩根棍子往脇下一夾，同我一道回去。

這場大雪下了兩天兩夜，下了兩尺多深。雪住以後，並沒有融化多少，天氣更冷，中午偶然出點兒花花太陽，也是有氣無力。此後每隔十天半月，總得下場雪，舊雪不化，新雪繼續堆蓋上去，兩三個月下來，木柵外面的雪，已經快有木柵一般高了。木柵裏面因爲大家經常剷，雪才沒有封住門。

在這種冰天雪地，起先沒有看見任何動物，也聽不見任何動物的聲音，後來漸漸聽見野狼的哀號了，那種鬼哭的聲音，山鳴谷應，聽來令人毛骨悚然。

過小年的這天，突然來了一羣餓狼，跳在馬廐的頂上，用脚搔扒，馬在底下嘶叫，牠們扒得更兇。白金龍打開半邊門，砰的一槍，打翻了一隻灰色的大狼，從頂上摔進場子。其他的狼一怔，有的想跑，有的膽子非常大，睜着兩隻鬼火般的綠眼睛，盯着白金龍，一隻大公狼突然縱身一躍，向我們撲來，白金龍又砰的一槍，這隻狼在半空中翻了一個觔斗，摔在雪地上。其他的狼，夾着尾巴，紛紛跳下馬廐，落在木柵外面。

我爲了好奇，趕出去看看那隻死狼，發現子彈都是從牠們的眼睛打進去，血凝在上面，結成了冰。牠們雖然相當瘦，但提在手裏足有四五十斤。我正想把這兩隻死狼拖進來，突然聽見韓玉娥驚叫一聲，我抬頭一望，一隻褐色的大狼正從馬廐頂上向我撲下，我穿多了衣服，兩隻脚又陷在雪裏一尺多深，想閃避一下，却一屁股跌在雪上。在這要命的當口，我突然發現白光一閃，狼嘷叫一聲，跌在我的身上，我用力一推，牠翻了一個身，躺在地上掙扎，我這才發現牠頭上插着一柄尖刀。我連忙騎在牠的身上，抓住刀柄用力插進去，絞了幾下，牠這才四脚一伸。我拔出尖刀，跑了回來。

「姑娘，多謝你救我一命。」我把尖刀交給她，我以爲是她投的飛刀。

「你進香不要找錯了廟門，你應該感謝哥哥，我沒有這麼大的本事。」她笑着把刀遞給白金龍。

「多謝瓢把子。」我向白金龍一鞠躬。白金龍淡然一笑，把刀插進皮靴。

「老弟，吃一次虧，學一次乖，鬍子可不好當。要不是瓢把子這一刀，你已經餵了張三，還打什麼關東軍？」武天成的大手在我肩上一拍。

七

過了五六個月冰天雪地的生活，天池的冰才完全融化，山上才出現一片新綠，一片生機。大家把原有的槍擦得閃閃發亮，又從朝鮮走私來一批新槍，彈藥也補充不少。

一部份人利用天池四周平地種菜，種瓜，種豆，大部份出去打獵。韓玉娥常利用餘暇陪我打靶，在她的鼓勵指導之下，我的進步不少，雖然不能指子打子，但長槍也能勉強達到槍槍不落空，手槍還是差勁，不能拔出來就打，一定要瞄。白金龍、武天成、韓玉娥他們用手槍都不作興瞄，又快又準。

糧食快吃完了，白金龍邀集各分寨的頭子來商量，各分寨提供了幾個富戶的「秧子」，請示白金龍綁那一個來？白金龍不同意綁肉票，刀疤王粗魯地說：

「瓢把子，和尚吃居士，鴇兒吃婊子，那一個鬍子幫不吃肉票？你講仁義道德，咱們金龍幫的弟兄總不能喝露水？」

「刀疤王，吊頸要找大樹，不要老是拍蒼蠅，我們應該打一次老虎，給關東軍一點顏色。」白金龍說。

「關東軍可不是紙老虎。」刀疤王說。

「我知道，但是我要捋捋虎鬚。」

「瓢把子，咱們犯不着鷄蛋碰石頭。」另一個分寨的頭子說。

「當鬍子就是天不怕，地不怕，不是英雄好漢，誰敢上長白山？我們金龍幫的弟兄皇帝老子也敢揍，可沒縮頭的烏龜。」白金龍使用激將法。

韓玉娥看看大家不作聲，乘機對白金龍說：

「哥哥，你不要光只講打老虎，你先說說打老虎的法子，讓哥兒們壯壯膽。」

白金龍向妹妹點點頭，又掃了大家一眼，然後向大家說：

「諸位有諸位的開門計，我韓玉琦有我韓玉琦的跳牆法。據暗樁子報告，海龍現在堆了很多糧食，布疋，軍火，只有一百多個關東軍，我們大家跑一趟海龍，一年也吃喝不盡。還有一點，諸位要是碰上了俊俏的日本娘兒們，帶一兩個上山我也答應。」

「瓢把子，難得你開禁，咱先贊成！」武天成把手一舉：「漫說是海龍城，上刀山咱也去。」

「既然武二爺敢上刀山，難到咱們不敢去海龍?」大家搶着說。

「我知道金龍幫沒一個孬種！現在我再說打海龍的辦法。」白金龍從容的說：「我帶一千人硬打硬闖，以大吃小；刀疤王帶五百人堵住沙河，防備四平街和瀋陽來的救兵。」

「既然海龍城只一百多個毛人，咱們何必去這麼多人手?」刀疤王說。

「一來是搬運糧草；二來我明人不作暗事，我要下一道鷄毛文書，要他們準備好，免得臨時多費手脚，，自然也不要吃他們的暗算。」白金龍說。

「刀疤王，咱看就這麼辦！」武天成向刀疤王一笑：「咱還欠你一蓆人情債，這次一定得還。」

刀疤王打一個哈哈，其他的人沒有話說，白金龍馬上吩咐我：

「柳弟兄，麻煩你寫道鷄毛文書，就說白金龍要到海龍過端陽節。」

我很快的寫好，遞給他，他看了一眼，點點頭，韓玉娥遞給他一根公鷄翅膀毛，他把火漆打在牛皮紙的的信封上面，交給刀疤王。隨後他指定幾個分寨弟兄歸刀疤王指揮，其餘的統統跟他行動。明天天黑前統統在鬼谷口集合。

大家立刻告辭，白金龍特別囑咐刀疤王馬上把鷄毛文書傳出去。

「瓢把子，我知道。這催命符留着燙手。」刀疤王說。

八

端午節天亮以前，我們湧進了海龍。車站和街上警戒的警察和關東軍，被我們打得落花流水，大部份的警備隊官兵還沒有起床，他們聽見槍聲倉促應戰，一看我們有這麽多人，馬上慌了手脚，邊打邊逃，但都逃進了鬼門關，他們的一個大尉隊長帶着一個士兵，騎着馬沿着鐵路線向北逃走，武天成首先發現，向我把手一招，我撥轉馬頭跟着他追過去。白金龍也立刻趕了上來，他的白馬跑得快，沒有多久就趕過我們，漸漸追上那兩個敵人，他碰的一槍，把後面那個士兵打下馬。前面那個大尉反身射擊，他把身子一側，貼往馬肚皮，子彈從馬背上飛過來，差點打中我。

那個大尉看看，未中，立刻貼緊馬背，拼命逃跑。白金龍迅速地從靴子裏抽出尖刀，翻身坐上馬背，用力一擲，尖刀深深插進那個上尉的背心，他啊了一聲，身子一仰，摔下馬來。跌得手腳一伸。

白金龍翻身下馬。抽出尖刀。在屍體上擦了兩下。插進皮靴。我和武天成先後趕到。武天成把屍體踢翻過來，朝他臉上唾了一口，罵了聲「媽得巴子」。

我檢起鐵軌邊上的手槍，交給白金龍。白金龍腰上插着兩枝槍，他要我留着用。

我們再回到車站時，韓玉娥正指揮大家在貨車上，倉庫裏搬東西。白金龍要大家趕快搬，由各分寨分批運走。搬到中午沙河那方面傳來槍聲，白金龍吩咐韓玉娥領着大夥兒搬走，留下我們幾十個有馬的破壞鐵路，車站。我們把鐵軌撬了幾十公尺，又把車站的門窗統統打碎。武天成在倉庫裏放了幾把火。白金龍用煤炭渣子在站長室牆壁上寫下「白金龍到此一遊」七個大字。然後哨子一吹，縱身上馬，領着大家得得而去。

大隊已經撤走了四五里路，我們趕上時，武天成突然想起什麽的把腦袋一拍：

「糟！我忘記了擄個俏娘兒！」

他撥轉馬頭想趕回去，車站響起了一片爆炸聲，沙河那方面的槍聲更緊，刀疤王他們正在向我這個方向邊戰邊走，韓玉娥對武天成說：

「武二爺，色字子頭上一把刀，不要送掉自已的命！」

跑了一趟海龍，損失十幾個弟兄，收穫可真不小。糧食足可維持一年，布疋也够每人縫一套新衣，槍彈可擴充兩三百人。白金龍三個字更響遍了長春鐵路東北地區。

樹大招風，麻煩也跟着來了。秋天，關東軍來了一次大圍攻，雖然沒有打進長白山，我們的彈藥却消耗不少。隨後他們又封鎖了整個冬天和春天。夏天一開始，又來了一次大進攻。他們的死傷大，我們的彈藥也消耗更多。他們吃了兩次大虧，想想沒有辦法消滅我們，便透過老爺嶺的瓢把子，向我們「招安。」

關東軍不解圍，我們的彈藥和糧食便接濟不上，連朝鮮那方面也被他堵住了，人數少倒沒有關係，一兩千人馬，可不容易維持，冬天一到非挨餓不可。白金龍爲了釜底抽薪，決定詐降。八月初，他招集了刀疤王他們十幾個分寨的頭子來，說明他的意思。刀疤王對他說：

「瓢把子，咱們不要偷鷄不着蝕把米。」

「你放心，我決不會拿弟兄們的性命當兒戲。我準備單人匹馬下山去，和日本人對手剝皮。」白金龍說。

「哥哥，那你不是送肉上砧？」韓玉娥說。

「捨不得金弓彈，打不到巧鴛鴦。我不下地獄，誰下地獄？」白金龍望了韓玉娥一眼，又望望大家。

大家對他肅然起敬。刀疤王慚愧地說：

「瓢把子，這眞是船頭上跑馬，你怎麽能冒這個大險？」

「我怎麽能貪生怕死，叫你們去？」白金龍望着刀疤王一笑。

刀疤王不敢作聲，別人也不敢吭氣。白金龍又繼續對大家說：

「我跑這趟馬，要是成了，咱們可以調轉槍口大幹一番；要是敗了，還留得靑山在，頂多少我一個人。」

「瓢把子，蛇無頭不行，你不能去。」武天成說。

「如果大家要個瓢把子，我還有句後話。」白金龍神情嚴肅地說。

「瓢把子，你儘管說吧！」刀疤王接嘴。

「君子一言，快馬一鞭，話出了我的口，雞毛也要當令箭。」白金龍掃了大家一眼。

大家點點頭。白金龍大聲地說：

「我決定中秋節下山，要是三天之內沒有回來，我妹妹就是新瓢把子。」

韓玉娥一怔。大家鴉雀無聲，望望白金龍，又望望韓玉娥，沒有人表示贊成，也沒有人敢反對。白金龍又接着說：

「不是我私心，玉娥比你們細心，我也不希望金龍幫的人專門殺人放火。」

「我贊成瓢把子的決定。」我擧起手來。

大家面色沉重地點點頭。

一〇

八月中秋清早，白金龍就騎着馬下山，武天成，韓玉娥和我伴送。走了一陣路，白金龍請武天成轉去，照顧總寨。並且拜託他說：

「武二爺，萬一我肉包子打狗，有去無回，以後要請你多多幫助玉娥。留得青山在，不怕沒柴燒。大家一條心，不怕關東軍。」

「瓢把子，不要說喪氣話，但願你馬到成功，總寨的事你放心好了。」武天成拱拱手，撥轉馬頭。

武天成一走，韓玉娥就掉下兩行眼淚。白金龍悽愴地對我說：

「柳兄弟，我們都不是當鬍子的料，長白山的鬍子都是大尾巴狼，不好對付。大妹倒底是婦道人家，如果不是血海深仇，我不會讓她跟我上長白山。以後一切拜託你……」

白金龍沒有完說，韓玉娥已經泣不成聲。

我們把他送到鬼谷口，他回頭望了我們一眼，在馬屁股上用力一鞭，白馬四蹄如飛，向通化方面急馳而去。

韓玉娥往馬鞍上一伏，哇的一聲哭了出來。

「姑娘，吉人天相，我們上山吧。」我勸慰她。

「柳兄弟，鬍子五顏六色，我沒有哥哥那麽大的本事，我的擔子太重了！」

二

過了三天。白金龍沒有回來。韓玉娥，武天成與我挑了幾十個好手，騎着幾十匹快馬，衝下山來。離鬼谷口還有兩里路，突然聽見砰砰兩下的槍聲。我們快馬加鞭，急衝而下。快到谷口，我們發現十幾個鬍子模樣的人騎着快馬逃跑。谷口躺着六七個人，其中一個就是白金龍，他身上打了十幾個窟窿，其他的人自然是被他打死的。

韓玉娥一發現哥哥的屍體，翻身滾下馬來，伏在哥哥身上痛哭。我不知道究竟是怎麽回事？正望着六七具屍體發呆，除了白金龍外，其他的屍體都是腦袋開花。

韓玉娥突然縱身上馬，向那滾滾的灰塵追去，我和武天成怕她出事，也跟着追去，後面還跟了二十幾匹人馬。

殺死白金龍的人已經跑了很遠，韓玉娥在一個三岔路口被一個騎着馬的人攔住，我們衝到時，發現那人是我們的暗樁子，武天成大聲地問他：

「剛才跑掉的那班王八羔子是那一幫的？」

「武二爺，那都是驢子蒙着老虎皮，他們全是日本鬼子！」那人喘着氣回答：「我怕你們上當，特來報個信兒？」

「你快說，到底是怎麽囘事？」韓玉娥砂鍋爆豆子般的問。

那人說不知道日本人從那兒得了報子，識破了白金龍是來詐降，事先派兵化裝成鬍子，在鬼谷關口埋伏，故意放白金龍囘來，把白金龍謀殺，好讓我們鷄窠裏起火，他們好在黃鶴樓上看翻船。

韓玉娥聽了他的話，咬着牙大叫：

「我要報仇！」

二

韓玉娥以「白娘娘」的旗號統率金龍幫。

大雪封山以前，她率領了一千人突襲通化，打死了一百多關東軍。日本人對長白山又加緊封鎖。

以後一連兩三年，經過大小二十多仗，人馬損傷不少，彈藥更加缺乏，生活更苦。最糟糕的是，刀疤王他們漸漸不聽她的指揮，武天成也向我嘀咕：

「十個裙釵女，趕不上一個跕脚兒。」

而日本人又在這節骨兒離間分化，揚言只要趕走白娘娘，他們就解除封鎖；如果提頭來見，還有重賞。

她知道金龍幫已經七零八落，人心已經渙散，而且各懷鬼胎，非常傷心失望。

我更怕有人出賣她，暗自提心吊膽。

一天夜晚她悄悄地對我說，她準備獨自下山，另外想方法報仇，我自然不便阻止她。

第二天她約了刀疤王他們來到總寨，宣佈她的決定。她沉靜地說：

「我不忍心大家跟着我上刀山，下地獄，我決定離開長白山，不再當這個瓢把子。」

大家對於她這個突然坦白的決定，反而有點不好意思，連武天成也感到十分意外。

「姑娘，到處懸賞要妳的腦袋瓜子，妳到那兒去？」武天成問。

「騎着驢子看唱本，下山以後再說。如果諸位願意領賞，我馬上自己把腦袋瓜子割下來。」

「姑娘妳放心，鷺鷥不吃鷺鷥肉，咱們決不做那種事。」刀疤王說。

「江湖上講究的是個義字，我韓玉娥非常感謝諸位的好意，因爲我還想多殺幾個鬼子。」

大家看她義正詞嚴，不覺低下頭來。

臨走的那天，武天成，刀疤王和其他兩三個分寨的頭子要護送她下山，她笑着對他們說。

「這不是走馬上京都，多謝諸位的美意，有柳兒弟一個人送我一陣就行。」

她化粧成一個鄉下老太婆，和我循着羊腸小路下山。她什麼也沒有帶，只是身上藏了兩枝槍。

「姑娘，聽說山下貼了很多告示，妳到什麼地方藏身？」我輕輕問她。

「我是喪家狗，鬍子，犯人，有什麽地方好容身？」她淒然一笑，流出兩顆眼淚，過了一會又說：「不過開源鄉下有個奶娘，現在不知道是死是活？我想去看看。」

「姑娘，我眞沒有想到妳會這樣下長白山？」

「柳兄弟，古話說得不錯，打虎還要親兄弟，一床被窩不蓋兩樣的人。我又沒有哥哥那套本事，要不動這羣猴子，再不下山，難道眞讓他們提着我的腦袋瓜子去領賞金？」

「姑娘，我也是走進了死衕子，吊頸找不到樹。」

「柳兄弟，我們東北人眞是呼天不應，入地無門。」她眼圈兒一紅，淚珠兒一滾。

我們一直無話可說，分手時她突然懇求我：

「柳兄弟，以後我不會再上長白山，看在我的薄面上，哥哥的坟拜託你祭掃祭掃。」她忍不住伏在一塊大石上哭了起來。

「姑娘，你們兩位都救過我的命，我一定遵辦。」

暮色蒼茫，森林中格外顯得幽深恐怖。我勸她不要傷心，她哭得更厲害。後來她發覺天黑了下來，十分關切地對我說：

「柳兄弟，你快點兒回寨去吧，小心張三和黑瞎子！」

一三

韓玉娥下山一個月以後，暗樁子傳來一個消息，說她被奶娘出賣了，臨刑時她哼都沒有哼一聲，也沒有下跪，是站着死的。

一四

武天成和刀疤王他們又各立門戶。武天成領着總寨的人馬，我自然跟着他。他們又靠綁肉票，打鍋莊過日子。武天成還擄了一個俏娘兒受用。關東軍有點兒自顧不暇，也不再重視他們。

突然平地一聲雷，關東軍投降了，老毛子進了東北。

武天成，刀疤王他們乘機下山，搶奪少數關東軍的武器，由於老毛子的胡作非爲，他們很快地長大起來。武天成高興地拍着我的肩膀說：

「老弟，火燒船廠，越燒越旺。你幸虧幹了咱們鬍子這一行！」

「武大哥，前門拒虎，後門進狼，老毛子比東洋鬼子更壞。我不想再偷雞摸狗，靑石板甩烏龜，我想硬碰一場。」

他聽了哈哈大笑，望着我說：

「你瘋了？咱們這一瓢兒水，潑在那個火頭上？」

「武大哥，我決心不再當鬍子，我要到瀋陽去當國軍。」

他聽了一怔，半天沒作聲。我一再向他解釋，表示我的決心。他無可奈何地說：

「老弟，本來咱不會讓你去，不過咱們兄弟一場，咱不想摘掉你的腦袋瓜子。咱先和你打開天窗說亮話，你當了官軍，可不能挖咱的牆脚？」

「武大哥，你放心，我只會把槍口對老毛子。」

「老弟，可惜白金龍白娘娘都上了西天，不然你倒有個好伴兒。」

「武大哥，你不想成正果？」

他哈哈大笑起來，然後望着我說：

「老弟，千年狐狸也難修成精，咱和刀疤王打慣了野食，不是吃冷猪肉的土地神。」

百合花

一

當我被抬上飛機時，我發現機上還有一個重傷的美國軍士，而且他有一個怪姓：Coffin. 我心裏馬上有一種不吉利的感想，我的傷很重，和「棺材」睡在一塊，大概死定了！

飛機起飛時，我就暈了過去。當我醒來，微微睜開眼睛，我發現一位白衣白帽的小姐，坐在我的床沿。她看我注視她，馬上向我微笑，握住我放在床沿的右手，同時摸摸我的額角，輕輕地說：

「中尉，你得救了。上帝保佑你。」

我聽得懂她的話，但我沒有力氣回答。連笑一下也感到困難，我全身虛浮無力，像睡在半天雲裏。

她看我想掙扎着講話，馬上用細長的食指輕輕地按着我的嘴唇，撮着殷紅俊俏的嘴輕輕地噓了兩聲。我來印度兩年，和美國人交往不少，他們無論男女，都是那麼善於表情，而且恰到好處。看慣了猪走路，我自然瞭解她這兩個動作的意思。我愉快地閉上眼睛，她摸摸我的臉，悄悄地走開。

當我聽見她的高跟鞋，輕微而有韻律地敲在水門汀上，我禁不住睜開眼睛，望望她的背影。她的身材沒有一般美國婦女那麼高大、臃腫，但比一般中國女孩子修長，兩條蝗蟲腿尤其富有彈性，難怪美國男人最讚賞美國女人的腿。這在我是一個新的發現，因爲我們中國人看女人只看臉，其他的地方不怎麼注意，尤其是兩腿。

她走到門邊時突然回過頭來望望我，大概是看我睡得是否安靜？沒想到我在看她，她向我嫣然一笑。

我的痛苦好像減輕了不少，帶着一點兒蜜意悠然入夢。我又回到緬甸戰場，在叢林裏和敵人追逐。日本人狡猾得像狐狸，狠毒得像狼，不但躲在碉堡裏的敵人很難對付，躲在樹上的敵人更防不勝防，他們的「狙擊手」槍法很準，使我們吃了不少暗虧。而森林裏的吸血的大蚊蟲，旱螞蝗，以及蟒蛇，又隨時想把我們作一頓豐富的餐點。

我夢見躲在大樹上的日本人向我狙擊，一條大蟒蛇又纏住我，使我透不過氣來。我怎麼掙扎，都是白費氣力。突然蟒蛇大嘴一張，要把我吞下去，我大叫一聲，醒了過來。

她端着一杯牛奶匆匆地跑到我的床邊，笑着拍拍我的胸口：

「中尉，別怕，我在這裏。」

我又慚愧又感激地向她咧咧嘴，我感覺嘴唇非常乾燥。她拿條白餐巾墊在我的項下，餵我吃牛奶。除了兒時母親這樣餵過我之外，她是第二個這樣餵我的女人。她看來比我還年輕，使我有種幸福的感覺，也有一點兒難爲情。她却非常大方，看看我的窘態想笑。

餵完一杯牛奶，她又替我揩揩嘴，我覺得有點兒力氣，向她說聲謝謝。

她淡然一笑，低着頭問我：

「中尉，你剛才是不是作了噩夢?」

我慚愧地點點頭，我覺得那一聲大叫暴露了我的怯懦，當一個軍人怯懦是最可恥的事。在一個外國人尤其是一個女孩子面前眞不應該暴露這種弱點。

「緬甸的仗很難打，你們中國人頂好。」她也學着一般美國大兵，豎起大拇指，講了兩個字：「頂好」。

她的話沒有一點兒譏笑我的意味，說得自然而親切，「頂好」兩個字的發音完全洋腔洋調，不像我們中國人講的，我聽了有點兒好笑。

她看見我嘴角一掀，非常高興，打趣地說：

「中尉，你們中國人很少笑，其實你一笑更吸引人。」

她講得這麼坦率，使我不能不望着她。我們本國的小姐，講話七彎八拐，使人想好半天，還猜不透她葫蘆裏賣的什麼藥?那像她這麼直截了當。

「中尉，我講錯了什麽話？你這樣看我？」她笑着問我。

「小姐，謝謝你的誇獎。」我連忙回答。

她哦了一聲，放心地一笑。

我說了一些感謝她照顧的話，又請問她貴姓。她非常大方地回答我：「Lily White」。

我也驚喜地哦了一聲，重複唸着她的姓名。她笑着問我：

「中尉，什麽事使你驚奇？」

「哦，白小姐，妳的姓名眞美，很像我國小姐的姓名。」

「我父母到過中國，我是在中國生的。」

「妳在中國多久？」我像遇着了鄉親一樣高興。

「一個月。」她伸出食指一笑。

我有點兒失望，她又補充一句：

「不過我喝過你們長江的水。」

「你一根汗毛能蘸幾多水？」我用這句中國諺語取笑她。解釋一番她才會意，然後大笑起來。

「妙，妙！難怪爸爸說你們中國人眞妙。」

「我們中國人沒有你們美國人天眞活潑。」

「比起你們，我們美國人都是孩子。」

我沒有精力和她多談，她也是忙裏偷閒和我聊上幾句。臨走時她揭開我身上的草黃軍毯，看看我的綳帶紗布有沒有鬆散？然後安慰我說：

「好好地睡一會兒，等會我再替你換藥。」

我謝謝她，她拿着空杯盤和餐巾笑着離開。

我望着她挺直俊俏的背影，想着她的帶點中國味兒的漂亮的姓名，和她對我的照顧關切，自然產生了幾分敬意和好感。

二

白小姐和上尉醫官史密斯一道來替我換藥，因爲我的傷在腰部，一顆子彈從前面小腹穿過後腰，我躺着根本不能翻動。史密斯解開綳帶紗布，檢查了我的傷口，指導白小姐替我換藥，協助她替我綑好綳帶，他先行離開，囑咐白小姐再替我檢查體溫。我是三號病房裏唯一的中國人，而且是個軍官，醫官對我也特別關心。

白小姐把體溫表塞進我的嘴裏，雙手抱着右膝坐在我的床沿，側着頭望我。我嘴裏啣着體溫表不便講話，兩眼望着她。她白衣白帽，使皮膚顯得更白，綠眼珠兒周圍帶點兒天藍色，睫毛密而長，鼻樑挺直，鼻準沒有鈎，像我們大多數中國人的一般圓潤，嘴唇塗了口紅，彷彿兩瓣紅玫瑰，牙齒整齊雪白，下顎微尖，構成了中國美人兒的瓜子臉。金黃的頭髮被白色的護士帽遮掩了一半，前額上面和後腦部份露了出來。

她知道我在看她，但不閃避，却和顏悅色地望着我微笑，使我如對春風。

她小心地從我嘴裏抽出體溫表，放在眼前看了一會，又用手掌貼住我的前額，輕輕地說：

「中尉，你還有點兒發燒。」

「多少度？」

「三十八度五。」她嫣然一笑：「我再替你打一針。」

她在病歷表上寫下我的溫度，隨卽在我臂上打了一針新發明的盤尼西林。國內連消炎片都成問題，更別想用這種貴藥。美國人把人命看得比什麽都重，我們打仗時是遵守着不成功便成仁的命令，他們也要爭取勝利，但決不作無謂的犧牲。我這種重傷，在國內由於醫藥缺乏，可能已經死亡，但在這裏我已經救住了性命。現在我所躭心的是會不會成爲殘廢？因爲我覺得我的腰彷彿斷了一樣。

「白小姐，妳看我會不會成爲廢人？」

「不會，」她笑着搖搖頭：「你脊錐骨沒有損傷。」

「那我什麽時候才能好？」

「你安心休養，住醫院就不要想着打仗。」她幽默地囘答：「我們美國人幹的時候幹，玩的時候天塌下來也不管。」

她的話沒有誇張，美國大兵值勤時決不馬虎，休假時玩得昏天黑地，不然，珍珠港就不會損失得那麼慘。

Coffin 看她和我談話，大聲地對她說：

「嗨，小姐，不要儘和那個中國孩子談話，妳也來替我換換藥，我要發臭了。」

「軍曹，不要急，我馬上過來。」她向他一笑。

「我再不急，你們要戀愛了。」Coffin 說後哈哈大笑，還夾了兩句土話，我聽不懂，顯然是吃白小姐的豆腐。看樣子他是個粗人。

白小姐並不生氣，很有禮貌地笑着對他說：

「軍曹，我是少尉，你可要懂點兒規矩？」

「少尉，可惜我躺在床上，不然我要放八寸大炮向妳敬禮。」他又哈哈大笑。

她望着我一笑，聳聳肩，走了過去。

Coffin 是大腿受傷，白小姐替他換藥時他故意和她胡扯，有時怪聲大叫。他是個大塊頭，白小姐搬他一隻腿都很吃力，但她始終和顏悅色，用美國人的幽默對付這個粗人。

「啊！少尉，妳比日本人還狠，妳把我的大腿搬家了！」他皺着眉，歪着大嘴，哇哇怪叫。

「不要鬼叫，小心我把你的大腿鋸掉。」她笑着回答。

「那我就作隻雄蜂，妳養我一輩子好了。」他的大手在床沿一拍，打着哈哈說。
「軍曹，別太高興，你的傷口在出血。」
「啊！少尉！只要我還活着，爲你流點血我可不在乎。」他談笑自若。
她不作聲，迅速而熟練地替他包紮好，笑着對他說：
「不要作白日夢，好好地睡一覺。」
她輕盈地離開他的床位，他馬上吹起口哨，吹得特別響亮，她經過我的床位時，向我聳肩一笑。
她一走出病室的門，Coffin 就大聲地對我說：
「嗨！孩子，我看她對你這個中國人很有意思。」
「柯汾先生，那僅僅因我是個中國人。」我說。白小姐替我打一針以後，我的精神又好了一些。
「孩子，完全不是這囘事！」他又把大手在床沿一拍：「我是美國人，我知道我們美國女孩子的心理。當她愛你時決不掩飾，也不管你是那一國人？除了黑炭尼格羅。」
「柯汾先生，你不要疑心生暗鬼，我沒有作這個夢。」
「孩子，說眞的，我有點妒嫉你。這小心肝很可愛。」
我不否認 Coffin 最後一句話，白小姐實在是個可人兒，我們這個病房又只有她一個女護士，所以特別惹眼，不僅 Coffin 明目張膽地吃她的豆腐，別的美國大兵也忍不住多看她幾眼。我國部隊流行一句俗話：「當兵三年，老母猪賽貂蟬。」何況白小姐本來生得漂亮？美國人又不像我們中國人這麼保守，男女之間不敢隨便，他們比我們開放、大膽得多。我心裏雖然也很歡喜白小姐，可是我決不敢存非份之想。我不但沒有和外國女孩子交往的經驗，連本國小姐也很少接觸。來到印度以後，才算開了眼界，不像從前那麼古板。不過我完全不懂怎樣戀愛，更沒有 Coffin 那麼厚的臉皮，他比我們部隊的「老油條」還要老練粗野幾倍。也許我的年齡個子都比他小，他口口聲聲叫我 boy ，一臉「老大」的樣子。

「柯汾先生，不要妒嫉我，你們是一棵樹上的猴兒，你可以追她。」

「我這個德克薩斯的笨猴兒，上不了加利福尼亞的果樹，我看她心裏只有你這個野小子。」他酸溜溜地回答。

「柯汾先生，也許你太敏感？她是護士，我是傷兵，她照顧我不能算是羅曼史，她決不會看上我這個中國人。」

「孩子，我沒有發暈，當你發暈的時候，她守了你一夜，那樣子眞像個小寡婦！」他哈哈地笑了起來。

我不知道有這回事，一上飛機我就暈了過去，醒來時我一睜開眼睛就看見她，我不知道這中間相隔多久？他這一說我就更感激更尊敬她了。

「柯汾先生，你的玩笑開得太大，小心白小姐生氣。」
「我不在乎。我的母牛脾氣再大，我還是照樣擠奶。」
他講得那麽輕鬆，我不禁笑了起來。傷口受了震動，一陣痛楚，我馬上停止了笑，話也不講。
他自言自語了幾句，獨脚戲也就唱不下去。
晚上十一點多鐘，Coffin 他們已經入睡，我也閉着眼睛養神。突然聽見輕微的脚步聲，我微微睜開眼睛一看，白小姐踮着脚尖走了進來。她一身筆挺的草黃凡立丁軍服，齊膝的裙子。軍服的翻領，肩上一對少尉肩章，正在閃亮。右肩上掛着一個黑皮包。她的身材好，穿起制服特別窈窕，挺拔，俊俏。她發覺我還沒有入睡，笑着向我點點頭，打量了其他床位一眼，那些床舖上鼾聲大作，她聽了好笑，直接向我走來，輕輕地在我床邊坐下。
「這麽晏了，謝謝妳來看我。」我輕輕地說。
「今天夜晚俱樂部有個派對，我剛剛回來，順便來看看病房。中尉，你覺得怎樣？」她湊近我，輕輕地問，生怕吵醒別人。
「很好。」我點點頭。
她打開黑皮包，抓了一把巧克力糖塞在我的手上，剝了一粒，笑着往我嘴裏一送，她自己嘴裏也在嚼着口香糖。他們美國青年男女，嘴都很少休息，不是談笑，就是嚼口香糖。上了年紀的將校，嘴裏多半啣着雪茄。

印度東北部初夏的夜晚，氣候相當涼爽。微風從長窗一陣陣吹進來，我蓋着一床軍毯剛好，比在大雨滂沱的緬甸森林，舒服一百倍。那裏的螞蝗、蚊蟲、蛇和日本人，隨時都想取我的性命，那有白小姐這樣的可人兒伺候我？觸景生情，我不禁輕輕嘆口氣。

「你爲什麼嘆氣？是不是醫院沒有戰場好？」她笑着問我。

「假如你准許我住下去，我願意在這裏住一輩子。」

「我想你住三個月沒有問題。」她向我一笑說。

「妳是說三個月我可以復原？」

她點點頭。

我希望快點復原，但我又似乎愛上了這個野戰醫院，她的話反而使我有點迷惘。

她看我迷迷糊糊地望着她，不禁好笑，又從黑皮包裏拿出一份畫報遞給我，在我耳邊輕輕地說：

「晚安，明天見。」

她輕盈淺笑地離開，踮着脚尖走到門口，回頭望了我一會，才慢慢地舉手把電燈開關關掉。

別的床位響着此起彼落的鼾聲，Coffin 的鼾聲尤其響亮，我却久久不能入睡。

白小姐的身影像天使一樣在黑暗中時隱時現。

三

上午八點多鐘，白小姐又穿着雪白的護士制服來替我量體溫，她發現我的體溫完全正常，十分高興。

「昨天晚上睡得怎樣？」她笑着問我。

「第一次失眠。」我坦白地囘答。

「你想家？」

我搖搖頭。五六年前初離家時，我很想家，現在一直渺無音訊，除了早點兒打囘去之外，白想也無益。

「想女朋友？」她打量我一眼，粲然一笑。

「我沒有女朋友。」我又搖搖頭。

「我不相信。」她笑着搖頭。

「我們部隊連老母猪也找不到一隻。」

她掩着嘴笑了起來，又指着我說：

「你壞。」

「我們中國男人都很老實，沒有你們美國男人會談戀愛。」

「眞的?」她望着我笑，不大相信我的話。

「一點不假，」我加強語氣：「我國小姐也羞人答答。斗大的饅頭，無處下口。」

她又笑了起來，隨後接着說：

「難怪我父親說，你們中國人結婚要人做媒!」

「我們部隊裏沒有媒人，所以我還是個光棍。」

「你眞是個妙人!」

Coffin 看她和我談話，又吃飛醋。他要她過去替他量體溫，她笑着回答他：

「軍曹，你不發燒。」

「妳沒有量過，怎麽知道?」他故意取鬧：「昨天晚上我發高熱。」

她只好走過去，把體溫表插進他的嘴裏，他一手托着體溫表，一面和她講話，白小姐叫他不要講話，他反而嘻皮笑臉地和她胡扯。

過了一會，她把體溫表從他嘴裏抽出來，擧在眼前一看，白了他一眼：

「你說謊。」

Coffin 得意地笑了起來，責怪她說：

「誰教妳不公平，只和那中國人泡?」

白小姐沒有理他，又去看看別的傷患。當她從我床位經過時，聳肩一笑，十分俏皮。

Coffin 的傷比我好得快，不到一個月，他就能拄着拐杖行走。他的嗓門大，又歡喜講話，病房的人本來不多，又有三位傷癒出院，我是唯一的中國人，他常常開我玩笑，不是拿白小姐作話題，就惡作劇地說：

「嗨！孩子！你怎麼還沒有死？」

「白小姐捨不得我死。」我也故意氣他。

他像頭被激怒的鬪鷄，揚起大拳頭威嚇我。我不在乎他這一套，這是病房，不是酒吧，他不敢動武。和美國人相處久了，我瞭解他們的弱點和長處，像他這種 Cowboy ，對他太客氣他反而瞧不起你，本來他就有點兒瞧不起我們中國人的。

「小子，等你好了以後，小心我扭斷你的頸子。」他悻悻地說。

「你不要吃乾醋，你有本領你去追白小姐，我不在乎。」

他奇怪地望着我，有點兒不相信，但態度好了很多，他放下拳頭問我：

「你不愛她？」

「我是出國打日本人，不是出國來談戀愛的。」

「好漂亮的謊話！」

「信不信隨你。」

「你比日本人還狡猾。」

他把拐杖在水泥地上一篤，氣得拐出去了。

我想想好笑，也很羨慕他那麽強壯的身體。

在床上躺久了，我也渴望到戶外去看看。

一天晚餐後，Coffin 又拄着拐棍出外散步，我在病房裏感到非常寂寞，白小姐送給我一封信，是師部一位好同學寫來的，我連忙拆開，白小姐打趣地說：

「看樣子像封情書？」

我搖頭否認，她不相信，我把信交給她：

「請妳先看，有沒有什麽秘密？」

「你知道我不認識中文，所以你才這樣大方。」她笑着說，這封信除了信封上是英文之外，信紙上全是中文，我一時沒有想到才遞給她。

「我翻譯給你聽好不好？」

「我才不要聽你自說自話。」她搖頭一笑。

我匆匆地看了一遍，把信往枕頭底下一塞，笑着問她：

「柯汾先生和我一道進醫院，他已經能够拄着拐棍走路，他怎麽比我好得快？」

「你們傷的部位不同，他傷的是大腿上的死肉，又是個大牛仔，再打一槍他也不在乎。」她聳肩一笑。

「是不是妳偏心，他才好得這麽快？」

她哈哈一笑，望着我說：

「說眞的，我倒希望他早點出院。」

「他捨不得走。」

「你怎麽知道？」

「我看得出來。」

「醫院不是旅館，怎能由他？」

「他臉皮比牛皮還厚，妳有什麽辦法？」

她聳肩一笑，望望窗外，低頭問我：

「你想不想出去看看？」

「我不能走路，怎麽出去？」我前面的傷口還沒有完全收縮，我只能坐，不能站直。

「我推你出去。」她笑着跑開，隨即推了一隻輪椅進來。

她把我半扶半抱地弄上輪椅，費了半天手脚，嬌喘吁吁，我旣感激又安慰，她是第一個對我如此親近關切的異性。

「妳這樣待我，柯汾先生眞會妒嫉。」我笑着對她說。

「你不要躭心柯汾，他旣不能干涉我的職務，也不能干涉我的私事。」她雙手扶着後面的扶手，在我耳邊輕輕地說。

「妳不怕他打翻醋罈子。」

「我會給他打痲藥。」她輕鬆地聳聳肩，俏皮地一笑。

在緬甸森林裏，過久了露天生活，對大自然有一種畏懼，很想回到室內。在醫院躺久了，又非常嚮往戶外生活，人就是這麼奇怪。

醫院周圍環境很好，有密密的樹林，鳥聲喧鬧，附近還有一條小溪，可以聽見潺潺流水，新開闢的水泥路，伸向遠方，直到樹林的盡頭。這裏既遠離緬甸戰場，聽不見槍聲炮聲，沒有戰爭的恐懼，又遠離加爾各答，沒有大城市的喧囂，非常宜於養傷養病。

她雙手推着我在平整的草地上和水泥路上緩緩散步。夕陽的餘暉，在松樹頂上洒上一層金粉，高入雲天的喜馬拉雅山，令人有莊嚴肅穆之感，它的子子孫孫連綿不絕，高不可攀。我生在長江邊上，眞沒有想到會來到這種大山高裏。更沒有想到會有一位異國佳人陪着我享受異國的黃昏。我們沒有遇到 Coffin ，我心裏非常寧靜。氣候涼爽，空氣新鮮得如同早晨。

「楊槐，你怎麽不講話？」她突然問我，而且叫我的姓名。

「大自然太美，我怕破壞了這麽好的氣氛。」我說。

「你不像丘八，你倒有點像詩人。」

我連忙搖頭：

「不，不，我是一個地道的老粗。」

「我知道你是中國西點出身，但這不妨碍你的詩人氣質。」她低頭向我微笑：「我父親說你們中國人都像詩人，不像我們的牛仔。」

「謝謝你父親抬擧我們中國人。」

「可惜我是生在你們的國土，沒有長在那兒。你是我第一個接觸的眞正中國人，不是美國的唐人。」

「因此妳特別看得起我？」

「說眞的，我不止看得起你，我實在愛你。」她坦白地說。

「麗麗，妳的話使我發暈。」我心裏眞的興奮得有點兒緊張，反而故作輕鬆地囘答她。

「我對你說的是眞話，你可不能當假？」她望着我的臉上說。

她那對藍眼珠兒簡直使我無法閃避，這天外飛來的幸福也使我有點兒迷惘，我怔怔地望着她，一時不知道怎麼囘答？她托起我的下巴，輕輕搖了兩下：

「你說眞話，我不怪你。」

「我們中國人愛在心裏，不會掛在嘴上。」

她笑着往我身上一撲，我的傷口痛得使我叫了一聲，她連忙跳開，抱歉地說：

「打令，原諒我，原諒我。」

看她那份受驚的樣子，我迷惘地點點頭。

她蜻蜓點水地在我臉上親了一下，把我推到一棵大松樹旁邊，她側着身子面對着我，坐在我右邊的扶手上。她身上發散一陣陣幽香，不知是巴黎的還是她本國的香水？

夜像黑貓的脚步，悄悄地走近我們的身邊，我們不知不覺被黑夜包圍。松樹的針葉發出輕吟，小溪從松樹下邊潺潺流過，醫院的燈光從樹林中流瀉出來，印度山地的仲夏之夜，顯得特別柔和。

她靜靜地依偎着我，很久都沒有講話。我像喝了四兩茅台，有幾分陶醉，也有幾分迷惘，不同的膚色，意外的幸福，使我有點兒不敢相信這是事實。

直到我們感到有幾分涼意，她才推我囘去。一邊走一邊和我輕輕談話，她又恢復了那份活潑俏皮。

Coffin 先我們囘來，他看見她推我進病房，吹了一聲口哨，怪腔怪調，又學着印第安人的「胡胡」叫。

我沒有作聲，她裝作沒有聽見，大大方方地把我扶上床，又輕輕地問我傷口痛不痛？我搖搖頭。她向我道了晚安，才從容地推着輪椅離開，顯得特別優雅，高貴。

Coffin 又向她吹口哨，她連頭也不囘。他氣得向我說了一句酸溜溜的粗話：

「你這個黃皮膚的小魔鬼！」

四

我的傷口終於痊癒。當我自己下地，行走自如時，我內心有着說不出的高興，我重新檢回一條命。

麗麗也特別高興，晚上她請我到俱樂部晚餐，我欣然接受。因爲醫院的伙食營養雖好，但味道太差。本來我就吃不慣西餐，在醫院一連吃了一個多月，沒有換過口味，嘴裏實在淡出水來。她叫的菜雖然比醫院的營養更好，味道還差不多，缺少變化。她的胃口很好，我却像敷衍塞責，吃不起勁。

「你應該多吃，你需要更多的熱量。」她看我對着帶血的牛排，淺嚐卽止，笑着勸我。

「我們中國人吃東西口味第一，並不計算熱量。」我笑着回答：「你們的菜我實在吃不來。」

她對我的話並沒有生氣反而抱歉地說：

「對不起，這裏沒有中國館子，我們美國人都不會弄中國菜。我母親也說你們的菜最好。」

「希望有機會請妳吃幾頓眞正的中國菜。」

「聽說加爾各答有中國館子？」她率眞地一笑，非常嚮往的樣子。

「如果你有假期，我們就去加爾各答一趟？」我有幾個月的薪餉，沒有地方花，光棍一個，生不帶來，死不帶去，我們這些遠征部隊，比國內的待遇高得多，大家又無家無累，很少人想到存錢，一有機會就痛快地花掉。我自然也不例外。

「希望有機會陪你去。」她高興地回答。

飯後，她又陪我跳舞。在國內我不會這玩藝兒，到印度以後才學會，但是跳得不好。她從小就會跳舞，自然比我精。她體態活潑，步伐輕盈，不是我帶她，多半是她帶我，因此我一點兒不吃力，反而有點兒飄飄欲仙的感覺。

「麗麗，恕我像隻笨驢兒。」回到原位，我看她額上沁出細如粟米的汗珠，微微喘氣，抱歉地說。

「不，你是一隻聰明的猴兒。」她粲然一笑：「你只是跳得太少，以後我要陪你多跳跳。」

「謝謝妳，那我拜妳爲師。」

「聽說你們拜師要叩頭？」她打趣地說：「對不對？」

「對，」我笑着點頭，又胡謅兩句：「我們求婚也要下跪，將來併案辦理好不好？」

「你眞壞！」她在桌下用力握握我的手一笑。

突然 Coffin 走過來請她跳舞，我們都不知道他什麼時候進來的？本來美國軍官和士兵俱樂部是分開的，但這是個小地方，俱樂部也小，所以就官兵不分了。在場的女性尤其少，除了麗麗之外，只有一位護士小姐，兩位婦女輔助隊員。

我和麗麗都穿的軍服，Coffin 不得不向我們敬禮，因爲他是個 Sergeant ，階級比我們低。

她望了我一眼，我點點頭表示同意，她笑着站起來。

Coffin 是六尺四寸的大塊頭，她和他站在一塊就顯得格外嬌小玲瓏。他的身材本來像隻大笨熊，加上傷後腿有點兒跛，跳起舞來更不輕鬆活潑。他把她抱得很緊，像獅子搏兎，她不時望着我苦笑。

音樂一停，她就跑回來，笑着嘆口氣：

「他才是隻大笨驢！」

「他是頭美洲熊，你們的特產。」我說。

她嗤的一笑，隨後又望望他說：

「他祖先可能是愛爾蘭人？」

「你祖籍什麼地方？」

「英格蘭。我祖先是淸教徒。」

「妳父親到中國幹什麼？」

「傳福音。」

「妳屬於那個教會？」

「美以美會。」

「眞巧，我在美以美會中學讀了六年書。」

她高興得跳起來按着我的手說：

「打令，眞妙！難怪你的英語講得這麼流利！你一定也是教友？」

「不。」我搖搖頭。

她奇怪地望着我，廢然坐下。

「麗麗，我不是教友，妳不介意？」

「不，」她笑着搖頭：「本來我的聖名是瑪利，但我還是歡喜這個中國式的名字。我母親說中國女孩子都喜歡以花作名字，是不是？」

「大半如此。」

「你也歡喜花？」

「我歡喜很多花，不過更歡喜 Lily。」

「打令！你眞是個妙人。」她笑着拍拍我的手。

Coffin 又過來請她跳舞，她委婉地拒絕了。他妒嫉地望了我一眼，蹣跚地走開。

「怎麼不和他跳？」我笑着問她。

「打令，我受不了。」她向我苦笑，站了起來，牽着我的手說：「來，我陪你跳。」

我們跳舞時，Coffin 坐在枱子旁，兩眼瞪瞪地望着我們。我輕輕地對她說：

「柯汾先生在吃乾醋。」

她把臉向我一貼，輕輕耳語：

「打令，別介意，愛情不能施捨，醫院進進出出那麼多傷兵，我怎麼能每人都分點愛情？」

「我是例外？」

「我只能讓你一個人獨享。」她甜蜜地一笑。

「那我是灶門口吃飯：又飽又煖。」

她嗤的一笑，踹了我的脚，連忙向我道歉，又笑盈盈地說：

「打令，你們中國人的 Idiom 很有意思。」

「我們有五千年歷史，摩天寶塔不是一天造成的。」

「眞了不起！我們美國才一百多年歷史。」

「柯汾先生好像還瞧不起我們中國人？」

「他是個牛仔，又沒有到過你們中國，怎麼瞭解你們的偉大？」

「幸好妳很瞭解。」

「我也是一知半解！」她搖頭一笑：「不過以後我可以向你多學。」

「那妳也要向我叩頭。」

「你眞壞！」她笑了起來。

這一次她踹了別人的脚，她連忙道歉。地方小，人擠，Coffin 又老是盯着我，我不想再跳，請她出去散步，她付了賬，挽着我一道出來。

外面的空氣清涼得多，天上繁星萬點，銀河如帶，她又說了聲 Wonderful. 這個字她今天晚上說了不知多少次？

她緊緊地挽着我，她穿着高跟鞋和我差不多高，她的黃頭髮常常飄到我的耳朵上，她的嘴唇塗得鮮紅，在星光燈光輝映之下，看來特別醒目，她不但衣服總是穿得整齊乾淨，也幾乎沒有一天不塗口紅，她不像我們的小姐那麼淡雅，她很注意禮貌修飾，所以格外令人賞心悅目。

她的高跟鞋敲在水泥路上，不徐不急。我歡喜聽她這種節奏緩慢勻稱的脚步聲，和她並肩慢慢地走，比跳舞更有意思。

走到小溪邊，發現有一塊光滑的大青石，她要下去坐坐，我牽着她繞過一棵大松樹，走了下去。路高低不平，她的高跟鞋不大方便，她的身體完全靠在我的身上。

溪水很淺很清，水從鵝卵石上流過，發出潺潺的聲響。我們坐定之後，她把頭依在我的肩上，和着流水的聲音，輕輕地哼着電影歌曲。美國人不空談勞軍敬軍，可是我們在戰地能買到最便宜最好的東西，能看到最新最好的電影，她哼的也是最新的電影歌曲。她的音色很美，令人沉醉。

「妳學過聲樂？」我問她。

「我八歲就參加唱詩班，先後唱了十年。」她說。
「難怪妳的聲音這麽柔和優美。」
「你唱過聖詩沒有？」
「唱過。」我雖然沒有受洗，唸初中時也常被同學拉去做禮拜，唱聖詩。「不過我沒有你唱得好。」
「謝謝你的誇獎。」她向我一笑。
「妳倒可以當電影明星。」
「我父親反對我過那種生活。」
「他不反對妳做這種工作？」
「他說這是服務。他是學醫的，他年紀大了，自己不能來，要我多做點救人的工作。」
「謝謝妳救了我的性命。」
「也謝謝主賜給我這一個機會。」她在我耳邊輕輕說：「要是我不到印度來，怎麽會遇上你。」
「要是我不出國打仗，也不會遇上妳。」
「媽咪說你們中國人講究姻緣，也許這就是姻緣？」
「但願如此。」

她溫柔地躺在我的懷裏，望着天上的星星，她的藍眼珠兒也像天上的星星一般閃亮。

突然松樹後面「胡胡」兩聲，我知道是 Coffin 在作弄我們，我笑着對她說：

「小心，印第安人來了。」

「打令，放心，他不敢攻擊我們。」她坦然一笑，雙手攀着我的頸子給我一陣熱吻。

以後再沒有聽見「胡胡」的聲音，我們向松樹後面探望，Coffin 已經離去，她笑盈盈地說：

「打令，這是最好的退敵妙計。」

她的聰明俏皮，使我開心地笑了起來。她却在我耳邊輕輕地說：

「打令，現在你可以大膽的吻我。」

五

Coffin 像隻鬪敗的大公鷄，不敢向她吹口哨。原先我以為他會找我打架，但他見了我只是瞪我一眼，頂多咒我一句：

「我是棺材，你怎麽還沒有死？」

我不和他計較，我心裏實在有點兒同情他。

麗麗終得到一個禮拜的休假，我也向醫院請了一個禮拜的假。我們同時搭上一架運送休假人員的軍機，飛赴加爾各答。

加爾各答是個太都市，戰爭使這個都市更加繁榮起來，英美軍事人員在這裏來來往往，大量軍用物資在這裏吞吐，和我們後方城市物資的缺乏是一個尖銳的對比。

我們先找了一家旅館安頓下來，印度茶房不但對麗麗非常客氣，對我這個中國人也十分尊敬，完全不像上海那些看門的印度阿三對我們中國人那種狗不吃屎的態度。連街上英國人對我也刮目相看，我感到一份中國人的榮耀，這是我有生以來所未曾有的。

加爾各答的氣候相當熱，洗過澡以後，我們才出去吃晚飯。麗麗換了一身低胸露背裙裝，我換了一身凡立丁草黃軍便服，因爲穿起軍服，英國人、印度人對我才格外尊敬。

我是初到加爾各答，人地生疏；麗麗也只是路過一次，路徑不熟。好在我們是來渡假，騎着驢子看唱本，走着瞧。她嘴裏嚼着口香糖，雖不能充饑，也可以抵數；我在戰場從來沒有準時吃過飯，遲早一兩個鐘頭沒有關係。

印度的中國人很少，不像南洋各地。加爾各答這麽個大都市，我們找了半天，才找到一家山東小館子：「蓬萊閣」。

老闆是個四十多歲的山東大漢，他一看見我就笑臉相迎，我一開口講話他就親熱地叫「老鄉」。我告訴他我們是專程來加爾各答吃中國口味的，請他弄幾樣拿手菜。他連連點頭，又笑着問我：

「這位是你太太還是女朋友?」

「女朋友。」

「官長，那俺要老斗老秤，希望你馬到成功，俺也好叨杯喜酒。」他笑瞇瞇地望了麗麗一眼。

「那我一定在你蓬萊閣請客。」我笑着回答。

「官長，俺禿子跟着月亮走，借光。酒席照本計算，分文不賺。」他笑着走開。

老闆走後，麗麗問我們講些什麽?我照實告訴她，她笑容滿面地說：

「你眞妙!我立刻寫信回去徵求父親母親同意，下次我們來加爾各答結婚好了。」

「妳父親母親不會反對?」

「不，他們對中國人有好感，我想一定會同意。」她很有信心地說，又望望我躭心地問：「不知道你的家庭怎樣?」

「我家在淪陷區，好幾年沒有通信，我自己可以作主。」

「打令，願上帝成全我們。」她滿臉高興又十分虔誠地在胸前畫了一個十字。

老闆親自給我們端菜，炒猪肝、爆腰花、炒鷄丁、炒蝦仁、炒子鷄，再加一個冬瓜盅肉和什錦湯。另外來了幾個饅頭，一大盤白米飯。

我好久沒有吃飯，不想再吃麵食。麗麗也想吃一頓正式中國飯，我們放棄了饅頭。

她第一次拿筷子不大自然，我替她夾好菜，她吃得很慢，對菜的味道却讚不絕口。我輕輕地對她說：

「這是北方口味，平淡。明天我再找湖南四川館子，那才眞正够味。」

「打令，這已經很妙，比我們的妙得多。」她十分滿意地說。

「這是年初一，妙的還在後頭呢。」

她哈哈地笑了起來。

我吃得很飽，好幾個月沒有這樣飽餐過。飯沒吃完，菜却一掃光，麗麗一向吃得很少，兩片麵包夾一片香腸也算一頓，今天她吃了一盌飯和不少的菜。

老闆看我們把菜吃光非常高興。我付錢時他無論如何不肯接受。

「老鄉，美不美故鄉水，親不親故鄉人。你千里迢迢到國外打仗，又是帶着外國女朋友上門，俺好意思要你付賬？」

我不想和他拉拉扯扯，心想買點禮物送他。道了謝就和麗麗一道出來，老闆彎腰打躬地把我們送到門口。

「打令，你們中國人眞妙！吃了飯不要錢。我們美國人英國人，到兒子女兒家裡吃飯都要付錢的。」麗麗挽着我十分驚奇地說。

「我們中國人重義輕利，就講究這點兒人情味，不像西方人重利輕義。我要是在加爾各答沒有工作，沒有飯吃，這位山東老鄉就會收留我。」

她睜大眼睛望着我，像聽天方夜譚。最後感歎地說：

「難怪我父親母親說你們中國人好。」

我問她到什麼地方去玩，她把我一拉，笑嘻嘻地說：

「打令，我們去照相。」

原來我根本沒有想到這一點，她一提我才明白，笑着問她：

「是不是寄回家去？」

「對，」她頭一點：「我要父親母親看看你這個準女婿。」

我高興地握緊她的手，朝着對街一家照相館奔去。

我們合拍了半身和全身的兩組照片，麗麗要照相館限時加洗一打，約好兩小時以後來取。

我們在街上逛了一會商店，我買了一隻小的白金戒指和一對翡翠耳環送給她，她買了一枝新出廠的51型派克鋼筆和一條棗紅領帶送我。

隨後她又要我去跳舞，我們找到了一家英國人開的漂亮的夜總會，這裏面幾乎全是白人，但侍者對我這個中國人同樣客氣。

麗麗的心情特別好，地板又光可鑑人，冷氣十分涼爽，她的舞興很濃，跳了一支又一支，她的舞藝本來很精，池子又大，她帶着我滿場飛，花裙子也飄飄起舞，散成圓弧時特別好看。

別人看她的舞跳得那麽好，曾經有一位紳士到我們枱子來請她共舞，她委婉地謝絕了。

「妳怎麽不給他一點兒面子？」那英國人走後我輕輕問她。

「打令，今天晚上是完全屬於你的，我不願意任何人揷進來。」

「麗麗，那我是老鼠掉進糖罐裏！」

她嗤的一笑，拉着我走進舞池。

音樂十分輕柔，節奏緩慢，她的臉貼着我的臉，身子輕輕搖擺，如春風舞着柳條。她不時半睜着眼睛看我，如夢如癡；我耳邊還不時響起一聲聲夢幻似的「打令。」

我們在這家夜總會泡了兩三個鐘頭，才趕到照相館去取照片。照片照得非常理想，她笑得很甜，我們的小姐很少這樣開朗率眞的笑。而她的臉型又具有幾分中國古典美，所以特別好看，只是我大傷之後，比以前淸瘦一些。

「打令，我父親母親一定會同意。」她笑着把照片往皮包裏一塞，挽着我的手，輕輕地對我說。

我們叫了一部「德士」回旅館，先後冲了涼，我躺在床上看報，她在房裏寫信。

旅館裏也有冷氣，相當涼爽。

印度的英文報紙是對開大張，一份有三四張，不像我國紙張那麽壞，看起來淸新悅目。加爾各答的本地報紙印刷得也好。緬甸戰場的勝利消息，佔着第一版的頭條，編輯用大標題標出來，令人鼓舞。但是國內的戰事却十分不利，長沙早丢了，衡陽也丢了，看了使人喪氣。編輯先生把中國這麽大的戰爭消息，放在不重要的地位，只作了一個普通的標題。

爲了使自己輕鬆一點，我看看娛樂新聞，電影廣告，報紙是最好的嚮導，我想和麗麗好好地玩幾天，免得亂竄亂跑，浪費時間和金錢。

麗麗寫好了信，高興地拿來給我看。她的文字十分流利優美，她在信裏大大地誇獎了我一番，我笑着對她說：

「麗麗，妳是一個很好的推銷員。」

她高興地笑了起來，隨後又糾正我的話：

「打令，你應該說我是個誠實的推銷員。」

「我看妳是王婆賣瓜，自賣自誇，豆腐賣成肉價錢。」

她往我身上一撲，笑得像朵百合花兒輕輕顫抖。喘着氣說：

「打令，你眞是妙人！妙人！」

她雙手摟着我的頸子一陣熱吻。

她把信紙和兩張照片一同塞進信封，用口水把信封黏上，又放在嘴上輕輕一吻，笑着對我說：

「打令，你聽候好消息，晚安。」

她碎步跑了出去，走到門口又向我眼睛一咪，送了我一個飛吻。

第二天早晨我帶她到一家廣東館子吃粥。中午在一家湖南館子吃飯。這位湖南老闆是從遠征軍部隊裏出來的，我們是同袍，談起來更加親熱，他以組庵豆腐，湖南臘肉作號召，門面雖然不大，生意倒很不壞，在他這裏我倒碰見幾個中國人，我們談得非常親熱，麗麗羨慕得很。

「老弟，你來印度一趟倒很值得。茄子結到冬瓜藤上，看樣子你這個洋女婿作定了！」湖南騾子用湖南土話打趣地說。

離開他的「小小天心閣」，我又沒有付錢。麗麗問我和他談些什麼？我講給她聽，她也風趣地說：

「為了吃，我也要嫁你。」

我和她在加爾各答痛快地玩了五天，臨走以前我買了一點禮物送給山東老鄉和湖南騾子，還留下個通訊處。

我又特別買了一副刮鬍鬚的電動剃刀，準備送給 Coffin，麗麗知道我的心意之後，感動地說：

「打令，你的心腸眞好！」

「麗麗，我不希望他進棺材，他失戀了，總該有點兒事做。他的鬍鬚很粗。」

她笑了起來，在我臉上清脆地吻了一下。

六

我囘到醫院不到一個月，突然奉到電令要我搭明天的軍機囘國，在昆明歸隊。因爲國內戰事急轉直下，桂林也丟了，我的部隊抽調囘國堵擊日本人。國內的部隊裝備很差，只有我們全部美式配備，官兵質素又高的遠征部隊才是日本人的尅星。

這道命令像個晴天霹靂，震得我六神無主。因爲我和麗麗的感情太深，她前天剛接到她父母的囘信，同意我們的婚事，她父親還準備到加爾各答來親自主持我們的婚禮。我們正在研究結婚的日期，因爲我有軍職在身，必須事先妥善安排，請准婚假。這一下使我們的一切計劃都成了泡影。

我怕她受不了這個打擊，不敢直接告訴她，我暗自準備我的簡單東西，悄悄地向醫院辦好了出院手續。原先我以爲我傷癒後還是囘到緬甸戰場，緬甸同這邊到底近些，而且軍機很多，來往方便，沒有想到一下調囘國內，雖然我很願意在國內和日本人交鋒，但國內的戰區那麼遼濶，交通那麼不便，我和麗麗無異隔着兩個世界了。

晚餐後我故意避開她，獨自坐在小溪邊的青石上暗自傷心。她匆匆地找了過來，艾怨地問我：

「你怎麼悄悄地辦好出院手續，事先不告訴我一聲？」

我只好把實際情形告訴她，她突然四肢一軟，暈倒在我身上，過了一會才啊的一聲哭了出來。

「啊！上帝，上帝！」她喃喃地哭泣。

「麗麗，這就是戰爭，哭也無益。」我強自忍着眼淚勸她。

「打令，你能不能遲幾天走？我們提早結婚？」她問我。

「軍令如山，我一天也不敢遲。」

她又伏在我胸前哭泣起來，哭得更傷心。

她平時是那麽笑容滿面，活潑俏皮，彷彿不知愁苦，想不到一哭起來這麽傷心？令人肝腸寸斷。

我實在想不出什麽話來安慰她，我心裏比她更難過。在這戰爭的歲月裏，以後的事誰也無法預料？

她像一隻重傷的白兎，在我懷裏顫抖，眼淚浸濕了我的凡立丁的上衣。我的眼淚也滴在她的金黃的頭髮上。我們都沒有話可講。

她突然雙手攀住我的頸子，用力吻我，她的呼吸好像已經停住，過後又氣結地伏在我肩上哭泣。

流水潺潺，星星在悄悄移動，我們沒有辦法抓住時間不讓它走。我搖搖她，勸她早點兒回院休息，因爲明天八點她要上班，我也要趕上飛機。

「不，我願意陪你坐到天亮。」她抬起頭，抹抹眼淚。她漂亮的藍眼睛，已經紅腫了。

「妳不能陪我一輩子。」

「打令，願上帝保佑我們。我希望這只是暫時的分別。」

「麗麗，我們的困難太多。」

「打令，你應該有信心，必要時我會趕去看你。」

「我們戰時生活很苦，對妳不大合適。」

「打令，你放心，我父母在貴國鄉村住過，爲了你，我會改變自己。」

她的藍眼珠兒凝視着我，長睫毛一下都不閃動，雪白的臉沉靜而堅決，挺直的鼻樑兩邊有兩條淚痕，像兩條清溪從高山兩邊流過。

我們默默地擁抱着，讓時間的脚步從我們身旁悄悄溜過，我們直坐到月落星沉，樹上的鳥聲把我們從悽愴的夢中驚醒，山頭的曙色把我們拖回這個殘酷的世界。

她望望東方乳白的曙光，又流下兩行清淚。她金黃的頭髮上閃着銀色的露珠。我用手絹輕輕拭乾她臉上的眼淚，髮上的露珠，對她說：

「走，我們回去。」

她輕輕嘆口氣，站了起來，在我臉上吻了一下，輕輕地說：

「打令，上帝保佑你。」

「上帝保佑我們。」我忽然也興起一種宗教的情感，我們的一切也只好仰賴上帝。

她在胸前畫了個十字，便挽着我走上水泥路。

我們約好七點鐘在俱樂部吃早點，她回她的宿舍，我回我的病房。

Coffin 前幾天出了醫院，調在附近機場擔任警衛。我們一道來，在一個病房同住了快三個月，心裏不免有點黯然，不知道等會在機場能不能碰見他，向他道別。

我漱洗收拾完畢，便提着小旅行皮箱，先到俱樂部去。我到時七點還差十五分，我剛坐定，她也走了進來。

她換了一身熨得筆挺的草黃凡立丁軍服，窄裙子裹住下身，露出一雙漂亮的小腿，脚上穿着黑得放亮的高跟皮鞋，臉上薄薄地施了一層脂粉，看不見淚痕，嘴唇剛塗過深紅的唇膏。

她碎步向我跑來，像小鳥迎風展翅，裝作十分輕鬆愉快的樣子。

看她這副美麗撩人的神態，我心裏也輕鬆許多。

她在我身邊坐下，打開皮包，掏出兩張我們上次在加爾各答的合照，小心地放進我的旅行箱裏。

「打令，想念我時，你可以看看照片。」她說。

「我會一天看一百次。」我說。

她高興地一笑，笑得很甜，很美。

吃過早點，我向史密斯上尉和其他醫護人員告別，他們都是把我從死神手裏搶過來的恩人。麗麗親自開着吉甫車送我，我坐在她的旁邊，醫院到機場不過二三十分鐘的路程。我們都覺得千言萬語，也難表達我們的心情，反而沉默不語。她不時側過頭來看看我，無限柔情。

越近機場，我們相處的時間越短，我們心裏都明白時間在催着我們分手，而這一分手，又不知道那天才能再見？以後的事簡直不敢想像了。

她終於眼淚盈盈，彷彿失魂落魄的樣子。

「麗麗，不要難過，上帝會成全我們。」我安慰她說。

她向我悽然一笑，滾下兩顆眼淚。

進入機場範圍有一條叉路，她正要轉彎時迎面來了一輛大卡車。不知道是她淚眼糢糊、心神不定，還是卡車開得太快？突然嚨的一聲，我被彈出座位，滾在路邊的茅草裏。一陣暈眩，又很快醒了過來，因爲我的手、臉都被茅草劃破，感到刺痛。我睜眼一看，吉甫車歪在路邊，差點兒翻倒。麗麗伏在駕駛盤上，頭垂着，雙手鬆弛。我不顧一切跑過去，把她抱起來，她完全暈了過去。

大卡車上面跳下一個大漢，他跑到我面前我才認出是 Coffin 。我把麗麗交給她，急切地說：

「請你快把她送囘醫院！我要趕上這班飛機。」

他瞪了我一眼，雙手把麗麗接過去，傻里傻氣地說：

「小心肝，我是棺材，妳安心睡吧！」

七

一到昆明，我就向部隊報到歸隊，連夜寫了封信給麗麗。

第二天我們就乘着十幾輛大卡車，向廣西貴州前線開拔，馬不停蹄。遇上日本人就打，一路追擊，一直沒有安定過。其間我又抽空寫了幾封信給麗麗，直到戰爭勝利，還如石沉大海。

勝利後我又轉戰東北，席不安枕，我一共寫了幾十封信給**她**，却未得到她片紙隻字。

現在我已兩鬢如霜，連那兩張照片都在戰爭中丟掉，僅僅保存了她送我的這枝派克51型鋼筆，但筆尖已經磨平了。

她是生是死？我始終無法找到答案。我的心懸吊了整整二十年。她的聲音笑貌，體態神情，對我仍然十分新鮮，彷彿我們還在加爾各答，還在小溪邊……。

天山風雲

一

「你也想到富八城，到伊犂去？」柳日新打量我說。

「不到黃河心不死，縱然失敗九十九次，我還是要去。」我毫不遲疑地回答。

「你以前去過幾次？」

「兩次，失敗兩次。」

「怎樣失敗的？」

「第一次在三堡遇上了柳子，卸甲丟盔。」

「第二次呢？」

「關進了烏魯木齊的監獄？」

「你犯了什麼罪？」

「什麼罪也沒有犯，不過因爲我是新聞記者。」

他又用那對鷹眼從頭到脚打量了我一番，輕輕地哼了一聲：

「過去你坐過牢，再去還不是外甥打燈籠照「舅」？」

「再去豈止外甥打燈籠？我的腦袋一定搬家。」

「那你何必送肉上砧？」

「我想改名換姓，冒充馬販子。或者可以混過昭關？」

「老弟，你一心想去富八城，是不是想討個秧哥？」他哈哈一笑。

「曾經滄海難爲水，我還在乎秧哥？」

「吐魯蕃的葡萄哈蜜瓜，庫車的秧哥一枝花。回子，哥薩克，維吾兒的女人漂亮的多，和關內的美人兒完全兩樣。」

「要是去了富八城回來還能留下一條命，說不定我會討個秧哥？」

他哈哈地笑了起來，在我肩上一拍：

「老弟，我捨命陪君子，同你去一趟富八城，可不保你這條命？」

「我不要你立保單，你放心。」

二

柳日新是蘭州有名的馬販子，新疆人，經常去吐魯蕃販馬。我想去富八城和中俄邊界看看，朋友介紹他和我認識，我請求他帶我去一趟，因爲他從小生長在那一帶，有十幾年沒有去過，所以他也願意同我去。

他是一個英俊健壯的中年人，上唇留了一撮漆黑的小鬍子，眼睛銳利明亮，鼻子比一般人高，皮膚白裏透紅，腮骨旁有兩條靑靑的鬍樁子，兩片不厚不薄的嘴唇血色特別好。個子不大，但肩寬腰細，看來身手十分矯捷。

我和他打扮得一模一樣，舊氈帽，對襟黑短襖，黑長褲，舊馬靴；化名蘇善卿，以免落入虎口。程閻王上次逼我寫了悔過書，才放我，而且不許我再踏進新疆一步，否則我就別想活着離開新疆。這次我眞是船頭上跑馬。

我和柳日新坐木炭車到七角井，老爺車走得比馬慢，到了七角井我們就棄車騎馬。柳日新從皮袋裏取出一條比大姆指還粗的鐵柄軟鞭，抖開來有丈把長，尖端繫了一枝鷄蛋般大小的鋼球。他往腰上一繫，又像一根腰帶，乍看決難看出是一隻鞭子。

「柳大哥，趕馬用不着這麼長的鞭子，作腰帶也不相宜。」我望着他說。

「你看作什麼用好？」他笑着問我。

「我看它是聾子的耳朶。」

他哈哈一笑，掃了我一眼便縱身上馬。

我跟着他上馬，我的馬突然把屁股一顚，後蹄一揚，我沒有騎上，差點兒被牠踢倒。

「老弟，你這塊料也配當馬販子？」他調侃我。

「柳大哥，嫂嫂做鞋，嬸嬸有樣，我完全看你的。」我踏上鐵蹬，縱身一躍，居然騎上馬鞍。

他笑着點頭，隨後又說。

「哥薩克，維吾爾，騎馬不用鞍，你這簡直像黃羊上樹，還早得很。」

他兩腿一夾，他的馬就小跑起來。

我趕了上去，和他並轡行走。

他一提起哥薩克，就使我想起上次在三堡遇著柳子的事。我的東西被搶光，身上也砍了一刀，現在心裏還有餘悸。他們殺人如砍瓜切菜，搶了東西就呼嘯而去，打不起官司告不起狀，誰對他們也沒有法子。

「柳大哥，一旦被蛇咬，十年怕井繩。遇上了哥薩克，你可要特別小心。」我提醒他說。

「富八城多的是維吾爾，哥薩克。本來我也只到吐魯蕃就打轉，旣然你老弟要去，我索性在大草原向哥薩克買一批好馬，傳種接代。」柳日新兩眉一揚。

我怕他看不起我，不再談哥薩克。縱然又遇上柳子，也只好咬着牙再吃一刀。

一路上我們遇着不少客商，有騎馬的，牽駱駝的，有漢人，維吾爾人，也有哥薩克。從七角井到吐魯蕃，柳日新還碰到一些熟人。

到吐魯蕃時正值葡萄成熟，我們大吃了一頓。柳日新還帶了一水袋葡萄酒上路。越向西南走越覺得荒凉。黃沙滾滾，荒草萋萋，北面是白雪皚皚的天山，南面是大戈壁，我們兩個人孤伶伶地，往往半天看不見一個人影。柳日新除了和我談談馬經，就是喝悶酒。對馬我完全外行，對酒我沒有興趣。有一次他捧着酒袋望着我說：

「老弟，要不是忘不了伊莎瑪，我才不陪你唐僧取經。」

「伊莎瑪？」我笑着說：「是不是蜘蛛精？」

「你別胡扯，她是維吾爾的美人。」

「柳大哥，你怎麼想起這筆陳年爛賬？」

「人不死，賬不爛，我從來沒有忘記她。」

「你不是在蘭州成了家？」

「一塊鐵打兩口釘，那是兩回事。」

「柳大哥，我還以爲你專門陪我去富八城哩。」

「老弟，這是娶媳婦帶姨子，賣猪肉搭蹄子。要我專門陪你，你給我多少盤川路費？」

「柳大哥，你買了好馬，一本萬利，還在乎這一趟盤川路費？」

「你烏龜一身売，老鴉一張嘴。」他笑着喝了一大口酒。

突然南面黃沙滾滾，我連忙把馬勒住，提醒柳日新，他把酒袋放下，左手在眉上搭個凉棚，望了一會。突然把手放下。

「哥薩克！」

向我們奔來的是三匹快馬，馬上坐着三個戴皮帽，穿皮衣，佩着腰刀的哥薩克，低頭，彎腰，伏在馬背上急衝而來。

「柳大哥，來者不善，看樣子是柳子。」我輕輕地對他說。

他看我有點害怕，哈哈一笑，吩咐我說：

「站開點，別礙手礙脚。」

我把馬勒後幾步，一個兇神惡煞的哥薩克適時衝到。

他衝到柳日新面前六七尺處，把灰色馬一勒，馬前脚豎起，立得筆直，才把身子穩住。

馬一站好，他就大聲地用漢話命令柳日新：

「錢拿過來，！別嚇了老子的刀！」

柳日新不動聲色，我看看哥薩克腰間閃亮的彎刀，全身冷了半截。

他看柳日新沒有理他，怒吼一聲，唰的抽出彎刀。

柳日新比他更快地解開腰間的軟鞭，他剛擧起彎刀，柳日新的鞭子啪的一聲，已把他從馬背上捲了下來，摔出一丈多遠。

我驚喜交集，目瞪口呆。那兩個剛衝到的哥薩克也不禁一怔，柳日新的鞭子像莽蛇吐信，鞭稍一點，右邊的哥薩克腦袋上咚的一聲，摔下馬來。第三個哥薩克連忙帶轉馬頭，拼命逃跑，比來的時候跑得更快。

柳日新把鞭子往腰間一繞，又像一根腰帶。他吩咐我取下打中腦壳的那個哥薩克的腰刀。

柳日新跳下馬，檢起躺在地上哼叫的那個哥薩克的腰刀，牽過他的馬，縱身一躍，騎了上去。把自己的馬牽在手上。

「送上門的禮物，你還不騎去？」柳日新對我說。

我騎上這匹棗紅馬，牠比我在七角井買的那匹馬好得多。

那個跌在地上的哥薩克沒有死，在黃沙上滾來滾去。

柳日新望了他一眼，兩腿一夾，兩匹馬一先一後小跑起來。

我連忙趕上去，感激地對他說：

「柳大哥，今天要不是你，我已經回了老家。」

「老弟，吊頸找大樹，我借給你這根褲腰帶。」他回頭望了我一眼，右手在腰間一拍。

他的話使我哭笑不得。我總算長了一點兒見識，他的鞭子不是聾子的耳朵。

三

到了庫車，我們把自己的馬賣掉，留着那兩匹哥薩克人的馬。此地的馬很賤，抵不上蘭州一條小驢子的價錢。我覺得有點可惜，柳日新十分愉快地說：

「老弟，豆腐不能賣成肉價錢，這算是檢來的財喜，够我們在庫車吃喝兩天。」

他在庫車眞的大吃大喝。維吾爾的抓飯，囘囘的牛肉，雖然比不上關內的珍饈，但比我們在路上吃乾糧，喝生水，強一百倍。他的胃口特別好，抵得上我兩頓的食量。他尤其歡喜喝馬奶。庫車的女人也比我們在鄯善，吐魯蕃，焉耆所見的女人漂亮，尤其是維吾爾女人，能歌善舞，皮膚白，鼻子高，眼睛亮，穿花衣，着半截皮靴，矯健婀娜，惹人喜愛。

柳日新穿上維吾爾男人的無領黑色棉大衣，戴着小花帽，和維吾爾女人跳舞，講維吾爾語，完全像個維吾爾人。他穿漢裝，**講漢話，倒只有九分像漢人**。

維吾爾女人對他很好，他還介紹了一位維吾爾姑娘教我跳舞，她會講流利的漢話，回語。她手指的顫動，頸子的扭擺，腰臀的輕搖，姿勢美妙極了，眉毛眼睛會笑會說話，使人像喝了吐魯蕃的葡萄酒，心旌搖搖。

我們在庫車休息了兩天，那兩匹馬的錢還不够用。柳日新是風吹鴨蛋殼，財去人安樂，他懷着輕鬆愉快的心情，帶着我奔向莽莽的大草原。

四

草深過膝，黃羊遍地，馬尤其多。我是假馬販子，十足的外行，而對着草原上成千成萬的黑的，白的，花的，栗色的馬，根本不知道那是良駒？那是劣馬？牠們都肉厚膘肥，我覺得隻隻可愛，不下於蒙古馬，日本馬。要在這些馬羣中百中挑一，那實在不是一件容易的事。

可是柳日新很內行，他一眼望去，就知道馬羣裏有沒有好嗎？他對這大草原的牧場情形，似乎很熟，他知道那個牧場有好種馬。

草原裏除了游動的帳幕以外，也有固定的哥薩克村落，泥土房子和木屋，草堆，糞堆、羊柵，馬蓬，毛皮倉庫，毛氈天幕。

我們越深入草原，碰見的哥薩克人更多。有羊羣牛馬的地方就有哥薩克。有的圍着羊羣牛羣巡邏，有的騎着快馬，追捕離羣的野馬，奔馳如飛，空中爆起啪啪的鞭花，飛起繩索的圈套。哥薩克人的慓悍，在大草原上更可以看出來。要不是柳日新在路上露了那一手，我眞怕再遇見柳子。

我們深入大草原的第四天，在帖克斯河中俄邊界附近，發現了一個最大的牧場，成千成萬的馬，乍看像地上撒着幾斗芝蔴，數也數不淸。遠處有幾個帳蓬，幾個木柵。

柳日新把馬一夾，跑了過去。他身子一騰，站上了馬背，右手搭起凉蓬，打量了幾眼，讚了一聲「好馬！」又兩腿一分，輕輕落座，領着我繞着馬羣奔馳。

馬羣一陣騷動，翹起尾巴奔馳起來，迎風長嘶，打着響鼻，草原上像打翻了大蜂窩。

柳日新突然發現一匹全身漆黑，四蹄如雪的快馬，昂首奔馳，比所有的馬都跑得快，他不禁讚嘆一句：

「好一匹雪裏鑽！」

「你想買？」

「只要哥薩克肯賣，再貴我也要。」柳日新說。

「如果他們不賣呢？」

「偷！」

「那他們不把你當馬賊？」

「那我只好霸王硬上弓了。」

「柳大哥，你要記住你是馬販子，不是柳子也不是馬賊。」

他望着我哈哈大笑，笑聲在草原上震盪。我有點莫明其妙。

遠處有兩個牧人並轡急馳而來，一男一女，女的頸上飄着紅巾。他們同時衝到我們的跟前，兩人看來都不到二十歲，女的更年輕，兩眉一挑，她瞪了我們一眼，男的氣勢洶洶地問：

「你們是幹什麽的？怎麽這樣亂闖亂撞？」

「小兄弟，我們是來買馬的？」柳日新說。

「買馬不是偷馬，你們應該先和我講。」

「這羣馬是你的？」

「是我父親的，哥哥和我也可以作主。」女的插嘴。

「小姑娘，對不起，我們是從關內來的，不懂規矩。」我也插嘴。

她聽得懂我的話，打量了我一眼，然後天眞地一笑：

「看樣子你不像個馬賊。」

「小姑娘，我們都是馬販子，想向你們買一批好馬。」柳日新乘機對她說。

「你們要買多少？」她問。

「你們有多少好馬」柳日新反問她。

「瓦格牧場沒有一匹壞馬。」男的驕傲地回答。

柳日新望着他一笑，故意輕視地說：

「我只看中一匹雪裏鑽，其餘的還比不上我這匹馬。」

男的一怔，一臉的惱怒，女的接嘴：

「你跑遍大草原，也找不到第二隻雪裏鑽。」

「你黃羊也想上樹？」男的輕視地望着柳日新說：「只要你有本領捉住牠，我瓦各送你？」

「小兄弟，你說話可要算話，不是馬打噴嚏？」柳日新瞪着他說。

他點點頭，又連忙補充說：

「要是你捉牠不住，你馬上滾蛋，我一匹馬也不賣給你！」

「好！小兄弟，你的套馬索借給我。」柳日新指指他鞍上的索，笑着回答。

他把一圈繩索向柳日新一拋，柳日新伸手接住，他鄙視地一笑。

「我看你黃羊別想上樹，還是買一批別的馬，我們許多人捉了兩年都沒有捉住牠。」女的笑着說。

「小姑娘，我捉住了雪裏鑽再買別的馬。你們的價錢可要特別公道？」

「我看你還是早點滾蛋好！」男的朝地上唾了一口。

柳日新一聲冷笑，兩腿一夾，馬立刻衝了出去。

雪裏鑽機警得很，一看見柳日新騎着馬跑過去，牠後腿一彈，嘶叫幾聲，昂着頭，翹起尾巴，向前奔跑，不讓柳日新接近。

柳日新騎的這匹灰馬，本來是那三個哥薩克柳子的馬當中跑得最快的一匹，不是等閒之輩，但是和雪裏鑽一比，那就差得太遠，雪裏鑽幾個騰躍，就把柳日新的灰馬越拋越遠。

瓦各看了得意的一笑，又朝地上唾了一口：

「呸！黃羊也想上樹？烏龜也和兎子賽跑？」

「不是黃羊不能上樹，是他的馬跑得慢。」我對瓦各說：「要是你讓我幫他追趕，他一定能捉住雪裏鑽。」

他打量了我的馬和我一眼，又望望他妹妹，輕鬆地一笑：

「瓦娜，讓不讓兩隻烏龜追一隻兎子？」

瓦娜望了我一眼，爽利地回答：

「哥哥，他沒有套馬索，你放心讓兩隻烏龜追一隻兎子。」

瓦各向我手一揮：

「去！我看你們兩隻黃羊也上不了樹！」

我在馬屁股上抽了一鞭，我的馬直衝出去。

雪裏鑽將柳日新拋後幾十丈遠，柳日新手上的套索根本沒有機會拋出去。他發現我跑過來連忙把馬勒住，我大聲地對他說：

「柳大哥，我來幫你追趕。」

「老弟，不要壞了規矩，我要是捉不到雪裏鑽，馬上滾開瓦格牧場。」

「是瓦各叫我來的，他說兩隻黃羊也上不了樹。」

「好小子！我們要爭這口氣，你去堵住雪裏鑽，護我黃羊上樹。」柳日新吩咐我。

我飛馬出去，繞了一個大圈，堵在雪裏鑽的前面，雪裏鑽往回跑，柳日新迎面追了上來，雪裏鑽往側面一溜，揚起尾巴斜衝出去，幾個騰躍，又把我們拋得老遠。

我又繞了一個大圈子，才抄住雪裏鑽，把牠往回趕，柳日新一跑過來，牠又刁鑽地斜衝出去。我們怎樣也追牠不上。

柳日新叫我不要再去包抄，他自己也不追趕，他想智取。

瓦各瓦娜兄妹發現我們停止追趕，騎着馬跑了過來，瓦各譏諷地對柳日新說：

「到底黃羊上不了樹，現在你自己滾蛋！」

「小兄弟，要是我從前的那匹追風馬沒有死，我早就把雪裏鑽逮住。你不要急，雪裏鑽也不是一天長大的。如果天黑以前我逮牠不住，自然會走。」

雪裏鑽發現我們不追牠，牠也悠哉游哉地低頭吃草。

柳日新看了一笑，靜靜地注視牠，然後悄悄地趕着馬，從牠後面走了過去。

柳日新距離雪裏鑽大約還有十多丈遠，瓦各突然怪聲呼嘯，雪裏鑽機警地把頭一昂，柳日新閃電般地飛出套索，索圈剛好套在雪裏鑽的頸子上。

瓦角臉色一白，迅速地掃了瓦娜和我一眼，兩腿一夾，首先衝了過去。我和瓦娜也跟着跑過去。

雪裏鑽正在柳日新手上掙扎，高聲嘶叫。時而前腿人立，時而掀起屁股後腿直彈，時而向前衝跑。但怎樣也逃不脫柳日新的掌握。

柳日新要我解下馬的絡頭交給他，他一躍而下把套馬索交給我，我騎上他的馬，他跑過去給雪裏鑽上絡頭，雪裏鑽咬他，他抓住雪裏鑽的耳朵在牠鼻子上捶了一拳，雪裏鑽不敢再咬。

他上好絡頭，把索套解開，縱身一躍，騎上光背脊的雪裏鑽，雪裏鑽蹦蹦跳跳，屁股掀起幾尺高，想把柳日新摔下來，柳日新像條螞蝗，緊緊地吸住牠，牠沒有一點辦法。柳日新把馬鞭在牠屁股上用力一抽，牠如流星疾矢般直射出去。柳日新貼在牠的背上，讓牠在草原上飛馳，牠雪白的四蹄同時揚起，同時落地，身子像一條黑線，在草原上掠過。

瓦各兩眼睁得像鵪鶉蛋；瓦娜又驚又喜；我心裏高興，嘴裏不敢作聲，我怕瓦各後悔。

柳日新忽然帶轉馬頭，向我們跑來，跑到瓦各兄妹面前，雪裏鑽站得和人一般直。牠前脚一落地，柳日新雙手一抱拳，向瓦各瓦娜說：

「多謝兩位的好意。」

「我想請你留在我的牧場，每年給你一百匹馬。」瓦各嚴肅地說。

「小兄弟，多謝你的好意，我情願向你買一百匹馬。現在我要揀好的套。」

柳日新從我手裏取去套索，瓦各兄妹不好阻止他。

他騎着雪裏鑽，再套別的馬，眞是手到擒來，因爲雪裏鑽跑得快，他要套索又快又準，他看中了的馬都跑不掉。

他把套住的馬統統趕進一個空木柵，烙好火印。

瓦各捨不得那匹雪裏鑽，有點垂頭喪氣。對於這一百匹馬的價錢，他也懶得爭持。

「我再加你五十匹馬，你願不願意在我的牧場留一年？」瓦各不肯接柳日新的錢，反而要求他。

「對不起，小兄弟，我是個馬販子，不是牧羊狗。」柳日新把錢交給瓦娜。同時說明把馬暫時寄在牧場上飼養，過十天半個月再回來趕走。

他們兩兄妹知道我們不立刻把馬帶走，欣然同意。

第二天我們離開瓦格牧場，向伊犂進發。柳日新要探望他舊日的情人，我也要看看這個通往蘇俄的交通要道上的邊城的實際情形。

五

一到伊犂我就發現情形有點不對，哥薩克對漢人頗有敵意，正在醞釀歸併哥薩克蘇維埃共和國，據說別處的維吾爾人也在進行東土耳其斯坦運動。這分明是俄國人暗中搗鬼。

柳日新見到了他舊日的情人伊莎瑪，她是一位三十多歲的維吾爾婦人，脣紅齒白，皮膚白而細膩，兩眼漆黑，汪汪如水，比俄國女人漂亮得多，一般二轉子也比她不上。她會說好幾種語言。

柳日新像老鼠掉進糖罐裏，賴在她身邊不想走。本來我還想去霍城，伊犂河兩岸，阿拉木圖，伊斯色克庫爾湖這一大片本來屬於我們的土地，現在被俄國佔去的中亞細亞去看看，但是這些地方幾乎全是哥薩克，沒有柳日新陪伴，我不敢冒那麽大的險。甚至伊寧，綏哈，清河我也不敢單獨去，因爲那些地方也和伊犂一樣，漢人受着歧視。伊莎瑪和柳日新都反對我亂跑，甚至伊犂街上也不讓我單獨去。

「柳大哥，本來是你陪我到伊犁來，現在反而變成我陪着公子趕考了。」我對柳日新說。

「到了黃河你也該死心，何必再亂跑？哥薩克又想造反，你有幾條命？」柳日新說。

「既然遇上了打頭風，我們不如早點回關內去。」

「老弟，我和伊莎瑪分別了十幾年，來一趟不容易，你要我早點回去？」他哈哈一笑。

「要是哥薩克眞的變了心，你也不躭心你那些馬？」

「老弟，你放心，哥薩克翻不過我的手掌心，他們不敢少我一匹馬。」

「瓦各的牧人多，他是初生之犢不畏虎，要是翻了臉，我看不好惹。」

「他喝了幾天馬奶？一個跟斗還能打十萬八千里？」

「柳大哥，雙拳難敵四手，你不要大意。」

「老弟，有了雪裏鑽，蜘蛛精我也敢鬬。」

我知道他有一手，現在再加上雪裏鑽，無怪他這麼自負。

他躺在溫柔鄉裏，我可像熱鍋上的螞蟻。

第四天下午，我化粧成維吾爾人，獨自上街去。漢人的店舖都是半開門，哥薩克佩着腰刀，騎着馬在街上橫衝直撞，俄國人更趾高氣揚。

因爲天氣已經很冷，我買了一床毯子匆匆地回來，不敢在街上多躭擱。

一天晚上我突然被槍聲，馬蹄聲，和人的哭喊聲驚醒，我知道出了亂子。柳日新警告我不要出去，又和伊莎瑪重圓好夢。

第二天才知道街上有不少的開舖子的漢人受了無妄之災，東西被搶，街上一片紊亂，哥薩克橫行無忌，老百姓都關門閉戶躲在家裏。

柳日新躭心伊犂會有更大的亂子，也想到他那批馬。伊莎瑪替我們找了兩套哥薩克的服裝，要我們早點走。

我們輕騎離開伊犂，沿着邊界直奔瓦格牧場。

六

我們快馬加鞭趕到瓦格牧場時，帳蓬，木柵統統撤走，成千成萬的馬也不見踪影。留在我們面前的只是莽莽的草原。

獵獵的寒風，在草原上掠過，枯黃的草洶湧着無盡的波濤。灰沉沉的雲在天空滾動，彷彿要掉下來。

柳日新眼睛冒火，臉色鐵青，我沒有看見過他這樣憤怒。

我們找到幾十里路外一個小牧場，探聽瓦各他們的行踪。哥薩克人懷疑地打量我們，而且帶着幾分敵意，不肯告訴我們任何消息。

柳日新突然解開軟鞭，啪的一聲，把一個態度最壞，體格最強的哥薩克雙脚捲起，拋出一丈多遠，這個哥薩克當場摔暈，其他的牧人駭得目瞪口呆，經柳日新逼問，才說出瓦格牧場移到俄國境內哥薩克蘇維埃共和國去了。

柳日新帶轉馬頭，沿着帖克斯河向西奔馳，雪裏鑽四蹄如飛，其快無比。我的灰色馬跑得也很快，耳邊風聲呼呼，如騰雲駕霧。但牠怎樣也趕不上雪裏鑽，距離越拉越遠。

柳日新一口氣衝到邊界，才在一塊界碑旁邊停住。這一口氣最少奔馳了二三十里。我趕到邊界，看到四五尺高，刻着中文俄文的界碑，輕輕地勸柳日新：

「史太林笑裏藏刀，俄國人正兜着豆子找鍋炒，我看吃個虧算了？」

「老毛子欺軟不欺硬；哥薩克是牆頭草，風吹兩邊倒。我十幾年沒有來這塊是非地，千里迢迢來買馬，你要我空手回去？把血本扔在草裏？」

「柳大哥，我怕你惹出是非？」

「我看你眞是黃羊上不了樹！怕死滾回去！火燄山我一個人去！何況那一大片地方本來都是我們老祖宗的。」

他朝界碑上唾了一口，兩腿一夾，朝遠處一大簇馬羣衝去。

柳日新的話很有道理，那邊幾乎有半個新疆大的土地，以前都是我們的。他要找回那一百四馬，我不能被他看成懦夫，臨陣退縮，只好跟着衝過去。

灰沉沉的天，滾動的烏雲，莽莽的草原，呼嘯的西北風，彷彿要下雪的樣子。

奔馳了大約二十里路，才接近馬羣。柳日新已經停下來和一個哥薩克在馬羣外邊談話，我跑近一看，那個哥薩克正是瓦娜。

「你們兩兄妹做的好事，以爲我找不到？」柳日新責備她：「雪埋不住人，你們跑得了？」

「這是爸爸的意思，他捨不得白白送掉雪裏鑽。」瓦娜說。

「哥薩克說話不算話？」

「快下雪了，我勸你還是趕快回去，」瓦娜好意地說：「要是爸爸看見雪裏鑽，連你也走不了。」

「好！下刀子我也不怕，我倒要會會妳老頭子！」柳日新兩腿一夾，向大帳蓬直奔過去。

我和瓦娜跟在後面。

帳蓬裏的人一發現雪裏鑽都趕了出來，瓦各和一位五十歲左右的哥薩克一道出來，其他的哥薩克連忙讓路。

「誰是瓦格？我要會會他。」柳日新在馬上發話。

那五十來歲的哥薩克應了一聲，上前一步，打量柳日新一眼。

「我是天山虎！」柳日新大聲地說，迅速地解下軟鞭：「誰說話不算話？」

瓦格和幾個年長的哥薩克駭得連忙倒退幾步，不敢作聲。

我也奇怪地望着柳日新，他臉上罩着一層冰霜，兩眼盯着面前的哥薩克，像釘子釘着他們。

一個年輕的哥薩克，突然抽出明晃晃的腰刀，柳日新鞭子唰的一聲，纏住他的頸子，往人堆裏一摔，撞倒了兩三個人。

瓦各掏出手槍，柳日新的鞭梢順勢一捲，瓦各向前一踉蹌，跌個狗吃屎，手槍飛到空中，柳日新身子一挺，左手一抄，抄到手中。

所有的哥薩克都駭呆了，沒有一個人敢動。

柳日新摸出一個錢包，向瓦娜一拋，瓦娜雙手接住。柳日新對她說：

「這算是雪裏鑽的身價，賞給妳。我的馬請妳趕出來。」

瓦娜又驚又喜，連忙吩咐牧人趕馬，柳日新的馬屁股上都有火印，很容易分辨出來。

瓦娜和牧人把柳日新的馬趕開，趕上了路，柳日新的軟鞭在空中爆出啪啪的鞭花，馬成羣地向東跑。

「瓦娜，多謝妳，我要是年輕十歲，我會把妳帶走。」柳日新回過頭去對瓦娜說。

瓦娜怔怔地望着他，兩隻眼睛閃着少女的夢樣的奇異光彩。

七

「柳大哥，你弄的什麽玄虛？你不是馬販子？」我問柳日新。

「老弟，在蘭州我是馬販子，在草原上我是天山虎。十年前有人敢惹天山虎，就是捋虎鬚。」

「那你爲什麽到蘭州去落戶？」

「老弟，眞是一言難盡！」他突然嘆口氣：「我父親是漢人，母親是維吾爾。父親死在哥薩克手裏，母親死在老毛子手裏。我憑這根鞭子報仇雪恨，出沒在天山和大草原。老毛子把我當眼中釘，哥薩克把我當天山虎，官軍把我當柳子，我只好改名換姓，到蘭州謀生。」

「你不叫柳日新？」

「我本來叫劉源漢。」

我爲了到新疆，臨時化名蘇善卿。他爲了在蘭州落戶謀生，一直隱姓埋名，沒有人知道。他的委屈比我大，他的道行也比我深。

「要是你不陪我跑趟新疆，我眞以爲你是馬販子？」

「老弟，今天我向你亮了箱底，你可不能張揚出去？不然小心我的鞭子。」他故意把鞭子在空中一揮，啪的一聲，馬羣一驚，跑得更快。

「劉大哥，我沒有吃豹子膽，怎麽敢捋虎鬚？」我笑着回答。

他望了我一眼，高興地說：

「老弟，我也佩服你的恆心和勇氣！你赤手空拳，連一隻黃羊也抓不住，三次來新疆，失敗了兩次，這次總算沒有打回票。」

「這次是禿子跟着月亮走，沾你的光。」

八

大雪紛飛，寒風呼呼，馬低頭急跑，我們也扯下皮帽的護耳。鼻子凍得發痛，冷氣幾乎使人窒息。

雪落在枯黃的大草原上，天山籠罩在層層的烏雲裏。……

白金龍

一

桃紅柳綠，楊花撲面的時候，牛販子楊新城，又帶了二、三十條水牛到百花洲來。我們家是他的老主顧，彷彿女兒走娘家，他自然先到我們家落脚。

百花洲是個夜不閉戶，道不拾遺的地方。誰家丟了一隻老母鷄，都是新聞，叫化頭子牽了一隻猴子在張家、李家門口站了一會，也是椿稀奇事兒，自然會圍上一堆人。楊新城帶了二、三十條水牛來，更是個大熱門。牛在百花洲，和人是半斤八兩。誰家的牛多？誰家的人多？那就等於摸了誰家的米桶，用不着再挖金銀窖了。

楊新城的牛，由兩個助手，趕到我們門前幾十丈遠的那棵十來丈高、兩個大人才能合抱的大楊樹下時，圍過來看熱鬧的人比牛還多，而且多半是相牛專家。有些老倌一落眼就知道牛的好壞，牠有多大力氣？多大歲數？甚至牛的脾氣也和自己家的閨女一般淸楚。

這羣牛是牛販子楊新城趕到百花洲來的最大的一羣，有幾個月的小犢子，有大了肚子的母牛，有騷牯子，最多的是閹過的牯牛，這種太監牛是莊稼人最歡迎的台柱子。每條牛的身價都不相同，從三、四十塊大洋一頭的小牛犢子，到一百多大洋的大牯牛，應有盡有，隨你喜歡。

打算買牛的人，比相親還仔細。各人都摸過自己的米桶，各自選擇目標，他們扳開牛的嘴巴，看看牠的牙齒，判斷牠的歲數；在背脊上按按，試試牠的力氣；牽着牠走幾步路，轉幾個彎，或是突然在屁股上拍的一掌，看看牠的反應。相親也只能隔着棉紙窗子，或是從門縫裏偷看幾眼，就決定終身大事，決不會這樣摸摸頭角，摸摸屁股，來個十八摸的。

這羣牛當中有一條白毛牛，是沒有閹過的騷牯子。生得肩寬背濶，屁股肥大，前高後矮，蹄印有菜盌口面一般大小，頸子像巴斗一般粗壯，肩上的肉像駝峯一樣鼓起，頭大，角粗，角如半月形狀，一邊不過尺把長，楊新城說牠剛好三歲。在這羣牛當中，牠不算是大塊頭，比牠大的巨無霸有三、四條，但由於牠那一身雪白的毛，和那副長相，很惹人注目，但是沒有人想買。一是定價太高，一百八十塊大洋，不但超出所有的牛價，而且是史無前例；二是騷牯子，好鬥，十二、三歲的孩子服侍牠不來。另外百花洲的人還有一個觀念，認爲騷牯子沒有閹過的牯牛耐力強，養不久，一頭牛最少要用十年以上才合算。一般牯牛總是三、五個月去勢，成了騷牯子再閹就不是時候。除非留着作種。不過百花洲的人重男輕女。還有個毛病：不養猪婆，不養母牛。孤陰不生，獨陽不長，何必養着這麽個騷牯子淘氣？有着以上這些原因，所以沒有人和牛販子楊新城討價還價。

楊新城看着這麼好的騷牯子沒有人買，有點替百花洲的人可惜。他雙手在騷牯子的背脊上一按，身子一縱，騎了上去，笑着對周圍的人說：

「三年出個狀元，十年出個戲子，一百年也難碰上這麼個好騷牯子！百花洲的人是我的老主顧，所以這次我特別販來，一分價錢一分貨，列位不要錯過了好機會。」

不管楊新城怎麼說得天花亂墜，那些莊稼漢都像石頭人，硬是不動心。有一個綽號叫做「雞販子」的小器鬼，想撿個便宜，開玩笑地對楊新城說：

「鄱陽佬，你肯打個對折，我就買下來玩玩。」

楊新城打量了「雞販子」一眼，調侃地說：

「老哥，這是一條牛，不是一隻雞。這麼好的騷牯子，要不是我楊新城，你打着燈籠火把也找不到！東方不亮西方亮，你還怕我賣不掉？」

「雞販子」臉一紅，別人哈哈笑，楊新城躍下牛背，地上檢起一根稻草，往牛角上一挽，豎起幾寸高，表示待價而沽。

「鄱陽佬，如果不超過一百大關，還好商量。」另一個人也想檢便宜。

「老哥，貨賣識家，一文我也不少！」楊新城的話眞的擲地有聲。

於是沒有人再談這條件，在別的牛上和楊新城慢慢磨菇。百花洲的人有的是時間，楊新城也有好耐性，左磨右磨，一次就成交了十幾條，買主笑嘻嘻地把牛牽走，楊新城在他的摺子上記一筆，小麥油菜登場以後再來收錢，彼此講究的是這點信用。

駝子哥是我續絃伯母的拖油瓶，二十多歲還是個三寸釘。他不能作別的事，在我們家裏專門放牛，已經放了十年，是個老手。他一落眼就看上了這條騷牯子，只是人微言輕，不敢出頭，他看始終沒有人買，悄悄地把我的衣袖一拉，輕輕地對我說。

「九卿，你看出來沒有？這條白牛神旺氣足，腿粗得像屋樑柱子，最難得的還是個騷牯子。要是我們買下來，準能出口氣，打敗洲尾王百萬家的那條楚霸王。」

王百萬家人財兩旺，牛也特別壯，他那條做角大牯牛，像座泰山，一邊角足有三尺長，兩邊展開連頭在內，足有七尺長，角尖微微向後掠，彷彿大鵬展翅，看看就够駭人，我們叫牠「楚霸王」，別的牛見了牠就跑；牠也有個恃強凌弱的壞德性，愛追別的牛，尤其是生牛，往往窮追不捨，牠曾經觸死過兩條牛。

全百花洲的牛敢和牠對抗的，只有我們家一條六七歲的牯牛「趙子龍」，但是無論身體和角，都比牠小一號，完全仗着膽量和牠決鬪，不過每次幾個鐘頭惡鬪的結果，總是失敗。「楚霸王」也不窮追，因爲牠知道「趙子龍」有幾手，而且比牠跑得快。這條白牛比「趙子龍」還小一號，角更小，沒有「楚霸王」的一半大。我雖然也看中了牠，但不敢相信牠能打敗「楚霸王」，因爲「楚霸王」在百花洲已經稱霸了六七年。百花洲年年都要買一批新牛，就沒有一條是牠的對手；要用這條小騷牯子打敗「楚霸王」，眞有點像鷄蛋碰石頭。

「駝子哥，你別做夢，『趙子龍』都不是『楚霸王』的對手，這條小騷牯子算老幾？」我說。

「你要知道牠只有三歲，正像十七、八歲的小伙子，還够長够發，要是到了『趙子龍』那種年紀，我保險牠打遍天下無敵手。」駝子哥充滿信心地說。

聽他這樣說，我也有點心動。「趙子龍」鬪不過「楚霸王」，我也憋着一口氣。不過千軍易得，一將難求，始終就沒有發現一條可以一擊擊敗「楚霸王」的好牛。加之我們家裏已經有四條牯牛，勉強够用，看樣子伯父不想再買，這條白牛又這麼貴，又不是伯父所要的太監牛。「趙子龍」愛鬪他已經不大放心，買一條騷牯子那不是自找麻煩？因此我不敢開口，我要駝子哥對他講。駝子哥很怕伯父，遇到了火中取栗的事兒他總是慫恿我。

「你大爹疼你，你一開口他一定會買。」駝子哥說。

「這不是買棉花糖，一百八十塊大洋，他肯？」我望着駝子哥說。

「你要天上的星，他也會搭雲梯去摘。」駝子哥總是把我當貓脚爪，又最會講話，哄死了人不償命，他對我慣用這一套。

但這是一件大事，跨過年來我也大了一歲，我不敢冒冒失失，他怎麼說我都不開口請求大爹。反正白牛賣不出去，楊新城一天兩天也不會走。

晚上，楊新城把沒有賣掉的十幾條牛，都繫在大楊樹下。大楊樹像一柄大綠傘，枝繁葉茂，周圍十幾丈地方，白天見不着陽光，晚上沾不着露水，是很好的臨時牛棡。

駝子哥很愛這隻白牛。飯後他又走到牠的身邊，先在牛屁股上搔癢，牛自然翹起尾巴。再慢慢地向前搔，抓抓牠的耳朵，摸摸牠的頸，摩挲着牠兩隻角，牛眞的服了他，一點也不欺生。

「這眞是一條好騷牯子，保險打遍天下無敵手，可惜我沒有一百八十塊大洋！」駝子哥自言自語。

眞的，一百八十塊大洋不是個小數目，可以娶一個媳婦，蓋兩間瓦屋，請三個好長工。放牛的孩子一年才十塊大洋，駝子哥一輩子也別想存這筆錢。

因爲我不會開口，他看見我就生氣，眼珠子鼓得像雲雀蛋，把我貶得一文不值。

「虧你是個男子漢，大丈失，簡直沒有一點血性，甘心讓王百萬的『楚霸王』在百花洲稱霸，壓在你們頭上。好在我不姓江，不然我眞要鑽地洞！」

眞是天曉得，我才十一歲，他居然這樣編排我。我乳臭未乾，算得什麽男子漢、大丈夫？

我正想離開他，楊新城吸着三、四尺長的旱烟桿走了過來，銅烟斗裏冒着紅火星，一閃一閃。他看見我和駝子哥站在他的牛羣中間，打趣地說：

「兩位莫非想做偷牛賊吧？」

「楊叔叔，你放心，百花洲偷鷄賊都沒有，誰敢偷牛？」我大聲囘答。

「我丟一條，要你家裏賠十條，正好賺筆大錢。」他在地上磕磕烟斗。

「楊叔叔，你這條騷牯子會不會觸角？」我指着白牛問他。

「怎麼？你們家裏的牛還想和牠鬪？」他笑着問我，口氣很大。

「牠難道鬪得過我們的『趙子龍』？」駝子哥馬上接嘴。

「駝子，可惜我和江家太熟，不好意思打賭。」楊新城笑嘻嘻地回答：「你別看牠沒有你們的『趙子龍』大，牠要是發了騷勁，獅子老虎也不是牠的敵手。」

「楊叔叔，你別在百花洲吹猪尿泡。」獅子老虎是百獸之王，牛怎麼鬪得過？我不相信他的話。

「小兄弟，可惜我花了血本，不然我就讓牠在你們百花洲打一次擂台。」

「牛販子，你這一羣牛，是不是牠稱王？」駝子哥問。

「我不准鷄窩裏起火。」楊新城又上了一斗黃烟絲，慢條斯理地說。

「牛販子，你口說無憑，鬼才相信哩！」駝子哥故意朝地上唾了一口。

「駝子，我是幹什麼的？」楊新城指指自己的鼻尖，走近白牛，拍拍牠肩上的肉峯：「你看牠這一團肉，像不像廬山的五老峯？你來抱抱看，牠這頸子有沒有水桶粗？你再看看牠的脚，哪條牛有這麼大的蹄子？你看看牠的眼睛，有沒有你們家裏的鴨蛋大？牠的角是不是和鐵一樣硬？……現在他還年輕的很，一旦眞的發了情，你們這棵大楊樹牠也能撞倒，別說是一條牛。」

「牛販子，你是不是歪嘴吹喇叭？」駝子哥歪着扣子頭望着楊新城，那樣子有幾分邪氣。

「駝子，你這井底蛤蟆，沒有見過世面，說給你聽也不相信。我過府過縣，跑遍長江上下幾省，販了二十年牛，從來沒有看見這條好騷牯子。要是你們百花洲的人眞不識貨，我就自己留着擺擂台。」

楊新城的話，我相信七分，賣牛的自然要吹三分牛。他不說，我已經喜愛這條牛，他添油加醋一番，我眞想要大爹買下來。我雙手圈圈牠的腿，再量量自己的腰，覺得牠的腿比我的腰還粗。駝子哥看我已經入港，笑着慫恿我說：

「九卿，就算牛販子吹牛，這條騷牯子也不會比『趙子龍』差，你不妨向你大爹撒賴，要他買下來。」

楊新城聽駝子哥這樣說，馬上響應，用長烟桿指着我說：

「要是府上買，價錢方面我會特別克己。」

「牛販子，你每次到百花洲來，他大爹少不得招待你一宿兩餐，從來沒有受你分文，他又不想買這條騷牯子，你要是不給他七折八扣，我看就是九卿撒賴也促不成這宗買賣？」駝子哥不是好東西，他乘機殺價。

「駝子，依你之見呢？」楊新城笑着問他。

「最少也得打個對折。」駝子哥淸脆地說。

「駝子，我只有一個老婆，可賠不起。」楊新城搖搖頭，吸口烟。

「牛販子，這條騷牯子雖然肉厚膘肥，一身白毛可犯了大忌，誰願意買牠戴孝？」駝子哥鷄蛋裏找骨頭。

「駝子，你井底的蛤蟆懂個屁！」楊新城把銅烟斗在駝子哥的扣子頭上一敲：「這可有個典故，幹我們這一行的都知道這是『白金龍』，不是靑牛凡品，我把牠帶到百花洲來，不管有沒有人買，也讓你們見識見識。怎麼？你駝子鬼秤鈎兒心，還想貪我的便宜？你以爲『白金龍』是臭狗屎？」

楊新城一下掀起了駝子哥的底，駝子哥摸摸後腦殼，厚着臉皮一笑。

「牛販子，爺和你打開天窗說亮話，不管你什麼『白金龍』不『白金龍』？當家的不會買。不過我和九卿喜歡這條牛，我們三人串通一下，做下這宗買賣你看如何？」

「駝子，我過府過縣，翻山渡河，昧良心的事我可不做？」楊新城在牛角上敲敲烟斗，銅烟斗碰硬牛角，發出金石交鳴的響聲。

「牛販子，不要昧良心，我只求你兩件事。」

「哪兩件事？」

「第一，你要講牠的力氣大、性子馴，絕對不要說牠會鬪。第二，縱然你不能打對折，價錢也要儘量克己。我積了十塊大洋，情願另外塞給你，只要你說得動九卿的大爹，做成這宗買賣。」

楊新城打量駝子哥一眼又望望我，把旱烟桿從嘴裏拔出來，爽快地說：

「好，貨賣識家，兩位既然知音，我就兜着桃兒向江大哥叫賣。」

我們讓他先去。過了一壺茶工夫，駝子哥要我去，我要他去，兩人推推搡搡，駝子哥感傷地說：

「九卿，隔層棉布隔層紗，他疼的是你不是我，還是你去；我陰溝裏的老鼠，不想做出頭的柱子。」

我懷着七分興奮三分怯意走回家，楊新城和大爹正在談「白金龍」的事。

「江大哥，不是我王婆賣瓜，自賣自誇，『白金龍』是一條神牛。府上人財正旺，多一條神牛助助勢，起發得更快。價錢方面我特別克己，讓你二十塊。」

「老弟，倒不完全是價錢問題，騷牯子不好侍候，駝子一個人照顧不來五條牛。」

「大爹，我會幫忙。」我連忙接嘴。

「胡說！你想逃學？」大爹白我一眼。

我碰了一鼻子灰，不敢再多嘴，楊新城到底是牛販子，舌底翻花。他儘給大爹戴高帽子，也把「白金龍」捧成力大無窮的神牛。

「現在不是收刈的時候，沒有拖過車，不知道你的話靠不靠得住？」大爹說。

「江大哥，我幾時騙過你來？」楊新城滿臉堆笑說：「少說一點，一條可以抵兩條。」

大爹不是外行，現在那四條牛也是向楊新城買的，大爹很滿意。這點他不懷疑。可是他忽然兩眉一皺：

「老弟，說來說去，我躭心的還是牠的性子，騷牯子不安分，又好鬪，我不想買牠來淘氣。」

楊新城猛力抽口烟，望望我，眼珠子一轉，向大爹一笑：

「江大哥，你放一百二十個心。『白金龍』通人性，馴得像個大閨女。」

大爹將信將疑，楊新城一面自說自話，不時瞟我一眼，大爹居然被他說動了心，以一百五十塊大洋做成了這宗買賣。

我悄悄地退了出來，一口氣跑到大楊樹底下，告訴駝子哥，他高興得雙手抱住騷牯子的頭，臉在牠頭上輕輕磨擦，嘴裏喃喃地說：

「『白金龍』，唯願你眞是一條龍，天下無敵，讓我駝子也揚眉吐氣。」

二

駝子哥替「白金龍」換上了新索，這是百花洲的老規矩，新索新主，表示「白金龍」是我們的牛了。

「白金龍」是生牛，加上一身白毛，特別惹眼，牠一帶到大牧場，很多放牛的孩子都圍過來看牠，評頭論足，大家都警告駝子哥：

「駝子，你別開心，有了這條騷牯子，是禍不是福，總有一天你要叫牠叫爺！」

「牠要是能打敗『楚霸王』，叫牠一聲爺我也心甘情願。」駝子哥說。

大家都笑了起來，指着駝子哥說：

「駝子，你別痴心妄想，『楚霸王』是牛王，『趙子龍』都是牠手下的敗將，你這條小騷牯子經得起牠三頭兩腦？」

「你們眞是有眼不識泰山。牛販子說牠是『白金龍』，獅子老虎也不是牠的敵手。你們懂得個屁！」駝子哥反駁他們。

「駝子，賣瓜的總是說瓜甜，不然這條白騷牯子有誰要？虧你把牠當個寶。」

「不管你們放什麼狗臭屁，我認定牠是一條龍，總有一天牠會替我出口氣。」駝子哥摸摸「白金龍」的頭說。

大牧場上綠草如茵，苜蓿的紫紅花開得十分鮮豔，上百條大水牛，低着頭在吃草，像鐮刀割麥，嚼得嚓嚓響，度過寒冬的靑牛，又吃得肉厚膘肥，有幾條牛用頭牴土坡，弄得滿腦滿角的春泥。

「金白龍」是生牛，人欺生，牛更欺生，駝子哥不敢像別的牛一樣，把索挽在角上，讓牠自由吃草，小心翼翼地牽着，別的放牛孩子都譏笑他：

「你還想牠打敗『楚霸王』？乾脆把牠宰了吧！」

駝子哥無論打架做事，都不是人家的對手，甚至十歲的孩子也可以把他打倒。可是他好強好勝，一是嘴巴不饒人，二是藉牛顯威風，我們的「趙子龍」在這個大牧場裏已經稱王，他也想讓「白金龍」顯顯身手。經別的孩子一激，他終於沉不住氣，把索挽在角上，選了一塊最好的草地，讓「白金龍」自由吃草。

也許這是個生地方，「白金龍」吃吃草，不時抬頭向四週張望。牠是新來的，又混身似雪，顯得與衆不同，附近有一條彎角牛，揚起頭走過來向牠挑戰，嘴裏發出「嗯——唳——」的叫聲。「白金龍」抬頭望着牠，站着不動，那條牛以爲牠膽怯，耀武揚威地一直走過來，「白金龍」等牠走到二三十丈遠的地方，突然腰一挫，屁股一坐，一個箭步衝過去，四蹄如飛，如排山倒海，那條牛沒有料想到會是這麽一個敵手，有點驚慌失措，不等「白金龍」衝到，調轉頭便跑。駝子哥看了拍手大笑，別的放牛孩子也另眼相看，唧唧喳喳地說：

「看樣子倒不是不中用的。」

「白金龍」適可而止，並不追趕那條牛。可是牠這一露面，惹來了更多的敵手，一條大牯牛搶先揚着頭橫着身子向牠走來。這條牛比牠大得多，「白金龍」和先前一樣直衝過去，那條牛看牠衝來，馬上四脚立定，拿穩樁子迎戰。「白金龍」低着頭疾衝，四角相觸，轟的一聲，那條牛身子一坐，連連倒退，退了十幾丈遠，才站穩脚步。「白金龍」不讓牠還手，絞着牠的角打轉，轉了幾圈，那條牛吃不消，抽出角左右撞了兩下，調轉頭就跑，「白金龍」追了幾步，停了下來，昂着頭表示勝利。

駝子哥正高興得手舞足蹈，取笑那條鬪敗的牛和牠的小主人時，楊家的大牛衝了過來。駝子哥臉色一沉，我也大驚失色。楊家的牛比我們的「趙子龍」還大，是條敞角牛，除了「楚霸王」和「趙子龍」沒有敵手。當初「趙子龍」和牠鬪了一整天，才把牠鬪敗。牠今年六歲，正是如日方中，何況身經百戰，我和駝子哥都躭心「白金龍」不是牠的對手，因爲「白金龍」還沒有長足，說不定今天還是牠第一次作戰。

駝子揚起茶樹鞭子跑過去想攔住楊家的牛，他跑得太慢，楊家的孩子想給「白金龍」一個下馬威，把他拖住。別的孩子都幸災樂禍，無非想看熱鬧。我太小，不敢上去，眼巴巴地望着楊家的牛衝過來。

「白金龍」初生之犢不畏虎，牠既不逃，也不立定樁子，腰一挫，頭一低，也衝了上去。四角相撞，轟的一聲，像晴天響起炸雷，牠們兩方也各自震退幾步，立刻又合在一塊，你推我搡，進進退退，楊家的牛角長，牠總是利用一邊長角刁「白金龍」的前腿，希望把「白金龍」掀翻。「白金龍」的腿比我的腰粗，站在地上像兩根鐵柱子，全身的重量又放在前腿上，草地下印着牠一個個盌口大的脚印，牠的頭總是壓住楊家的牛角，楊家的牛角刁不動牠的前腿。牠的角短，够不上楊家的牛腿，却狡黠地用角尖挖楊家的牛耳和眼睛，特別是眼睛。

鬪了個把時辰，還不分勝負。駝子哥看「白金龍」越戰越勇，眼睛火紅，鞭也伸了出來，他又得意地大發妙論：

「雄牛到底不同，我的騷牯子鬪起了性，發了狠，說不定會把楊家的牛從第二把交椅上掀下去！」

楊家的孩子沒有先前神氣，他緊閉着嘴唇不作聲。其他的孩子開始打賭，原先是一面倒，認定「白金龍」必敗，現在賭「白金龍」勝的有一半，賭注是自己口袋裏的花生、蠶豆，沒有帶花生蠶豆的賭五百手心。

久戰不下，「白金龍」突然抽身向後跑。我以爲牠輸了，有點垂頭喪氣。駝子哥却不驚不慌，神色自如。果然，「白金龍」不是逃跑，牠跑了四、五十丈遠，突然調轉頭，向楊家的牛疾衝過去，轟然一聲，楊家的牛倒退十幾步，才站穩身子，「白金龍」一陣快攻，兩隻短而粗的角，左右開弓，碰得轟轟響，隨後又用角尖扣住楊家的牛眼打盤旋，轉着圈子，楊家的牛守多於攻，沒有先前那股銳氣，「白金龍」的鞭伸得更長，眼睛彷彿兩團火，那股狠勁，看看眞有點怕人。

鬪了一會，牠又抽身向後跑，反轉身來「打撞」，這一撞，把楊家的牛撞退了十幾丈。牠又一陣急攻，楊家的牛終於招架不住，抽身逃跑，大家一陣驚叫。「白金龍」鬪起了性，跟在牠屁股後面追趕，別的牛看楊家的牛狼狽逃命，也紛紛避開，不敢惹事生非。

幾位年齡大的放牛孩子，怕「白金龍」追趕上楊家的牛，幾角觸死，於是揚起茶樹鞭子，桐油浸過的繩索，劈劈地爆起鞭花，這才把「白金龍」攔住。

駝子哥連忙在小麥地裏扯了幾把兩尺來長的麥苗，送給「白金龍」吃，「白金龍」看到這些肥嫩的青苗，馬上張口大嚼。駝子哥乘機解開牠角上的索，牽在手裏，然後神氣活現地對大家說：

「我說了你們有眼不識泰山吧！牠一口氣打敗三條牛，坐上了第二把交椅。你們有誰不服氣？明天再牽牛上陣。」

「駝子，該你逞強，下次我也要買條好騷牯子。」楊家的孩子說。

「三年出個狀元，十年出個戲子，千年也難出個『白金龍』，你買條凡胎肉體的騷牯子有個屁用！」駝子哥搶白楊家的孩子。

其他的孩子分成兩組，賭贏了的得了花生、蠶豆、打着別人的手心，而且瞎吹牛，大談牛經，表示後見之明。

駝子哥高興了一陣之後，又有點躭心。他怕大爹知道「白金龍」大戰牧牛場的事情。大爹愛牛如命，經常告誡他不准讓牛觸角，今天出來更特別囑咐了一番。

「九卿，『白金龍』雖然旗開得勝，你可不能走漏半點風聲！」他一再叮囑我。我是大家庭中的老么，是他唯一可以下命令的人，他有兩個法子治我，一是不准我跟他放牛，二是稟告先生。

我自然滿口答應，而且賭咒發誓，說我要是洩漏了一點消息，嘴上長疔，他高興地拍拍我的肩膀，那樣子有點像個大人。

可是沚包不住火，放牛場的事還能守得住秘密？我們還沒有回到家裏，別的放牛孩子早就把它當作一件好消息告訴了大爹，我們剛把牛趕到大楊樹下，大爹就走了過來，沉着臉罵了我們幾句，隨後又拍拍「白金龍」的頭，自言自語：

「楊新城也不是個好東西！這分明是個禍根，那裏像個大閨女？」

駝子哥嗤的一笑，大爹又反過臉來厲聲對他說：

「以後應該單獨放，不能讓牠趕大伴！」

駝子哥連連嗯了兩聲，這件事總算對付過去。如果是打了敗仗，白金龍受了傷，駝子哥的腦袋上一定要吃兩粒板栗。

我要上學，不能天天跟着駝子哥放牛，他是不是把「白金龍」單獨放，我不知道；不過我知道駝子哥有個毛病，他歡喜摸紙牌。一到了放牛場，他往往把麻袋往地上一舖，掏出一副舊紙牌，放牛的孩子自然圍成一圈，大家鬪麻雀。一條，一餅，九條，九萬是王牌，每人抓三張，誰要是有了其中三張，準贏。但這裏面也有很多心機，如果不是頭家，拿了三張王牌，也往往被人家打垮，駝子哥在這方面算得是老奸巨滑，常勝不輸。

一天，他沒有回來吃午飯，牧牛場裏也望不見牛，大概是到長堤外面江邊的大草地上放牧，隔了一條高堤，我們望不見。

快到天黑時，他才騎着牛回來，我連忙趕到大楊樹下，發現「趙子龍」和「白金龍」頭頸都有傷痕，難道牠們兩人都遇上了新的敵手？是不是「楚霸王」遠征？不然，全百花洲再也找不出他們的對手。

「駝子哥，這到底是怎麼回事？」我指着「白金龍」、「趙子龍」問他。

「鷄窩裏起火，牠們兩頭兒幹上了！」駝子哥嘆口氣說。

牠們兩人一直相處得很好，駝子哥又小心照顧，不讓牠們作對，怎麼會忽然鬪起來？

「牠們像親兄弟一樣，怎麼會觸角？」

「我也不知道！」駝子哥抱歉地一笑，輕輕地說：「我在鬪麻雀，忽然聽見嘶的一聲，回頭一看，才知道牠們已經纏在一起了！」

「誰贏了？」我急着問。

「『白金龍』坐上了第一把交椅！」駝子哥摸摸「白金龍」的頭，顯得十分高興。

我也很高興，因為「白金龍」能戰勝「趙子龍」，才有戰勝「楚霸王」的希望。

「九卿，今天我少不了一頓臭罵。」駝子哥抱着「白金龍」的頸子對我說：「不過這頓罵值得！如果牠們兩個不見過高下，我還不敢讓『白金龍』出馬鬪『楚霸王』，現在我有了譜，我要找個機會出口氣。」

「駝子哥，『楚霸王』不好惹，勝了牠會窮追。」我沒有看見「白金龍」是怎樣勝「趙子龍」的？還有點不放心，特別提醒駝子哥，萬一「白金龍」敗了，如果不能逃掉，很可能會被「楚霸王」觸死。

「你放心，『白金龍』比『趙子龍』跑得更快，縱然敗了，『楚霸王』也追牠不上，何況不見得會敗？」

他告訴我「白金龍」和「趙子龍」纏鬪了一整天，「白金龍」的力氣好像鬪不完，而且越鬪越勇，越鬪越狠，牠就是憑這股勇勁狠勁，把「趙子龍」鬪敗。我不知道牠從哪裏來的這兩股勁？駝子哥鑽到牠的胯下，托着牠兩粒大卵蛋，向我擠眉弄眼地說：

「就憑這點雄性！『趙子龍』沒有，『楚霸王』也沒有，牠強就強在這兩點上。」

「駝子哥，你眞是歪嘴吹喇叭！」我笑着罵他。

「九卿，中堂掛山水，正經『畫』。你嘴裏還有奶花香，不懂！」他陰陽怪氣地回答。

這天他編了一套理由，應付大爹，結果還是挨了一頓臭罵，加上中午餓了一頓，眞是碰上了災星。不過他心裏還很高興，一點也不怪「白金龍」。

駝子哥有點偏心。「白金龍」鬪敗「趙子龍」之後，他對「白金龍」更加寵愛。沒有買「白金龍」以前，好草好料他都給「趙子龍」吃，買了「白金龍」以後，改爲牠們兩個平分，現在讓「白金龍」一個獨享。

我們附近有家豆腐舖，駝子哥每天晚上替豆腐舖推推磨磨，換幾瓢豆渣餵牛。本來百花洲的青草像補藥，每一家的牛都吃得肉厚膘肥。百花洲的黃豆更是有名，用大洋船運到上海去，運到外國去。豆渣的營養比青草更好，駝子哥又特別在豆渣裏拌點鹽，「白金龍」一天一個樣子，毛像銀絲，眼睛發亮，肩上的肉峯更高，頸子比大水桶還粗，身架也長到和「趙子龍」一般高大了。

「白金龍」不僅在牧場上稱雄，拖車、耕地都是好手。百花洲的牛車特別大，頭號大杉木作的車槓足有三丈長，桑樹作的車輪有六尺高，邊緣鑲着幾分厚一寸多寬的鐵條，桑樹心作的車軸，比莊稼漢的腰還粗，單是空車大約也有兩三千斤，再加上樓房一般高大的小麥、黃豆、芝蔴之類的把堆，少說也在一萬斤以上，普通得兩條牛拖；「白金龍」單獨就能對付，大爹這才知道他一百五十塊大洋花得一點也不寃枉。

百花洲的冬天就是雪天。這年特別冷，塘裏兩月不解凍，地上的雪堆起一兩尺厚，舊雪未融，新雪又蓋了上來。牛都關在欄裏，不能出來活動，更沒有青草可吃，只能餵些乾稻草。所有的牛都瘦了下來，老牛瘦成了皮包骨，有的熬不過這個嚴冬，年關前後回老家去了。

「白金龍」在嚴冬裏總也瘦掉上百斤肉，駝子哥比誰都心痛，因爲他準備在春天讓「白金龍」和「楚霸王」來一場大決鬥。

立春以後，地上的雪漸漸化盡，牧場的草已經露出針杪般的嫩綠，一到花朝，又綠草如茵。駝子哥特別小心餵養，除了晚上的鹽拌豆渣之外，還特別割一次好青草，加點高粱酒糟。不到兩個月，「白金龍」又肉厚膘肥，比以前更壯，牠總愛把腦殼在地上犂土，把草地犂成一個坑一個洞，遇到土坡牠會用角去撬，直到把土坡撬翻撬平爲止，弄得滿頭滿角都是泥。

「駝子哥，『白金龍』發什麽瘋？」我奇怪地問。

「牠想找母牛成親，找公牛打架。」駝子哥回答。

「我們這裏沒有母牛，公牛都不是牠的對手。」

「所以牠才癲蛤蟆咬住板櫈脚，瞎出一口氣。」駝子哥陰陽怪氣地一笑。

一天晚上，我突然發覺駝子哥用景德鎮的細瓷盌片在修「白金龍」的角尖，修了又用砂紙擦磨。「白金龍」的角本來又短又粗，角尖也很鈍，經他這麽修修磨磨，「白金龍」的角尖比大閘女的手指尖還細，比大理石還光滑。我問他爲什麽要這樣作？他笑而不答，並且告誡我不准張揚出去。

淸明節先生放了一天假，祭祖掃墓。大爹他們一淸早就過江到楓樹鎮那邊掃墓去了。駝子哥弄了半提桶豆渣，加了兩瓢餵猪的高粱酒糟，餵給「白金龍」吃。餵完以後，他拍拍我的肩說：

「九卿，我帶你到洲尾去放牛。」

百花洲除了江邊的草地不算，堤內還有五、六個大牧場，最小的也有一、二十頃地的面積，洲尾的那個牧場更大，靑草尤其茂盛，王百萬的「楚霸王」就是放在那個大牧場裏。平時我們這邊的牛都不敢放到那邊去，因爲「楚霸王」最欺生，王百萬的那兩個放牛孩子也野蠻得很，人和牛都怕他們。

我知道駝子哥是要找「楚霸王」，當然不會錯過這個看熱鬧的機會，別的放牛孩子聽說駝子哥要去洲尾，仗着「白金龍」的勢，也騎着牛去湊熱鬧。

大家騎在牛背上一路議論紛紛，有的看好「白金龍」，有的仍然看好「楚霸王」，因爲「楚霸王」先聲奪人，戰無不勝，除了駝子哥以外，幾乎沒有人想到要出這口氣。

不管別人怎麽說，駝子哥都不生氣。他今天顯得特別沉着，彷彿胸有成竹似的。

「白金龍」吃了豆渣酒糟，精神格外飽滿興奮，眼睛放亮、發紅，牠總愛在別的牛屁股後面聞聞，然後仰起頭來張嘴露齒傻笑。

王百萬家的兩個十五、六歲的放牛孩子，一望見駝子哥坐在牛背上，老遠就跑了過來，取笑他說：

「駝子，你怎麽變成了縮頭的烏龜，好久不敢到我們這邊來？」

「爺這不是來了？」駝子哥大模大樣地回答，慢慢地踏着牛角，滑下草地。

「怎麽？你的『趙子龍』不怕死？還想和『楚霸王』較量高低？」

「爺今天走馬換將，用我的『白金龍』對你們的『楚霸王』，你們有沒有種？」

那兩個孩子打量「白金龍」一眼，其中一個獨眼龍說。

「就算你的白毛牛有三頭六臂，也經不起我們的『楚霸王』三頭兩腦！」

「獨眼龍，你別吹猪尿泡，把你的『楚霸王』趕來。」駝子哥說。

「駝子，我先跟你講清楚：要是『楚霸王』三頭兩腦觸死了你的白毛牛，我們不償命，不准你打官司告狀。」癩痢頭的孩子說。

「要得！」駝子哥爽快地回答：「要是我的『白金龍』觸死了你們的『楚霸王』，我也不償你們一根鳥毛。」

「駝子，你別做夢！」那兩個孩子同時輕蔑地一笑。

「爺十拿九穩，不過口說無憑？」駝子哥老奸巨滑地一笑。

「好！我們三擊掌爲證！」那兩個孩子伸出手掌，向上而唾了兩口。

駝子哥也伸出他細小的手掌，一邊唾了一口，和他們兩人清清脆脆地拍了三下，大聲大氣對他們說：

「快趕你們的『楚霸王』來！」

那個獨眼龍和癩痢頭賽跑似地跑回去，兩人都是赤脚大仙，跑得很快。

駝子哥取下「白金龍」的索，讓牠無掛無碍。我躭心地問他：

「駝子哥，你怎麽能打這個大賭？」

「九卿，捨不得孩子套不住狼，我破釜沉舟就是爲了要出這口氣。」他摟着「白金龍」的頭摸摸牠的角尖，我這才恍然大悟。

牧場的嫩草有三、四寸深，苜蓿的小圓葉踐得出水，紫紅小花開得十分熱鬧，我們的牛都在低頭吃草，像吃着豐盛的早餐。

那兩個孩子把「楚霸王」趕了過來。他們用鞭子在「楚霸王」的屁股後面輕輕抽打，「楚霸王」威風八面地小跑，別的牛紛紛閃避。看樣子「楚霸王」又彷彿長大了一些，真的像座泰山，那一對大角比「白金龍」的大兩三倍，看看都有點寒心。要是「白金龍」有什麽三長兩短，我也脫不了關係。

駝子哥望着「楚霸王」嚥了一下口水，倒抽一口冷氣，終於他牙一咬，把「白金龍」的頭托了起來。「白金龍」發現了「楚霸王」這個大目標，馬上把頭一揚，歪起腦袋，一步一步向前走過去，牠的大蹄子在草地上印着一個個大脚印。

這時「楚霸王」也發現了牠，那兩個孩子馬上離開，不再抽打。

「楚霸王」到底身經百戰，牠停了下來，打量「白金龍」幾眼，再昂着頭大步走過來。雙方距離四五十丈時，「白金龍」突然腰一挫，如流星疾矢地直衝過去。「楚霸王」馬上立好椿子，穩如泰山地站住，這都不過是一瞬眼的工夫，隨即聽見轟隆一聲，比炸雷還響，牧場上吃草的牛都驚的抬起頭來張望，放牛的孩子張口瞪眼，我的心震得蹦蹦跳。

「白金龍」的力氣長了很多，一頭撞得「楚霸王」倒退十來步，王家的兩個放牛孩子大驚失色，駝子哥却搖頭晃腦。「趙子龍」一頭頂多撞得「楚霸王」倒退三四步，其他的牛別想撞退牠一寸半步。

「楚霸王」彷彿也知道自己遇到生平未曾遇過的強敵，顯得小心謹愼。「白金龍」彷彿吃了豹子膽，全沒有把牠放在眼裏，一輪猛攻，逼得「楚霸王」連連倒退，使牠的長角無法靠近「白金龍」的前腿。「白金龍」不但給了「楚霸王」一個下馬威，也給了王家那兩個放牛孩子一個下馬威，他們兩人大氣都不敢出。

駝子哥却十分開心，他輕輕地對我說：

「我眞沒有想到『白金龍』有這麼大的長進，牠一開頭就能給「楚霸王」一個下馬威，大初一過年，熱鬧還在後頭哩！」

我也知道「白金龍」越鬥越勇，越鬥越狠，而這時牠所表現的體態，證明還沒有到那種節骨眼上。

「楚霸王」一直處在下風，半天才鬥成平手，已經累出一身大汗，像剛從塘裏浴水起來；「白金龍」顯然想速戰速決，牠馬上抽身跑開，「楚霸王」站着喘氣，嘴裏吐出白沫。看來「白金龍」彷彿有無限的精力，牠反身回來時還是衝得很快，「楚霸王」顯得有點怯懼。「白金龍」這一頭把牠撞得更遠，而且一直把牠往後推。看起來「楚霸王」簡直不像一個勢均力敵的對手，牠那對六七尺長的大角完全失去了作用。王家的孩子看看「楚霸王」快要敗下陣來，想去解架，但是誰也沒有這麼大的力量拉開兩條惡鬥的大牛。

突然「白金龍」把「楚霸王」的頭按在地上，角尖扣住了「楚霸王」的眼窩，用力一刁，把

「楚霸王」的右眼珠子刁了出來，掛在角尖上，「楚霸王」大叫一聲，抽身逃跑，一路跑眼窩一路滴血，「白金龍」沒有追趕，昂着頭耀武揚威。

王家的兩個孩子，看「楚霸王」敗得那麽慘，驚叫一聲，大哭起來。突然兩人拉着駝子哥，把他摔倒，一頓拳脚，如六月天的暴雨，別人把他們拉開時，駝子哥已經鼻青臉腫，暈頭轉向。

我慌了手脚，呆了一陣。當我伏下身去結結巴巴地問他：

「駝子哥，你傷得怎樣？」

他慢慢地張開眼睛望着我，咧嘴一笑：

「我沒有『楚霸王』傷得厲害。」

「駝子，你挨這一頓打眞寃枉！」同我們一道來放牛的孩子們說。

「『白金龍』打敗了『楚霸王』，爭了面子出了氣，爺挨這頓打也值得。」駝子哥笑着坐了起來。

三

這年七月，百花洲遭遇了幾百年來未曾有過的一次大水災，長江沿岸幾省都淹了，百花洲更淹得寸草不留，我們門前的大楊樹淹了半截，牛欄只露出一點茅草頂，住的房屋上了尺把深的水。

人還有糧食，三兩個月不會挨餓，搭起門板也可以安身。牛旣沒有一根草裹腹，也沒有一塊乾土立脚，大爹決定把牠們趕到楓樹鎭那邊姐姐家去「上水山」。

我對於淹大水不但不以爲苦，反而認爲這是人生一大樂事，比過年更快樂，平時我被弄成一個小先生，不准放牛，不准打赤脚，不准游泳，現在不打赤脚不行，大門外的水就有我的腰深，一睡下去就可以游泳，最大的樂事是隨處可以撈魚，不必用網，端着筲箕、畚箕就可以在渾水裏撈上三斤兩斤。大爹怕我餓魚，決定把我和牛一道送到姐姐家去。駝子哥是放牛的，那不必說。

大爹弄來一條木船，我們三人坐在船上，把五條牛繫在船尾。牠們都是水牛，平時非水不樂，夏天常常游到長江中間打來回。

夏天的長江，比冬天要寬一倍，加之堤內全是水，從我們家裏出發，到楓樹鎭上岸，最少有六、七里水路。大爹躭心牛力不繼，游不過去，特別煮了一大鍋麥飯，拌糠和豆渣，讓牠們飽餐一頓才動身。

堤內的水不流，牛跟在船的屁股後面並不吃力，游到堤上，讓牠們休息一會，船從缺口進入長江，江流滾滾，望着都有點害怕，大爹躭心牛游不過去。我知道「白金龍」和「趙子龍」沒有問題，因爲牠們又肥又壯，尤其是「白金龍」，彷彿有永遠用不完的精力，其他三條牛我不敢擔保。駝子哥却替大爹打氣，說他平時餵得好，現在正是肉厚膘肥的時候，可以過江。

「旣然騎上老虎背，不得不信你胡吹。」大爹無可奈何地又把牛索繫在船尾。他顧慮周到，事先帶了一把砍黃豆的刀，交給駝子哥，要他坐在後面注意，那條牛不行，就先把牛索砍斷，以免人和牛同歸於盡。

我們的船對準楓樹鎮划過去，可是水流太急，開頭不久，就流下一里多路，船到江心，已經流下十來里。牛在水裏載沉載浮，只有「白金龍」始終露出背脊，輕鬆愜意，「趙子龍」差一點，其他三條只露出頭角，顯得相當吃力。

大爹既不講話，也不向後看一眼，他望着前面，使出吃奶的力氣盪槳，終於渡過長江，牛也沒有損失一條，他說了一聲「謝天謝地」。但是我們已經流到楓樹鎮下游二十多里。

岸邊有幾條水牛在吃草，「白金龍」一上岸，就有一條牛揚起頭來向牠挑戰。我和駝子哥來不及阻止，牠一頭撞過去，差點把那條牛撞翻，那條牛調轉頭就跑，大爹看了搖頭一笑：

「嗨！這那是血肉之軀？簡直是一條鐵牛！」

「爹，牛販子說了牠不是凡胎，是龍種，所以叫牠『白金龍』。」駝子哥說。

「不管牠是什麼胎，什麼種，你們兩人要特別小心，這是客邊，千萬不能讓牠惹禍！」大爹拉長了臉，對駝子哥和我說。

他不能陪我們到姐姐家去，因爲怕船被人偷走，要我們自己騎着牛去，好在是熟路，我和駝子哥雖然一般矮小，加起來可有三十多歲。駝子哥外表像十一、二歲的小孩，倒眞有一副大人的頭腦，心眼兒比莊稼漢還多。

我們和大爹分道揚鑣，他划船回家，我們騎牛去姐姐家作客。

一路上我們遇到不少在路邊吃草的水牛，有些牛雖然也揚頭向「白金龍」挑戰，駝子哥緊緊地控制繩索，「白金龍」也似乎不屑於和那些牛交手，因爲楓樹鎮這邊的牛比百花洲的牛小，而且沒有百花洲的牛那麽肥壯。這邊是山地，土也是黄的，沒有百花洲那種肥沃的黑土，更沒有那麽大的牧場，那麽肥嫩的水牛，所以牛也皮枯毛燥，沒有膘。

我們趕到姐姐家時，已經是申時光景。姐姐看到我們到來又驚又喜。她是大爹的女兒，是第一個大媽生的，也是我這一輩中唯一的姐妹，十分賢慧，對我這個小兄弟尤其好。

姐姐家養了兩條牛，彷彿是發不起來的小甜粑，看到我們這五條大牛，驚驚慌慌，根本不敢挑戰。附近的人看到我們的牛，嘖嘖稱讚，對於「白金龍」更是又羨又妬。「白金龍」在水裏泡了兩三個鐘頭，身上乾乾淨淨，毛色如銀，那副雄糾糾、氣昂昂的樣子，眞像個白盔白甲的大英雄、大好漢。駝子哥更抓着機會吹牛，把牠說得神乎其神。

參觀的人散去之後，姐姐特别把駝子哥和我叫進屋裏去，笑着對駝子哥說：

「兄弟，話不要說過了頭。人外有人，天外有天。唐家有條騷牯牛，不像我家裏那兩條小甜粑，牠在我們這邊也是稱王稱霸，曾經觸死一條老虎，是一條好種牛。我看見唐家的孩子不服氣，所以特別提醒你們一句，以後要特別小心，不要讓牠們碰頭。」

駝子哥聽了一楞，他根本沒有想到「白金龍」會有對手？難道眞有觸死老虎的牛？

姐姐家有個十三、四歲的放牛的孩子叫朱水生，她吩咐他帶我去放牛。他們這邊沒有共同的大牧場，不是水田就是山，牛分別放在山上。童山濯濯，黃土碎石，草像癩痢頭上的毛，稀稀朗朗，哪像百花洲那樣綠草如茵，人都想在上面睡覺打滾。要是放在大山上去吃樹葉，又怕遇着老虎。

第二天，唐家的孩子就過來向駝子哥挑戰，駝子哥不敢答應，一是大爹特別囑咐我們不准惹禍，二是姐姐的話鎮住他。

唐家的孩子看駝子哥膽怯，更加恥笑他：

「昨天你吹牛，今天怎麽變成縮頭的烏龜？要是眞有種，就讓你的『白金龍』和我的『武松』較量一下？」

「我們是來貴處做客，不是打擂台，不想傷了主客的和氣。」駝子回答得很得體。

「又不是我們兩人比武，傷什麽和氣？」唐家的孩子輕蔑地打量駝子哥一眼：「你駝子還是我的對手？」

駝子哥的臉紅一陣，白一陣。我怕他忍不住這口氣，暗中拉拉他的袖子，他吞了一下口水，硬忍下去。

唐家的孩子得意地大笑起來，指着我們說：

「我看你們百花洲的人都是鐵嘴豆腐脚。你們的『白金龍』也是銀樣蠟槍頭。還是快點滾回去做水鬼吧！別在我們這邊丟人現醜！」

他朝地上唾了一口，大笑大叫地跑回去。

駝子哥有個毛病，就是好強好勝。他受了這頓辱，很不甘心。他向姐姐家的放牛孩子朱水生打聽「武松」的情形，朱水生把「武松」捧上了九重天，他說「武松」一角就把老虎挑起一丈多高，把老虎的肚皮刺穿，活活摔死，「白金龍」更不是牠的對手。

「可惜你沒有看見過『白金龍』觸角。」駝子哥遺憾地說，顯然他有點不服氣。

「你爲什麽不讓『白金龍』和『武松』比比？讓我見識見識。」朱水生忘記了姐姐囑咐他的話，反而刺激駝子哥。

「兩雄相鬪，必有一傷。我說了是在貴處作客，不想闖禍。」駝子哥回答他，向我眨眨眼睛：「既然『武松』那麽厲害，你不妨帶九卿去見識見識，也好讓我們百花洲的人開開眼界。」

朱水生不知道駝子哥的用意，滿口答應，馬上帶我去那邊山上。我知道駝子哥的板眼多，自己也想看看「武松」是不是眞有三頭六臂？我心裏也憋了一口氣，「白金龍」打敗「楚霸王」那樣的巨無霸，顯得乾淨俐落，難道「武松」會強過「楚霸王」？楓樹鎮這邊的乾草還能養出什麽好牛？虎落平陽被犬欺，那件事說不定是湊巧。

唐家的孩子和一男一女正在一大塊青石上擲骰子玩。女孩子和我差不多大小，拖着一條烏溜溜的辮子，十分清秀，六七條牛在山坡下啃着稀稀朗朗的茅草，這種情形和我們百花洲那種上百條大水牛在綠草如茵的大牧場上放牧的大場面，簡直無法相比。朱水生指着一條正在吃草的靑牛對我說：

「那就是『武松』。」

我只看到牠的屁股和半截斷尾巴，像斬了尾巴的狗，十分難看。牠突然抬起頭來，回頭用角搔癢，頭更醜惡，起着高低不平的疙瘩，像個大癩瓜。頭頂無毛，眼睛鼓起，紅眼臉，看來更加兇猛。身體和「白金龍」差不多大小，只是皮枯毛燥，和老象差不多。這傢伙的年齡大概不會比我小。

唐家的孩子發現我和朱水生，馬上指着我問：

「百花洲不中用的，是不是來下戰書？」

放牛的孩子都很粗野，唐家這孩子比王百萬家的孩子還要可惡，王百萬家的孩子對我還不敢這麼無禮。因此我沒有理他。他旁邊的女孩看我有點生氣，輕輕地拉拉他的袖子，責怪地說：

「哥哥，人家是客，你怎麼這樣說話？」

「他還沒有我大，算得上什麼客？」他哈哈地笑了起來。

「你別狗眼看人低！要不是百花洲大水，你這種鬼不生蛋的地方，八人轎子也請我不來！」

我罵了兩句就走，他想趕過來打我，被他妹妹和朱水生拉住。

「『武松』到底是條獅子還是老虎？」我一回來駝子哥就趕過來問我。

「是條醜八怪，沒有什麼了不得！」我沒有好氣地回答：「我們的『趙子龍』足可以對付。」

駝子哥看我生氣，知道我受了委屈，他把袖子往上一捋，露出一條蘆葦棍子一般的瘦胳膊，揮舞着鷄蛋般的小拳頭說：

「豈有此理！欺人太甚！我們把『白金龍』趕過去收拾『武松』，給他一個下馬威，堵住他的臭嘴。」

我想到「白金龍」把「楚霸王」的眼睛刁出來那件事，又怕闖大禍。這口氣自然消了許多。可是唐家的孩子存心想欺侮我們，挑起一場牛戰。他趕着母牛過來，勾引「白金龍」。果然，他的母牛走到中途，「白金龍」彷彿就聞到一股什麼氣味，望着母牛昂起頭來，咧着嘴傻笑。唐家的孩子壞得很，他把母牛放在山坡上，自己走回去。母牛望見「白金龍」也不再低頭吃草，彷彿織女望着牛郎，痴痴呆呆。「白金龍」像發了瘋似的用力一掙，把駝子哥拖得翻了一個觔斗，帶着牛索跑過去。我和駝子哥在後面追趕，怎麼也趕牠不上。牠們兩頭還有一段距離，彼此就「嗯——哏——嗯——哏——」地談起情話來，這眞是叫起忘八犯夜。「白金龍」剛趕到山坡上約會，唐家那條騷牯牛就翻上山坡，氣急敗壞地衝過來。情敵見面，分外眼紅，「白金龍」迎頭衝上去，像兩列火車頭相撞，哐啷一聲，震得人心驚肉跳。

唐家的牛倒退幾步，「白金龍」穩如泰山，而且接連再撞一下，又把唐家的牛撞得連連倒退。

駝子哥笑了，把手搭在我的肩上，輕鬆地說：

「我以爲唐家的騷牯牛不是獅子就是鐵牛，原來不過如此！也配在我們面前神氣？眞的糟蹋了『武松』一世英名！」

唐家孩子的臉色青一陣，白一陣，這種情形顯然大出他的意料之外。隨後他又大喊大叫，磨拳擦掌，替自己的牛助威，可是無濟於事。「白金龍」推着「武松」團團轉，「武松」只有招架之功，並無還手之力。唐家的女孩子急得要哭，要他哥哥解交，他哥哥說沒有辦法，她埋怨他說：

「人家讓你，你還一再找人家的痲煩，現在碰上了尅星，看你怎麽下台？」

他惱羞成怒，隨手給妹妹一記耳光，打得那女孩大哭起來。

「白金龍」突然被索絆住了脚，受了牽制，威力大減。「武松」乘機反攻，形勢一變，「武松」佔了上風。唐家的女孩子不哭了，男孩子拍手大笑。駝子哥額上冒出冷汗，口裏喃喃地說：

「糟糕！糟糕！『白金龍』會陰溝裏翻船！」

我看「白金龍」的索陷在兩片蹄甲中間，鼻子絆住，蹄縫和鼻子都絆出了血，看牠只能招架挨打，無法還擊。情急智生，我突然想起口袋裏有一把裁紙刀，鋒利得很，連忙摸出來，打開刀片，不顧一切地跑過去，用盡吃奶的力氣在綳緊的繩索上用力一割，加上「白金龍」一掙，牛索應聲而斷，我差點被「白金龍」的前脚踏住，就地一滾，滾下坡來。

「白金龍」沒有繩索牽制，馬上大發神威，一陣猛攻，「武松」招架不住，抽身想跑，「白金龍」不捨，追到陡坡處，在「武松」的屁股上猛力用角一挑，把「武松」頭下脚上地挑到兩丈以下的田邊，轟然一聲，跌得像條死狗，一動也不會動。

唐家的女孩看了大哭，男孩子調轉頭來和我們拼命，我看他來勢洶洶，眞憑打架我和駝子哥兩人也不是他的對手，我連忙亮出裁紙刀指着他說：

「不准過來！百花洲的人也不好惹！」

他眞的被我唬住。駝子哥抓住機會對他說：

「禍是你惹起的，打官司告狀進城去！頭上有靑天，地上有王法，你敢撒野？」

朱水生再也不能袖手旁觀，勸他等大人來解決這件事，他妹妹又拉他回去，他只好垂頭喪氣地走了。

唐家的牛，因爲跌傷太重，終於翹了。唐家的人因爲這是一條種牛，不肯就此干休，姐夫只好把大爹接了過來，當面談判。

不管有理無理，我和駝子哥先挨了一頓臭駡。

大爹和唐家費了一番口舌，答應賠唐家十擔穀子，表示歉意。唐家主人唐鐵山說：

「十擔穀子事小，我好不容易謀到這條種牛，爲的是傳種接代，現在公牛死了，母牛怎麼生仔？」

調人都笑了起來，向雙方建議：

「這樣好吧？江家的『白金龍』比『武松』強十倍，再由江家借一次種，要是生下一條小『白金龍』，那不勝過『武松』？」

唐鐵山望望大爹，生怕大爹不肯。

「借種的事我同意。」大爹爽快地回答，又望望唐鐵山的女兒，向唐鐵山一笑：「不過我們最好親上加親。我想聘令媛做侄媳婦，不知道你肯不肯賞臉？」

唐鐵山打量我一眼，調人笑着對他說：

「鐵山，這門親事眞的門當戶對！我再來做個媒好不好？」

唐鐵山望望女兒，女兒往母親身邊一溜，他又望望老婆，老婆點頭一笑，他也笑着向調人點頭：

「好吧！我就吃點虧！」

禍事變成了喜事，大爹十分高興。離開唐家後他忽然自言自語起來：

「既然唐家要借『白金龍』的種，我怎麼不自己養條母牛？孤陰不生，孤陽不長，下次楊新城來時我一定買一條，讓牠成雙成對，免得牠再爭風吃醋……」

白狼

我因爲參加「八七」水災重建工作有功，晉升了准尉，又奉准和秀蘭結婚，這眞是雙喜臨門。

我們結婚這天相當熱鬧，雖然我發的喜帖很少，可是災區男女老幼自動前來觀禮道賀的很多，因爲秀蘭是國校教師，桃李不少，我平日又和他們處得很好，再加上這次協助他們重建家園，他們心裏是很感激的。因爲救災期間實行節約，我們不敢舖張，不然還要熱鬧。

他們對於我和秀蘭的婚姻很感興趣，可以說沒有一個人表示反對，但是他們沒有看見我和秀蘭談過戀愛，（水災前我們並不親密，水災後我又忙於重建工作，更少接近秀蘭。）不知道我們怎麽會突然宣佈結婚？心裏不免有點奇怪！連介紹人也不知道底細，他們完全是臨時「拉伕」，替我們蓋章完成手續的。所以當介紹人、主婚人、證婚人官式講話過後，來賓一致要求我和秀蘭報告「戀愛經過」。我說我是老粗，不懂戀愛，也不會講話，於是他們就要秀蘭報告。他們說秀蘭是老師，一定報告得很精彩。可是秀蘭害羞，紅着臉，低着頭，一語不發，因此他們又回過頭來要我報告。我說這件事說來話長，不是三言兩語報告得完的，不便在這裏浪費大家的時間，如果眞有興趣的話，散席之後請到我們的「洞房」去聽我詳細報告。想不到我的「緩兵之計」居然成功，馬上有人附議。

原先我以爲敷衍過去了就算事，想不到散席後眞有十幾位年輕人湧到「洞房」來，硬要我提出報告。我望了秀蘭一眼，秀蘭向我點頭微笑，於是我先問他們：

「你們知不知道我養過一條狗？」

「知道，一條漂亮的白狼狗。」其中一個年輕人搶着說。

「好吧，那就請你們不要中途打岔，靜靜地聽吧。」我喝了一口茶，清清喉嚨之後向大家說。

艾倫颱風轉向正北進行之後，我們這裏就不會受到侵擾了，我和弟兄們心裏彷彿搬掉了一塊大石頭一般輕鬆。可是天氣却很悶熱，雲層很低，尤其是西南方的烏雲彷彿要壓到海面上來，空氣也格外潮濕，我一身都感覺得有點不自在。白狼更是不安地在我前後左右亂轉，嘴裏嗚嗚地哼叫，彷彿在哭，我聽了這種聲音有點討厭，立刻瞪着眼喝叱牠：

「白狼！你怎麽搞的？」

白狼從小就能察顏觀色，牠知道我不高興，兩耳馬上往後一貼，頻頻地搖着尾巴，表示歉意，我摸摸牠的頭，牠又高興得整個身子都扭動起來。

由於事先的防颱措施勞累了一天，我和弟兄們都感覺到有點疲倦，所以八點多鐘先後入睡了。當我上床的時候，白狼又坐在我的床邊，嚨喉裏發出嗚嗚的怪叫，兩隻綠色的眼睛露出驚惶不安的樣子，我向牠揮揮手說：

「坐到門口去，不要老是纏在我的身邊。」

牠無可奈何地站了起來，拖着尾巴走向門口去。

有白狼守在門口，就用不着再派衞兵，所以我和弟兄們都安心地睡了。

這夜我做了很多奇奇怪怪的夢，耳中老是覺得有千軍萬馬奔騰，和咚咚的鼓聲，可是我始終沒有醒，連身子都沒有翻一下，直到我發覺白狼用嘴巴啣着我的短褲不停地拉扯時，我才驚醒過來。一聽才知道在下雨，鐵皮屋頂被大而急的雨點打得咚咚地響，轟轟的雷聲彷彿要打到頭頂上來。我摸摸白狼，白狼的毛透濕。我再伸手到地上去摸鞋時，才發覺地上漲了水；水漲得很快，一下子就齊着我的床舖了，我大叫一聲跳了起來。

「你們快起來，漲水了！」我站在水中央對弟兄們喊叫。

我的話剛說完，忽然一股洪流轟的一聲把我們這所蓋在堤邊的克難房子冲垮了，我馬上跌了一交，被水冲走，房子和弟兄們都不知去向？這時我什麼都看不見，只覺得白狼還緊緊地跟在我後邊。

我會游泳，白狼也會游泳。我不知道這是怎麼一回事（也許是堤決口了）？只順着水勢往下流；我沒有用力，只見把身子浮起，水力便自然地把我向前推走。

雨很大，打在我身上有點痛，兩耳只聽見嘩嘩的水聲，轟轟的雷聲，和偶爾傳來一兩聲「救命！」的呼喊，但很快地就被雷聲掩蓋下去。

白狼先是跟在我的身後，我覺得很寂寞孤單，心裏也非常恐懼，於是我輕輕地喊了一聲「白狼」！白狼非常敏感，牠馬上用力游到我身邊來，我用手摸摸牠的頭，我覺得我有一個苦難同伴，心安了許多。白狼也彷彿和我有同樣的感覺，牠緊緊地挨着我，不願分離。

我有很多年沒有見過水災。民國二十年的長江大水災，那時我還只幾歲，雖然大人們憂形於色，而我卻非常高興。平時父母不准我打赤脚，不准我下水學游泳，水淹到屋門口來了，就不能不讓我打赤脚，我也有機會背着父母泡在水裏兩脚亂彈。當時我眞是快樂得不得了，後來才知道那次大水災完全改變了我的命運，使我沒有能力再升中學，日本人打到我的家鄉時我只好當兵了！所以這次我泡在水裏沒有以前那麼高興。但我想不到臺灣會有大水災？全臺灣沒有一條大河，比起長江來那只能算是小水溝。卽以這條大肚溪來說吧，冬季裏河床總是乾涸的，一眼望去，儘是些鵝卵石，偶爾有點沙灘，老百姓也利用它來種種豆子、青菜，河床中間的一線流水正好利用它來灌漑。就是在雨季，也不過三兩天的漲水，過後又陡落下去。因此我從來沒有想到會漲大水，更想不到會把我們的房子冲跑？憑頭上的大雨和身下的水力推測，我再也不能不承認這是意外的大水災了！但是這水災究竟有多大呢？我看不見，因爲這是黑夜，恐怖的黑夜！

我不知道我向什麼地方漂流？也許會流到大海？一到大海我和白狼就沒有活命的希望了！我

在水裏頂多能支持五六小時，白狼也比我強不了多少，一想到那浩瀚恐怖的大海，我就不自覺地把白狼抱住，由於我這意外的運動，幾乎使白狼沉了下去，於是我連忙放手，白狼的身子又浮了起來，我摸摸牠的頭，表示內疚，無論如何我不能失去白狼，我和白狼相依爲命，現在更是同生共死了。

我不知道我和白狼在水裏泡了多久？不知不覺間天已經在濛濛亮了。首先我看得見白狼，牠雪白的毛全濕了，緊緊地貼在身上，身體顯得小了許多。我望望牠，牠也望望我，牠不會講話，我也沒有言語，但是我們的心靈是相通的。

水勢洶湧翻騰，水的顏色是赭黃的，裏面含有大量的泥沙，我隨手捧起一撮水，紅的泥沙就沾在我的手上了。

大肚溪兩岸本有很多村莊樹木，但是那些我最熟悉的村莊不見了，只偶爾望見一兩家屋脊；樹木也被淹沒了，只有那又瘦又長的棕櫚樹還露出一點樹頂，在赭黃色的濁流中搖曳。我再抬頭望望那橫跨兩岸，目標最大的鐵橋；鐵橋也不見了，只發現一節橋身斜插在洪流裏，彷彿一座歪斜的鐵塔。這時，我才恍然於水力有多大了！

水面上除了我和白狼之外，還散亂地漂流着一些桌椅板櫈之類的傢具和衣物，間或有幾隻豬和狗在水中載沉載浮，但沒有多久就消失了。

忽然我發現那些漂流的傢具中間，好像有一塊門板；我指指那塊門板，要白狼游過去。

「白狼，去把那塊門板弄過來。」我對白狼說。

白狼望了我一眼就迅速地游過去，我怕白狼弄錯了目標，也跟着游過去，但是我沒有白狼游得快，牠比我先接近目標。牠沒有找錯，牠用那又大又長的嘴巴啣住門板的一端，推頂着向我游過來，沒有多久就游到我的身邊。當我伸手攀着門板的這端時，那端就翹了起來，我把上半身伏上門板時，就指着翹起的那端對白狼說：

「白狼，上來！」

於是牠把前脚搭上門板，整個身子就爬了起來，門板兩頭因而平衡了。

有了這塊門板，我和白狼都可以節省很多氣力，我們都用不着動，聽任門板載我們漂流。

白狼坐在門板上，不時搖搖頭，抖掉身上的積水，我身上雖然也很難過，可是我沒有辦法抖動，我的身體仍然浸在水裏。

雨仍然在傾盆地下，雷聲也在頭上轟轟而過，附近沒有一棵可以爬上的大樹，也沒有一個露出水面的屋頂。我望望彰化，哪裏還可以找出這座熱鬧的城市？本來我希望能够漂流到八卦山去，但是距離很遠，我也沒有那麼大的力氣游過去。

在我灰心絕望的時候，忽然聽見一聲「救命」的呼喊，而且是一個女人的聲音，白狼馬上豎起兩耳傾聽，我也循着聲音的來源四處探望，終於發現在我右後方一百多公尺的地方有一個女人抓着一塊木板載沉載浮，白狼比我發現得更早，牠瞪着兩眼朝着那個方向注視。

這塊門板勉強可以載負我和白狼（我一半身體還浮在水面），假如再加上一個女人，那就非沉下去不可，我正在考慮該不該救她？她又接着發出一聲凄厲的近乎絕望的喊叫，我心裏一驚，因爲這聲音很熟，但我一時記不起是誰？不過我決定救她，於是我大聲地對她說：

「抓緊木板，不要放手，我來救妳。」

她聽見了我的聲音馬上驚喜地回答：

「王班長，謝謝你救救我！」

這聲音越聽越熟，於是我大聲地問：

「妳是誰？」

「我是林秀蘭。」她又大聲回答。

我這才恍然大悟，原來她是附近國校的林老師！一個很得學生敬愛、家長尊重的漂亮的級任老師。於是我又囑咐她：

「林老師，抓緊木板，不要怕。」

接着我吩咐白狼去救她，白狼聽見我的命令，一躍入水，我也推着門板朝着她游過去，同時對她說：

「林老師，白狼來了，不要怕。」

女人都是怕狗的，尤其是狼狗！她雖然看見過白狼，我還是先通知她，免得她心一慌，手一鬆，放下了木板，那就無救了！

白狼游得快，牠在水面迅速地扭動身體，直線前進；我推着門板游得很慢，當白狼游近她時我還相差五六十公尺。

「王班長，我怕。」她看見白狼游近時胆怯地說。

「不要怕，白狼不會咬妳。」我安慰她說。

我看見白狼啣着木板幫助她向我游來，我也加速向她游去，當我們接近時我要她放棄那塊五六尺長，四五寸寬的木板，爬上門板來；她迅速地爬到那一端，和我同樣地俯伏着，她的身體比白狼重，門板已經沉下水面兩三寸了。本來我想叫白狼坐在門板中間，但覺得這樣太危險，說不定會同歸於盡！沒有我的命令白狼不敢上來，我要牠利用那塊木板，但是木板太窄，牠既不能坐上去，也不能像秀蘭一樣雙手抱住木板，牠失望地望了望木板一眼，就隨着我們一道游。

秀蘭雖然得救，但是並沒有表示怎樣的歡欣，我也不想和她談話，以免浪費她的體力。她的嘴唇已經發靑，臉色非常蒼白，頭髮凌亂地披了下來，上身只穿了一件肉紅色的汗衫，下身只穿了一條短褲，這和她平日的紅紅的嘴唇，蘋果般的臉色，全身上下穿着素雅整潔的情形大不相同；顯然，她也是睡夢中被大水冲走的。

她起先見了我很不好意思，但慢慢地就自然起來，因爲我也只穿了一件圓領白布汗衫和一條短褲，在這種大難當中，是沒有辦法講究禮節儀表的。

現在我們是兩個人，一條狗，一塊門板，面對着一片汪洋，雖然減少了一點寂寞，可是却無法掃除心頭的恐懼。

雨仍然傾盆地下着，彷彿幾百年沒有下過似的；雷仍然在頭上轟轟而過，轟得人心驚肉跳；風也在呼呼地助虐，使我們在洪流中不停地顚簸。

「王班長，我們有沒有辦法游到八卦山去？」秀蘭終於打破了沉默，焦急地望着我說。

「很難，八卦山很遠，水流的方向又不對。」水是向北流，不是向南流，自我望得見八卦山起，我覺得離八卦山是愈來愈遠了。

「那怎麽辦？」她幾乎哭了起來。

「不要急，」我安慰她說：「也許我們能遇到一棵大樹，一個小山頭，一座高大房屋？……」

她下意識地向周圍望望，似乎沒有發現什麽，然後又哭喪着臉說：

「如果漂到海裏，那就要餵鯊魚！」

「不要想得太壞，也許天不絕人？」我沒有作過虧心事，我想老天也許不會那麽殘酷？

「天不絕人怎麽會突然發這樣的大水？」她直楞楞地望着我說。

我一時語塞，憑我有限的知識，我實在不能解答這樣的問題。沉默了很久之後，我搭訕地問她：

「以前發生過這樣的大水沒有?」

「沒有,」她立刻回答,隨後又遲疑了一下說:「以前好像聽祖母說過,不知道多少年前發生過一次?」

「想不到這次我們竟遇上了!」我嘆口氣說。我只活了三十多歲,可是不知道遇過多少災難?不知道這是不是最後一次?

「這眞出乎我意料之外,連做夢也沒有想到!」她哭喪着臉說。

「妳事先也不知道?」我問。

「昨天晚上改卷子改得很遲才睡,水把床舖冲跑了我才醒來,幸好隨手抓了一塊舖板……」說到這裏她的眼圈突然一紅,淚和水就分不出來了。

「要不是白狼把我拉起來,我也什麼都不知道。」我望了白狼一眼,要不是牠我可能早就見水龍王了。

「你這條狗眞好!」她望着白狼破涕爲笑地說。

我伸手去摸摸白狼的頭,牠把兩耳立刻向後一貼,我發現牠的舌頭伸了出來,我知道牠累了,可是我沒有什麼東西給牠吃;假如不救秀蘭,牠就可以坐在門板上休息,那比我還要省力得多,可是現在秀蘭佔了牠的位置,牠只好在水裏游了。

看牠在水裏吃力地游着,我心裏過意不去,於是我要牠上來休息,我自己下水去游一會。秀藺看了也不過意，她說不該侵佔白狼的位置，她要和白狼交換休息，叫我不要下水。

「妳會游泳？」我審愼地問她。

「我只能游二三十公尺。」她臉一紅說。

「這不是游泳池，可不能開玩笑？」我嚴肅地說：「妳安心伏在門板上好了。」

「這樣我心裏很難過，我連累你和白狼了！」她抱歉地說。

「不要放在心上，這是千載一時的機遇。」我故作輕鬆地向她一笑，我想好歹只有這一次，人反正沒有兩次好活，旣然我們遇上了，也只能認命，我總不能見死不救。

白狼坐上門板之後，伸長舌頭喘氣，我在水裏游了一會之後，感覺得非常吃力，我這才知道我的體力消耗太多，終於我感覺到不能支持，只好叫白狼下水，白狼很乖，等我攀住門板之後，牠就溜下水來。

我拍拍牠的頭，輕輕地叫了牠一聲，以表示我內心的歉意。

牠懂事地望望我，彷彿得到了安慰，要是在陸地牠一定會在我脚邊打滾的。

水流的速度似乎慢了起來，好像有另一股力量把洪水堵住，甚至使它倒流，我忽然覺得水位顯得更高，原先還可以望得見的少數屋頂，現在也消失了，連八卦山看起來好像也比先前小。

水位的增高使我擔心，但水流的速度減低又使我暗自慶幸，這樣可以延緩我們漂到大海的時間了。

我努力向四圍搜索，忽然我發現西北角上有一點東西突出水面，彷彿一個小小的山頭，我怕自己看走了眼，又指着它叫秀蘭看，秀蘭看了一眼之後興奮地說：

「好像是個小丘。」

「我們划過去。」我當機立斷地說，我看它離我們並不太遠，只要我和秀蘭同心協力，兩三個小時之內也許可以划到。

秀蘭聽我這樣說馬上附和，於是我們用手作槳，向着那個目標划去，起先我們動作老是不能協調，試了很多次之後才漸漸配合得上。我們的速度也許比蝸牛快不了多少，可是我們格外用力，因爲那是我們唯一的希望。

白狼緊緊地跟着我們，牠好像也比先前高興；牠對我一向依賴，一向很有信心。

這時我忽然聽見遠方有嗡嗡的機聲，這聲音由遠而近，秀蘭聽見了高興地說：

「要是它發現了我們就好！」

可是雲層太低，飛機到達了我們的頭頂仍然看不見它的蹤影，秀蘭顯得很失望，我鼓勵她說：

「我們用力划，憑我們的雙手，一定可以得救。」

由於秀蘭的用力，我們的速度顯然在增加。

我和秀蘭爲了急於想早點到達那個突出的小丘，都集中心力向前划，沒有再注意白狼了。等我偶爾回過頭來看看牠時，這才發現牠已經落後十多公尺，我鼓勵牠說。

「白狼，不要落後，用力游。」

牠把耳朵微微向後一貼，表示領悟我的話。

那個小丘是漸漸近了，我的手脚在痠軟，秀蘭已經在吁吁地喘氣，兩手划的速度也慢了下來。但是我還不敢鬆懈，我知道時間就是生命，萬一在我們到達目的地之前，水流發生變化，那我們就毫無辦法了！

秀蘭看見我更加用力，她也咬着牙揮動手臂。看她那種拼命支撐的樣子，我心裏有點不忍，可是我沒有叫她休息，我知道一休息，不但影響我們前進的速度，而且她的手臂可能再也抬不起來。

這時又有一架飛機從我們頭上掠過，但我們沒有理會它，它看不見我們，我們也看不見它。

小丘越和我們接近，我們越加興奮，我們完全忘了手臂的痠痛，一股勁地直往前划。

終於，我們到達了目的地。

這是一個沒有樹木的小丘，只長着疏疏落落的茅草；露在水面的部份，圓周不到十公尺，高也不過三公尺，當我們把門板抬上來之後，秀蘭頹然地倒在地上睡了。

這時我才發現白狼沒有上來，一看，牠離這座小丘還有兩百多公尺，正在水中吃力地游着，背脊已經下沉，只露出頭頂和嘴巴，我向牠大叫：

巴。

「白狼！白狼！」

牠聽見我叫喊，振奮了一下，把背脊露了出來，但很快地又沉下去了，仍然只露出頭頂和嘴巴。

我看牠支持不了多久，又向牠大叫：

「白狼，不要怕，我來救你！」

正當我要跳下水時，秀蘭忽然一躍而起，雙手抱住我不放，懇求我說：

「你不要下去，千萬不要下去！」

「我不能看着白狼淹死！」我粗暴地回答。

「我們好不容易到這裏，你已經精疲力盡，怎麼可以再冒險？」她的聲音有點顫抖，眼淚隨着掉了下來。

我的心軟了，我知道我的兩臂痠痲，全身沒有力氣，但是當我再看見白狼在洪流中痛苦地掙扎時，我突然把秀蘭摔開，一躍入水。

我聽見秀蘭在小丘上嚶嚶地哭泣。

我用全身的力量，以最快的速度向白狼游去。

白狼愈來愈不行了，我聽見牠嘴裏發出嗚嗚的叫聲，那聲音非常悽慘，彷彿一個落水的人最後的呼救，我爲了鼓勵牠，安慰牠，又大聲叫牠。

「白狼，白狼！」

可是我的鼓勵安慰沒有用處，在我離牠大約四五十公尺時，牠的頭部已經沉下去兩次，我游到離牠只有二三十公尺時，牠又從水裏猛然冲了出來；這次冲得很高，整個身體都離開了水面，懸在空中，牠最後留戀地望了我一眼，就重重地沉落下去，激起一股水花，沒有再冲上來，只浮起一個個水泡。我拼命地叫「白狼！白狼！」仍然毫無反應，我不禁失聲痛哭起來。

我在牠沉下的地方繞着圈子游，我希望牠再冲出來一次，只要我能抓着牠，我一定盡力營救，即使同歸於盡也在所不惜！可是我失望了，我的眼淚和洪水一道流。

記得四年前我把白狼從老張那裏要來時，牠只有五十天。當時老張無論如何都不肯給我，他情願把那三條小黑狼狗統統給我，也不願把這條小白狼狗給我，他說「千頭黑抵不上一頭白」，別人出了他三千塊錢他都不肯賣。但我們是小同鄉，又是小學同學，我天天找他糾纏，最後我給他送去五隻大母雞，就偷偷把牠抱了回來，因爲牠全身雪白，我就替牠取名「白狼」。起初我用雞蛋拌稀飯給牠吃，帶牠在一個床舖上睡，後來我教牠握手，敬禮，捕盜捉賊，和各種救護方法，還帶牠到大肚溪洗澡游泳，……牠除了不會講話之外，幾乎和人一樣聰明，但牠比人勇敢忠誠。去年過年時，一個偷雞賊來偷我的克難雞，白狼用牠的大嘴巴把他的腿子不鬆不緊地咬住，那個偷雞賊動也不敢動一下，直楞楞地站在那裏，站到天亮才被我發覺。我要白狼放口，誰知白狼一鬆口，那個偷雞賊就拔脚飛逃，我把手一指，輕輕地叫了一聲「追」，白狼就幾個箭步趕了上去，把那個偷鷄賊一下撲倒，然後由我把他送到派出所去。這次突發的大水，如果不是牠拉醒我，說不定我早就送了命！想不到牠救了我，我却送了牠的命，我實在對不起牠，我眞想和牠一道死去！可是秀蘭却在小丘上對我大聲哭喊：

「王班長，你快回來！」

「王！你快回來！」

「你不回來我也不想活！」

我看見她披着頭髮邊哭邊走向水邊，我怕又發生悲劇，不敢再在水面兜圈了，只好向小丘游去。

當我游到小丘，雙手抓着泥土時，我忽然一陣虛脫，暈眩過去。過了一會我才恍惚聽見秀蘭伏在我的胸前喃喃地哭泣：

「王，不要難過，白狼在這裏，白狼在你身邊！……」

第二天下午，一架直升飛機把我們救出了大水的重圍。

十幾位青年人聽完了我的「戀愛經過」之後，有的沉默不語，有的輕輕地嘆氣，有的問我一些枝枝節節的問題，只有一位冒失鬼銜着我說：

「准尉，『八七』水災使你升了官，使你結了婚，你眞應該感謝那次大水災啦！」

「不！」我大聲地給他頂了回去：「我情願當一輩子的上士班長，打一輩子的光棍，也不感謝那次大水災！」

雖然我升了官，但「八七」水災的慘痛事實將使我終身難忘；雖然我和秀蘭結了婚，但我永遠忘不了那聰明、勇敢、而又忠誠的白狼！

秋圃紫鵑

一

快下班時，文書股長吳靜山，把一份晚報悄悄地往羅秋圃桌上一放，用食指在一個小小的徵婚啓事上指點了兩下，然後背着手悠然地踱開。

羅秋圃抬頭望了吳靜山一眼，不知道吳靜山弄什麼玄虛？因爲吳靜山常常歡喜捉弄他一下。利用報紙上的不堪入目的醫藥廣告逗他，也是捉弄的方法之一。所以他對於吳靜山的每一擧動都懷有幾分戒心。

他望着吳靜山背着手，昂着頭，脚步飄飄的滑稽樣子，心裏不禁好笑。五十出頭了，還是這麼老天眞，難怪長得白白胖胖。

他的視線從吳靜山身上拉回，自然地落在報紙上。那一小格徵婚啓事也十分自然地出現在他眼前：

敝親杜小姐，三十一歲，蘇州人，中學畢業，身高一六五，體健貌美，孀居一年，現欲再嫁。凡年齡在四十上下，身高一七〇公分以上，體質健康，有正當職業及經濟基礎之單身男性（外省人），欲求佳偶者，請寄自傳、簡歷、照片、合約，不合密退。

這則啓事後面署名的是王李彩鳳和她的地址。

羅秋圃看完之後，不免心動，他一向對江南小姐具有好感，蘇州小姐更不必說。「寧可聽蘇州女人相罵，不要聽廣東人講話。」這兩句話在童年時就深入他的內心。這位杜小姐居然是蘇州人，**眞是鳳毛麟角。年齡也正相當，三十一歲不大不小**，這是一個女人脫盡稚氣，青春又未完全褪色的成熟年齡。五年前，他一心要娶黃花閨女，決不考慮寡婦，可是這希望一再落空，歲月不饒人，他已經四十三歲，如果條件再不放寬，勢必永遠打單身了。

這是禮拜六的下午，辦公室的年輕小伙子和小姐們已經悄悄地蹓走了，只剩下他們兩人和下女黃昭代。他們兩人想等吃晚飯，同時早下班也沒有地方好去，所以乾脆作個奉公守法的人。他們不走，黃昭代自然也不好先走，她必須留着打掃辦公室。

羅秋圃突然把報紙摺起往舊西裝口袋一塞，鎖好抽屜，走到吳靜山的位子上，在吳靜山背上一拍：

「老吳，我們去『天橋』吃晚飯，喝兩杯。」

「你請客?」吳靜山望着羅秋圃一笑。

「好久沒打牙祭，請客就請客。幾十塊錢，小意思。」羅秋圃說。

「好，我禿子跟着月亮走，叨光。」吳靜山笑着站了起來：「口袋無錢，嘴裏淡出水來。」吳靜山把抽屜鎖好，兩人安步當車，走到「天橋」。

吳靜山是個老饕，這地方是他首先發現的，兩人不打牙祭則已，一打牙祭必然到「天橋」來，一是路近，二是經濟實惠，又別有風味，是任何大館子裏領略不到的。

他們很熟練地走進靠鐵路邊後面的那個小房間。夥計不待吩咐，就遞上兩個濕手巾，又從口袋裏掏出一小瓶高粱，往吳靜山面前一放，吳靜山眉開眼笑，像尊彌勒佛。

「老羅，你對那位新寡文君，意下如何？」吳靜山掏出「幸福」烟，遞了一枝給羅秋圃。

羅秋圃不表示意見，故意問他：

「閣下，你看怎樣？」

「老羅，不是我滅你的威風，」吳靜山噴了一口烟說：「初到臺灣，你還念念不忘你家裏的那根豆芽菜；後來你又想討個十七八歲的黃花閨女；這兩年你又跑婦女會，年齡雖然放寬了，你要的還是大小姐，可是白等了兩年，連個信兒也沒有。歲月欺老不欺少，老羅，你既然想成家，還是將就一點兒。這位新寡文君，我看對你倒是龍鳳配？」

「老吳，我現在是爛頭蟋蟀，腿軟心虛。雖說人家是個寡婦，我也未必合格？」羅秋圃憂喜參半地說。

「我看她好像是看準了你打卦？」吳靜山咬開酒瓶蓋，替羅秋圃斟酒：「論無齡，你四十三，論身高，你一七一，這是再恰當沒有；談到健康，你不胖不瘦，百病不生，這一關也通得過；至於職業，你是薦任專員，正正當當，銓敘有案，不是黑官；再就是經濟基礎，你老實告訴我，到底有多少積蓄？」

「我和你一樣，七品小京官，有什麼積蓄？」羅秋圃不肯直說。

「老羅，你放心，我決不會謀財害命。」吳靜山壓低聲音說，因爲夥計正送菜過來。「我不過是想摸摸你的米桶，參謀參謀。」

「我們兩人半斤八兩，吃在嘴裏，穿在身上，菜籃挑水，如何積蓄？」

「你和我不同，」吳靜山用力搖頭：「我嗜好多，又不打算成家，今朝有酒今朝醉，所以兩手空空；你除了愛吃一點，沒有其他嗜好，早幾年就打算成家，不預留幾文，難道喝露水維生？所以你說你沒有積蓄，打死我也不相信。」

兩杯酒下肚之後，羅秋圃才吐出一點口風：

「有是有一點，不過羊子拉屎不成堆，在人家眼裏根本不算積蓄。」

「你說說看，到底有多少？」吳靜山湊到羅秋圃的臉上問。

羅秋圃伸出兩個指頭，吳靜山瞇着眼睛一笑：

「二十萬？」

「我又沒有打搶，那來的這麼多？」羅秋圃幾乎跳了起來。

「說不定你中了愛國獎券呢？」吳靜山笑瞇瞇地說。

「老吳，幾十歲的人了，別窮開心吧！」

「總不止兩千唸？」

「兩千後面再加一個圈。」

「這樣說來是少了一點，」吳靜山望望羅秋圃：「你還有沒有其他的暗盤？」

「還有兩個末會，可以得一萬多。老吳，這點積蓄，算什麽經濟基礎？」

「老羅，別人騎馬你騎驢，」吳靜山拍拍羅秋圃的手：「你比我還強一百倍啦！」

「老吳，一塊鐵能打幾個釘？這兩個錢還能撐開寡婦的眼睛？」

「除了這一點美中不足，你樣樣ＯＫ。」

「就是這一點重要，其他的微不足道。」羅秋圃把酒杯往桌上一放：「老吳，如果你有一百萬，我相信她一定選你不會選我。」

「你比她大十二歲，我比她大二十二歲，這怎麽可能？」吳靜山笑着搖頭。

「可惜你比我還窮，不然我眞想和你打賭。」羅秋圃遺憾地說。

「老羅，你別門縫裏看人，她是想找個丈夫，終身有靠，不是謀財害命。」

「我已經看透了女人的葫蘆裡賣的什麽藥：錢比人可靠。」

「老羅，我看你有點兒走火入魔？」吳靜山搖頭一笑。

「我在女人堆裏算得上七進七出，這點兒心得可不容易！」

「那你對這位新寡文君，不打算應徵了？」

「那又不然。我既然有這點兒存底，自然打算排隊。」羅秋圃忽然改變口氣。「何必白白地放過機會？」

「好，我贊你的成，」吳靜山擧起酒杯，和羅秋圃一碰：「既然想吃龍肉，還是親自下海。」

二

他們兩人回到單身宿舍，都有點飄飄然。吳靜山在床頭牆壁上取下胡琴，自拉自唱：

「我本是，臥龍崗，散淡的人……」

他就是愛喝幾杯，愛唱幾句。喝了酒他的嗓門更寬亮。要是在往日，羅秋圃也會跟着哼幾句，可是此刻他心裏有事，聽了反而有點討厭，不等吳靜山唱完，他就打岔：

「老吳，你今天破個例兒好不好？讓我耳根淸靜一下。」

「爲什麼？」

「我想寫篇自傳。」

「好，君子成人之美。」吳靜山馬上把胡琴一收，掛在牆上：「我早點兒睡覺，你這篇自傳可得花點心思，最好露兩手兒。」

「要不要用四六句兒?」

「現在誰懂這一套?你最好用小說家的筆法。」

「言情還是武俠?」

「婚姻之事，言情爲佳。」

「好吧，你早點兒睡吧，讓我自個兒捉摸捉摸。」

「老羅，但願你妙筆生花。」吳靜山咧嘴一笑，眞的躺上床睡了。

吳靜山心寬得很，上床不久，就發出輕微均勻的鼾聲。羅秋圃泡了一杯釅茶，把大半包烟擺在桌上，掏出晚報把那則小啓事看了又看。「身高一六五，體健貌美」這幾個字，引起他無限遐思。他想這樣的條件，不會亞於中國小姐，如果早十年舉辦中國小姐競選，她大可以爭一日短長。現在雖然是初寡文君，擇人再嫁，以她這樣的年齡，這樣健美，再加上一個好籍貫，仍然出色當行。臺灣像他這種年齡的單身漢最多，也最尷尬，眞是打春的蘿蔔立秋的瓜，過時候兒了。年輕貌美的小姐，決不會考慮他們這種單身漢。只有三十上下的寡婦，才會把他們當作目標，但是這種女人已經歷盡滄桑，不作愛情的美夢，職業和金錢是第一優先，人還在其次。他自己的職業不能算好，經濟基礎更談不上，想來想去，只好在自傳上多下點兒功夫了。

他雖然不是學文學的，但新舊文學方面還有幾分根底，從小愛看七俠五義，鴛鴦蝴蝶，現在的那種紅紅綠綠的「社會言情」巨著，和什麽「無形劍」，「尺八簫」之類的武俠，也看了好幾百本。多年前曾經有個書店老闆約他寫武俠，六百塊錢一本，四萬字，一個月四本，他拒絕了。後來被一個初出茅廬的晚輩攬了過去，現在那位晚輩月入一兩萬元，到處有他的連載，優哉游哉，而且討了一位年輕貌美的太太。自己依然故我，想到這裏他眞有點兒悔不當初了。

他左思右想，一再推敲，終於寫完了兩千字的自傳。他的字本來寫的很漂亮，又重新抄了一遍，看起來簡直像王植波的鋼筆字帖。隨後又寫了一份簡歷，再把兩年前照的那張最滿意的半身照片，寫上自己的姓名，夾在自傳裏面，放進信封。

「老天爺，不孝有三，無後爲大，要是這次再吹了，我就和老吳一樣光棍打到底了。」

他一面封口一面想。隨後他只覺得比老吳更慘，因爲老吳在家鄉還有兒有女，不會絕後。他雖然在家裏結過婚，不到一年就逃到臺灣，那時他太太還是輕舟淺儎，連影兒都沒有。

信口封好，他小心地放在枕頭底下。上床時他看看錶，已經兩點四十。再看看吳靜山，他睡得非常甜，像他這樣一上床就夢見周公的快活人，打一輩子的單身也不會痛苦。

他睡得雖然這麽遲，可是一下子還睡不着。他腦子裏盡幻想着這位新寡文君，她以各種不同的形象在他眼前出現，每一種形象都是身長玉立，曲線玲瓏，只是服裝和面孔隨時變幻。最後他覺得有一位十分豐腴成熟，風情萬種的少婦，乘着一朵彩雲，冉冉下降，緩緩飄落在他的懷中。

突然，他彷彿睡在萬頃波濤的扁舟中，左右搖晃，滾來滾去。他一驚而醒，睜開眼睛一看，吳靜山穿着整齊，嘴角啣着一枝香烟，紅光滿面，精神飽滿，笑容可掬地望着他說：

「未見伊人，先做好夢。日上三竿，可以起來了。」

羅秋圃看看錶，已經八點過五分，一躍而起。吳靜山見他起來，就不再等他，邁着鵝步，把香烟當馬鞭，嘴裏唱着「一馬離了西凉界……」逕自出去了。

羅秋圃匆匆漱洗完畢，趕到附近小郵局去發那封掛號信，他怕平信不能到達她的手裏。他想「排隊」的人一定很多，自己要是搶個排頭，她會先入爲主，那就多一份希望。

郵局剛開門不久，他是第一個發掛號信的人，那位負責掛號信的小姐大約也在三十左右，看來却只二十五六，皮膚雪白，人很漂亮，他不免多看兩眼。那位新寡文君要是有她這副模樣，他就心滿意足了。

去辦公室時，他又碰到不少三十來歲的少婦，提着菜籃去市場買菜。他覺得這種年齡的女人，有一種特殊的魅力，無論是輕挽雲鬟，或是梳粧整齊，都別有風味，尤其是受過教育的女人，顯得成熟而優雅。這兩年來，他漸漸改變了以前傾慕少女的態度，此刻他更覺得三十左右的女人才是最可愛的。

「老天爺，但願這份自傳能打動她的芳心，免得我老是白板單吊！」他心裏這樣想，眼睛又掠了一下從他面前橫過的一位風姿綽約，提着塑膠菜籃的少婦一眼。

三

他的信寄出之後，那則徵婚小廣告還繼續登了兩天。

他開始顯得有點六神無主，坐立不安。一個禮拜過去了，還渺無音訊。

「合約，不合密退。」現在既未約他，亦未退信，他不知道對方搞什麼鬼？這年頭五花八門的廣告太多，尋單身漢開心的亦復不少，該不會遇着短命鬼吧？

十天過去了，還沒有動靜，他實在沉不住氣，很想去找那位王太太理論，吳靜山却十分輕鬆地對他說：

「老羅，四川和尙朝南海，需要的就是那份耐心。摩天寶塔也不是一天造成的，你何必這麼猴急？你還怕她把你的玉照貼到火車站去？」

羅秋圃無可奈何，又等了一個禮拜。

一天上午九點多，下女黃昭代遞給他一封信，他一看是王太太寫來的，不敢打開，連忙往口袋裏一塞，提前下班，悄悄地回到宿舍。

他誠惶誠恐地把信剪開，抽出藍色西式信紙，上面寫着四行娟秀的字：

秋圃先生：

玉照等件敬悉，請於本月十日下午五時駕臨舍間與杜小姐一敘。

王李彩鳳敬約

他高興得手舞足蹈，握着信在房裏旋轉，一下子年輕了二十歲。他恨不得馬上跑到王太太家裏去。

十號那天，他又到福利社理髮，理髮小姐有點奇怪，平常他兩個禮拜理一次，這次一個禮拜還不到，怎麼又來了？而且他自己還指指點點，教理髮小姐怎樣理，不像平時那麼隨便。理完又前前後後照照鏡子，大方地多給了五塊錢，理髮小姐乖巧地說。

「羅先生，你眞是越來越少年了。」

「眞的？」他得意地一笑。

「我還騙你？你看來還不到三十哩！」

他笑哈哈地離開理髮室，兩脚像踹在棉花堆裏。

他換了一套新西裝，把八九百塊錢的現款都帶在身上，坐了一部紅色計程車，直駛王太太府上。

王府住在市郊，獨門獨院的小洋房，他按了門鈴，再付車錢。一位精明老練的中年婦人來開門，正好看着紅色計程車調頭而去。

這位中年婦人正是王太太。他們彼此交換了幾句話，她就帶他進屋。一走進小客廳，她就笑着向右邊房裏叫了一聲：

「紫鵑，羅先生來了。」

他剛坐定，右邊房裏就走出一位穿淡灰色旗袍，杏黃毛線上衣，身長玉立，體態豐滿，皮膚白淨，看來頂多二十七八，大方溫柔的女人。

王太太指着她對羅秋圃說：

「這就是敝親杜小姐，她已經看過羅先生的自傳和玉照了。」

她比羅秋圃幻想的更好，她有北方女性的健康，又不失江南女性的嬌柔。他望了她兩眼，吶吶不能出口，臉有點發燒，因爲她早已看過他的自傳，他彷彿完全洩漏了心底的秘密。

王太太很會講話，她先打開僵局，故意問問羅秋圃的工作情形，家庭狀況。羅秋圃把自傳上的話重複了一遍，又輕描淡寫地說：

「一個人在臺灣，無親無故，寂寞得很。」

杜紫鵑沒有正面和羅秋圃談話，只偶爾和王太太搭幾句腔，弦外之音，却是彈給羅秋圃聽。初次見面，羅秋圃也不好開門見山地談到正題，他約她們出去吃晚飯，看電影。杜紫鵑沒有表示可否，王太太笑着對她說：

「紫鵑，既然羅先生盛意，我們却之不恭，不如從命。」

「羅先生，這次我們領情，下次可不必破費了。」杜紫鵑望望羅秋圃說。

「小意思，別客氣。」羅秋圃連忙回答，全身上下打量了她一眼。

王太太和杜紫鵑雙雙走進房間，隔了一會才出來，王太太換了一身秋裝，提了一個枕頭皮包，杜紫鵑也提了一個深口的黑皮包。

他們先到「竹林」吃飯，吃飯時空氣輕鬆很多，他和杜紫鵑自由地交談，飯後王太太還借機到洗手間去了半天，兩人又多談了些題外話，但是談得很投機。

看電影時杜紫鵑坐在中間，他不時和她輕輕地交談，這是個娛樂片子，三人都很開心。臨別時他又叫了部計程車送她們，向王太太要了個電話號碼。他自己擠公共汽車回去。

吳靜山看他興冲冲地回來，笑着調侃他：

「老羅，看樣子你是老鼠掉進糖罐裏，吃了甜頭了？」

「老吳，人的確不錯。」

「眞的體健貌美？」

「貨眞價實，而且聰明沉靜，決不是綉花枕頭。」

「老羅，那你眞是半夜起來吃盌肉，熬到了。」

四

羅秋圃再約王太太和杜紫鵑喝咖啡，杜紫鵑沒有來，王太太單刀赴會。羅秋圃有點失望，王太太看在眼裏，笑着向他解釋。

「抱歉，紫鷗身體不大舒服，不能來。」
羅秋圃明知道這是一句搪塞的話，便不再追問。引她到窗邊一個僻靜的位子坐下，叫了兩客咖啡，才輕描淡寫地說：
「王太太，你旁觀者清，不知杜小姐對我的印象怎樣？」
「羅先生，她歡喜你的文筆，對你本人的印象也很不錯。」王太太說。
「王太太，我打開天窗說亮話，像我們這種年齡的人，談的是婚姻大事，杜小姐既然公開徵婚，自然也不是爲了戀愛？」
「羅先生，既然你這麼坦白，我也不能不坦白告訴你。紫鷗是一個重感情的人，她自然希望能找一個情投意合的終身伴侶，其他的尙在其次。」
「她的看法很對。」羅秋圃馬上接嘴。
「羅先生，恕我說句直話，」王太太世故地一笑：「男怕選錯了行，女怕嫁錯了郎，她這是第二次嫁人，自然更應該愼重。第一是不能給人家作小，羅先生，像你這種年齡的人，我們怎麼能信得過？」
「自傳裏我不是寫得明明白白？」羅秋圃有點不悅。
「羅先生，那到底是表面文章，」王太太望着他微笑：「恕我冒昧，你可不可以拿身份證給我看看？」

羅秋圃坦然一笑，掏出身份證遞給王太太。王太太看了他出生年月日，又看到戶籍記事欄內註明「四十五年六月一日配偶死亡」字樣，笑着把身份證還給他：

「羅先生，不管是眞是假，憑這張身份證，你是個合法的單身漢。」

王太太銳利的眼光，淸脆的口齒，使他不敢申辯。當年他確實是拜託香港朋友寫了一封「死亡」的信，作爲證明。很多人都這麽作了，他只是依樣葫蘆。前兩年才得到眞實的消息，人並沒有死，只是「改嫁」。

「王太太，我的單身漢資格既然審查通過，應該沒有別的問題了？」羅秋圃故作輕鬆地說。

王太太沒有馬上回答，低頭喝了一口咖啡，然後慢慢抬起頭來，望着他說：

「羅先生，紫鵑雖然重人不重錢，但是總不能喝西北風談情說愛。年輕時還可以三塊石頭架個鍋，窮湊合，上了年紀的女人多少總要有點安全感，與其將來牛衣對泣，不如現在愼重一點。羅先生，你說對不對？」

羅秋圃沉吟不語，他對吳靜山只說有兩萬塊錢的存款，實際他有四萬，但是面對王太太，這四萬塊錢實在微不足道，就以她那棟小洋房來講，最少也值十幾萬。

「王太太，我打開天窗說亮話，我不是一個有錢的人，我只有四萬塊錢的存款，七拼八湊也不過五萬多。享受自然談不上，喝西北風倒也不會。」他終於鼓起勇氣說。

「羅先生，我是個俗人，請恕我俗氣。我不是存心要摸你的米桶，但是爲了紫鵑着想，我又不能不請問你一句，你的錢到底存在那家銀行？」

「王太太，本來錢不露白，不過我對杜小姐是捧着猪頭進廟門，誠心誠意，給你看看也無妨。」他在西裝裏面的口袋裏掏出個薄薄的小皮夾，抽出存摺，遞給王太太。

王太太很內行地看了一眼，馬上交還他，打趣地說：

「羅先生，剛才我不過隨便問問，想不到你帶在身邊？」

「我兩隻肩膀扛張嘴，不放在身上還能放在公家宿舍？」他把皮夾放進內面口袋，把暗扣扣好。

「羅先生，要是成了家，你縱然有一百萬，也有人替你看管，不必這樣提心吊膽。」王太太風趣地一笑。

羅秋圃低頭喝了一口咖啡，心裏一陣溫暖。杜紫鵑的影子彷彿在他面前晃動，向他微笑。

「王太太，我已經向你亮了箱底，杜小姐的情形我還不大瞭解。」他忽然覺得自己對杜紫鵑知道的很少，如果她玩仙人跳，那就糟糕，自己只有一瓢兒水，潑不得。

「羅先生，她實實在在小你十二歲，如果她是黃花閨女，她決不會選擇這麼大的丈夫。」王太太說。

「她先生什麼時候去世的。」

「去年春天。」

「因公還是害病？」

「自然是因公。」

「不知道是什麼事情？」

王太太看他言不由衷，笑而不答，不聲不響地打開皮包，掏出杜紫鵑的身份證，在枱子上攤開。他看了一會，滿意地一笑。王太太兩個指頭一夾，把身份證緩緩地放進皮包，叭的一聲關上。

「羅先生，現在你該放心了？」王太太調侃地一笑：「我們這樣的人怎麼會玩仙人跳？」

羅秋圃的臉微微一紅，話在舌尖上轉了幾轉才說：

「王太太，我是先小人後君子，這樣最好，我們誰也不會犯重婚罪。不過我還有一件事情請教：杜小姐有沒有孩子？」

「有。」王太太點點頭。

「幾個？」

「三個。」

羅秋圃倒抽一口冷氣，半天沒作聲。三個蘿蔔頭，吵吵鬧鬧，不但會影響夫妻生活，一上中學這筆教育費就不得了！同事們有兩三個孩子上學就叫苦連天，現在公立學校這麼難考，私立學校一開學每人就得兩千，三人就得五六千，平時還要開銷，車票、便當是決不可少，自己每月一千多塊錢如何對付？再則自己還要生孩子，最少也得兩個。好，五個孩子爬樓梯，節節高，他就休想活命了。

「羅先生，你不歡喜孩子？」王太太笑着問他。

「王太太，不是我不歡喜孩子，三個蘿蔔頭，日長夜大，誰吃得消？」羅秋圃抓抓後腦殼苦笑。

「羅先生，如果紫鵑不是爲了孩子，她不想再嫁的。」

「有沒有人可以代她撫養一兩個？」

「全臺灣她只有我這麼一位表嬸，誰能代她挑起這個擔子？」

「王太太，我老實說，我很歡喜杜小姐。不過有了這三個孩子，我又不能不多加考慮。」羅秋圃終於說出心裏的話。

「羅先生，我也老實告訴你：這次應徵的先生有一百多位，最後只保留五位，除了你以外，一位是作家，一位是化學工程師，一位是外科醫生，一位是工廠廠長。他們都不在乎這三個孩子，尤其是那位楊廠長，三十個孩子他也能養大。恕我不客氣地說，論條件你是最差的一個，紫鵑既然獨眼瞄瓜，你可以有三天時間考慮。不然別人捷足先登，那可怨不得誰！」

王太太說完就拎起皮包告辭。羅秋圃連忙站起來對她說：

「王太太，別走，請你讓我考慮一下。」

「羅先生，我說了你有三天時間，」王太太回頭一笑：「這是終身大事，彼此還是愼重一點好，將來要是有一方嘰嘰咕咕，那就沒有意思。」

羅秋圃好像懷裏抱個西瓜，滾上滾下，眼睜睜地望着王太太風擺柳地走出去。

五

羅秋圃自己拿不定主意，只好和吳靜山商量。吳靜山非常洒脫地說：

「皇帝也有草鞋親，寡婦自然少不了拖油瓶。」

「娶媳婦，帶姨子；買豬肉，搭蹄子。實在彆扭。」羅秋圃搖搖頭。

「老羅，成家不自在，自在莫成家。你不能娶了大的摔掉小的，天下沒有這麼好的事兒。」

「老吳，我只有一瓢兒水，怎能煮熟一鍋羹？」

「船到橋頭自然直，你不要三皇五帝。」

羅秋圃怔怔地望着吳靜山，心裏七上八下。吳靜山輕輕地對他說：

「不是我長他人志氣，那四個志願軍，誰都比你的條件好。第一回合你沒有淘汰，已經萬幸，你還想人家哄着你姑娘上轎不成？」

杜紫鷓亭亭的身影在他腦中一閃，他彷彿看見幾位面團團、西裝筆挺、氣派不凡的中年紳士圍繞着她。他有點心虛，望着吳靜山說：

「這樣說那我應該早點決定了?」
「你以為她會等你一輩子?」吳靜山嗤的一笑。
羅秋圃連忙把上裝往身上一套,邊跑邊對吳靜山說:
「老吳,我先打個電話給王太太,讓她吃顆定心丸,明天再和杜小姐當面決定。」

六

羅秋圃在兒童樂園門口等杜紫鵑。他不知道她住在什麼地方?坐幾路車來;也不知道她為什麼要他在兒童樂園門口等她?他寧可陪她看場電影,喝喝咖啡。輕言細語,那才有點兒像談戀愛。
等了一刻多鐘,他忽然發現她牽着三個孩子從士林開來的十路車上擠下來,他眞沒有想到她會帶孩子。
三個孩子都很活潑可愛,大的是男孩,大約十歲,老二老三都是女孩,大約八歲六歲。杜紫鵑小心地照顧他們,十分母愛。他遲疑了一下,馬上趕到安全島來接他們。
杜紫鵑很高興,接着她對孩子們說:
「羅伯伯,叫羅伯伯。」
孩子們很聽話,嘴也甜,唧唧喳喳地叫他「羅伯伯!」

「我想帶他們到兒童樂園玩玩。」杜紫鵑望着羅秋圃說。

羅秋圃點點頭，牽着大孩子過馬路。在路邊水果攤上買了一雙橘子，兩包糖果，孩子們高興得奔奔跳跳。

他買了門票。帶他們進園。孩子們一進來，快樂得像小天使，在水泥路上奔跑，在草地上打滾。

「我不知道你歡不歡喜他們？所以特地帶來給你看看。」杜紫鵑先指指草地上打滾的孩子，打量他說。

「歡喜，歡喜！」羅秋圃連忙點頭：「我不知道他們這樣可愛。」

「你不怕增加負擔？」

「船到橋頭自然直，別人能負擔，我自然也能負擔。」

「我們母子臍帶相連，不知道你會不會把他們當親生子女看待？」杜紫鵑兩眼靜靜地望着他。

「手掌也是肉，手背也是肉，我決不偏心。」羅秋圃肯定地回答。

杜紫鵑臉上浮起一絲微笑，同時眼圈微微一紅，彷彿有無限感觸。

他陪她走下斜坡路，走近玩具，讓孩子們坐飛機、火車，騎馬。孩子們高興得手舞足蹈，一面吃橘子一面大笑大叫。

「他們實在可愛，可惜我的經濟基礎並不太好。」羅秋圃抱歉地望望杜紫鵑。
「我並不在乎百萬家財，我只想替他們找個好父親。」杜紫鵑說。
「你看我合不合格？」羅秋圃笑着問她。
她臉上泛起淡淡的紅暈，頭微微一低，默然不語。
羅秋圃悄悄地握住她的手，她的身子微微一顫，但是沒有掙扎。
「我還有一件事情應該先對你說——」過了一會她抬起頭來望着他說。
「什麽事？你儘管說好了。」他鼓勵她。
她嘴唇動了幾下，才輕輕地吐出兩句話：
「我動過手術，不能再生。」
羅秋圃一怔，這完全出乎他的意料！她唇紅齒白，兩頰紅潤，身體健康，又正是生育的年齡，居然不能再生？而自己念念不忘的是「不孝有三，無後爲大」。這樣一來，他的希望是落空了。他彷彿揀了一個外殼豐滿，裏面無肉的空栗子一般悵惘。
「你還年輕，我眞想不到你不能再生？」過了好半天他才惋惜地說。
「多生不如好好地教養，三個孩子我認爲已經足够，誰知道天有不測風雲，我還要再嫁？」
她突然眼圈一紅，不再作聲。
羅秋圃有點着慌，自然地握緊她的手。她也很快平靜下來，沉靜地對他說：

「羅先生，鼓不打不響，話不說不明，我不能騙你。我的情形如此，孩子也都在這裏。我固然希望再找個好丈夫，但更希望替孩子們找個好父親。但這是兩相情願的事，一點也勉強不得，你還可以考慮。」

孩子們玩完了那幾套玩藝，統統跑了過來，「媽媽伯伯」地大叫。小女孩抱着羅秋圃的兩隻大腿，親熱地叫「伯伯，伯伯！」羅秋圃把她抱了起來，笑着向杜紫鵑說：

「他們非常可愛，我就把他們當作親生子女。我們同是天涯淪落人，好好地照拂下一代吧！免得他們孤苦伶仃。」

杜紫鵑眼淚一滾，臉上浮起笑容，牽着兩個孩子靠在羅秋圃的身邊。深秋的陽光透過相思樹的葉子，點點滴滴地洒在他們的身上。

曹萬秋的衣鉢

一

深夜一點多鐘，曹萬秋還在對他的一個兩萬字的短篇「九曲橋」作最後一次修正。這篇小說他寫了三個月，一句話也不放鬆，平均一天不到三百字。太太爲了菜錢，水電費七七八八的開支，成天在他耳邊嘀咕，他彷彿沒有聽見，不然就閉着眼睛裝迷糊。

他太太一覺醒來，發覺他還在桌邊望着稿紙發呆，揉揉模糊的眼睛，禁不住問：

「你還沒有改好？」

「快了，這是最後一次。」他說。

「你要記住這是第七次修改，你還能在稿紙上綉出一朶花來？」

「我對男主角的精神分裂的原因還有一點點疑問，佛洛依德的那兩本書又不在手邊，現在是坐四望五的人了，我怕記憶靠不住？」

「這樣下去我看你也會發瘋？」她艾怨地說。

「放心，我不會用眼睛咬人。」他淡然一笑。

「你發了什麽神經病？爲什麽要寫這種鬼小說？」

「寫個樣子給那些半瓶醋看看。」他嘴角浮起一絲微笑。笑裏有無限辛酸，也有無限自負。在他寫這篇小說以前，有人化名寫文章罵他和幾位同輩作家，說他們趕不上時代，宣判他們的文學生命已經結束，却巧妙地把自己捧上了九重天。他對於那位根本沒有唸過一頁心理學，根本不知道存在主義是什麽東西，反而自命前進，一竹篙打倒一船人的作者，不置一詞，而不聲不響地寫作這篇「現代小說」。他的憑藉是父親是個留德的名醫，自己二十年前就研讀過佛洛依德的原著，卡繆的「異鄉人」更不在話下。

「誰請你當文學教授？何必細緊褲帶幹這種傻事？」太太白他一眼。

「既然有人指鹿爲馬，我就牽出一匹眞馬給大家看看。」他笑着回答。

「那種鬼也不懂的東西，誰看？」

「妳放心，卡繆寫的我們看得懂，我寫的讀者也看得懂，決不要人猜謎。」

「你寫得再好，也是幾十塊錢一千字。」太太望着他說：「這三個月下來，靑黃不接，欠了房租，欠了米店的賬，即使你這篇稿子有人要，也不够塡這兩個漏洞。」

「明天把這篇東西寄出之後，我再趕寫幾個短篇應急。」

「興隆公司要拍「吉人天相」，你要是答應了也可以拿幾千塊錢，渡過這個難關，暫時鬆口氣。」

「那是我最壞的長篇，出了書我已經臉紅，還能拍電影？」曹萬秋突然生氣起來。

「人家說不是名著不拍電影，他們看上了已經很不容易。你最得意的書賣不到三百本，這本暢銷書你又恨不得把自己的名字塗掉！版權既然賣給了出版社，爲什麼不在電影上收回一筆？」

太太一骨碌坐了起來。

「妳這副頭腦倒可以做生意。」他向太太苦笑。

「你要是能籌出三五千塊錢，我眞情願擺個小攤子，也免得受這種活罪。」她氣鼓鼓地說。

她的話一下堵住了他的嘴。他每月的稿費，只能勉強對付房租和生活費，手邊就從來沒有三五千塊錢的積蓄，借債又要付三四分利息，而且還要抵押，他除了三個兒女之外，就只有一架子舊書，幾刀稿紙，沒有一樣可以作抵。

太太看他不作聲，又倒下去睡。

他又點燃一枝烟，思索了一會，決定把男主角安排到九曲橋，揭開那使男主角精神分裂的事件眞象。男主角講的那些支離破碎瘋瘋顚顚的話，抽絲剝繭到這裏，找到了病根，前後若合符節，淸淸楚楚，明明白白，他相信人人都懂。他感到一陣欣慰，輕輕放下筆，身子向破藤椅的靠背上一仰，吁了一口氣，嘴角又浮起一絲辛酸自負的微笑，喃喃自語：

「要寫這種東西，在科學上一定得有根有據，在文學上一定要使人能懂。打翻鉛字架，那算新詩？胡說亂道，那算小說？……」他哈哈地笑了起來。

他太太瞪着眼睛望着他，又一骨碌地坐起，膽怯地問：

「你是不是遇了邪？」

「我不信邪，」他停止笑說：「電燈通明，魔鬼豈敢上身？」

她吁了一口氣，又艾怨地說：

「你不信邪，這樣下去我可要得神經病！」

對於這位在調景嶺結合的名門之女，糟糠之妻，他心裏有股歉意，不禁彎下腰去，在她隱隱有幾條電車軌道的額上，親了一下。

「鷄叫了，你還不睡？」鄰居後院一聲沉濁的鷄啼，突然傳了過來，她心裏一驚，望着他浮腫的眼皮，佈滿紅絲的眼睛說。

「我寫好信封就睡，明天早晨妳買菜時帶去發掉。」他從抽屜取出一個大信封，龍飛鳳舞地寫好，又將信封剪了一個角，鄭重地對她說：「記住，一定要掛號。」

「信又漲了價，何必掛號？不如省兩三塊錢買菜。」她盤算明天的菜錢，嘴裏自然嘀咕起來。

「這是我三個月的心血，不能丟掉。」他加重語氣說。

「郵差不會丟掉，就怕編輯先生往字紙簍裏塞。」她悠悠地嘆口氣。

他像潑了一頭冷水，一直凉到背脊。

二

第二天淸早，曹太太帶着丈夫三個月的心血到菜市場那個小郵局，貼了五毛錢的郵票，投進信箱。她買菜的錢不够，只好拆東牆補西牆。

吃午飯時曹萬秋才起來，他看看桌上的稿子不在，知道太太拿去發了。他心裏輕鬆許多，希望半個月以內能拿到稿費。那是他經常寫稿的一個大報副刋，除了特殊原因以外，倒很少打他的回票，而這篇稿子他不放心的是，故事的開頭違背倫理，這和那家報紙的立場不合。如果編輯先生有耐性看下去，才知道不是那回事，那才可以過關。

他一起來，剛會走路的小兒子就纒着他不放手，五歲的女兒像隻小痲雀，在他耳邊喞喞喳喳。吃飯時才把女兒的嘴巴塞住，小兒子還是坐在他的身上。大兒子唸初三，早出晚歸，不然他更受不了。

飯後，他躺在壞了彈簧，裂了口的舊沙發上閉着眼睛養神。女兒坐在地上翻娃娃書，小兒子像矮脚狗樣在地上爬來爬去。他的好處是能隨時隨地睡覺，他靠在沙發上又睡了一會兒。

小兒子的哭聲把他吵醒，他抱着小兒子走了一會，哄住了嘴，又讓小傢伙在地上爬。他一面抽烟，一面打開新約全書看了一會，這是他每天必讀的書，他精神上的唯一支柱。越是窮困不得意的時候，他越是捧着這本厚書不放，它彷彿是擋箭牌。

他看完了兩章新約，心情安定下來。又閉着眼睛，靠在沙發背上沉思，自寫完「吉人天相」之後，三個月來他就只寫了一個短篇「九曲橋」。「吉人天相」完全是應付朋友的情面，二十萬字，只給他八千塊錢，還要他讓版權，他因爲不滿意這部作品，索性送給那位朋友，讓他去發財。他眞沒有想到這部作品會是一部暢銷書，三個月來賣了五版，一萬多册，那位朋友賺了四五萬，而且興隆電影公司的製片主任親自找上門，要向他買電影版權，他一口回絕。現在想想又好氣又好笑。

在這個長篇上自己既沒有得到一點好處，又費了三個月的時間才寫下那兩萬字的「現代小說」，本來已經捉襟見肘的經濟狀況，更是百孔千瘡了。油鹽柴米的事他一向不管，他感到不對勁的是烟酒兩件事。平時他愛喝幾杯消愁解悶，現在一連半個月滴酒未嚐，口裏眞的淡出水來。香烟由長壽降到双喜，又由双喜降到幸福，剛才他抽完了最後一枝，照老規矩，太太看他把空烟盒一揉，一定會悄悄地塞給他一包新烟，可是這次她沒有及時補給到「手」，反而裝作視而不見，他想想有點不妙，當時不便發問。現在情形有點不對勁，不抽烟頭腦彷彿一塊青石板，思路不開，靈感不來，而且心裏好像有烟蟲在爬，嘴裏不是味道。他聽見太太的脚步聲從厨房出來，微微睜開眼睛，瞄了一眼，看她臉色還好，等她走近，裝個笑臉，微微啓動嘴唇：

「妳今天忘記了給我買烟？」

「我何曾忘記？」她也向他裝出一個笑臉：「只怪擺烟攤子的阿婆記性太好，她說我賒了十四包烟沒有給錢，因此免講。」

曹萬秋像當衆挨了那個阿婆一耳光，臉有點發紅，大氣兒也不敢出。他心裏在嘀咕：他的酒就是這麽斷的，難道又要斷烟？

他太太看他像隻打敗的公鷄，有點同情，找個理由安慰他：

「其實，不抽也好，抽烟會得癌症。」

「我聾子不怕雷，管它什麽癌症？」他懊惱地回答。「沒有烟抽才眞要命！」

「不抽烟的人多的很，也沒有聽說死人？」她頂他兩句。

他有點生氣，瞪着她說：

「我二三十年的老癮，不比別人。而且我不抽烟，一個字也寫不出，你們喝西北風？」

她聽說喝西北風，不禁一怔。如果最近不是她拼命節省，四處張羅，眞的喝西北風了。但是今天阿婆打了她的回票，而且臉色很不好看，回來時她還繞過阿婆的烟攤，實在沒有勇氣再去賒。只好溫婉地勸他，語氣像當年說情話一樣。

「其實你不妨訓練訓練自己。你有好幾位朋友，不抽烟也照樣寫作。你樣樣都能，難道這一點就不如別人？」

太太前面幾句話雖不入耳，後面兩句話倒很中聽。他撕下一角報紙，把烟缸裏的烟頭一一剝開，捲了起來，這是當年在調景嶺的老法子，他一面捲一面解嘲地說：

「他們都是怕死鬼，我不怕死。一枝在手，稿子可要寫得快些。」

「聽說別人一天寫一萬多字，你三個月才寫兩萬字，你的烟不是白抽？」她又調侃他。

「妳信別人吹牛？人又不是機器。」他望望太太說：「果眞一個月寫三四十萬字，那還有什麼好東西？」

「人家也是爲了生活，誰像你寫文章當綉花？」

他把捲烟點燃，猛吸一口。他平均一個月只寫六七萬字，自調景嶺來到臺北，十年如一日，少了不能活命，多也寫不出來。現在連烟都沒有得抽，就是因爲這三個月寫的太少。

「可是我寫壞了一篇東西就不敢見人，雖然只拿幾十塊錢一千字，也難安心。」他噴出一口烟說。

「照你這樣寫，那該一字千金？」

「妳別做夢！要是有一兩百塊錢一千字，我就心滿意足了。」

「我老早勸你改行，你又捨不得丟掉這根討飯棍。」

「八十歲學吹鼓手，我能改那一行？」

他們兩人談到這裏，曹萬秋的朋友吳白水闖了進來，要他去參加歡迎幾個外國作家的座談會。他不想去，吳白水却鄭重其事地說：

「萬秋，這個會很重要，你不能不去。我們總得有幾個像樣的作家和人家談談？」

「不瞞你說，我窮得連香烟都沒有得抽，有什麼好談的？」曹萬秋把捲烟屁股往烟缸裏一塞。

「吳先生，他不能去。」曹太太遞給吳白水一杯白開水，抱歉地一笑：「開會又開不出稿費，他要趕點東西救急。」

「大嫂，其實開會也有開會的好處，」吳白水笑着說：「不過萬秋不會利用機會，我今天是特別來關照他的。」

「謝謝你，吳先生，」曹太太說：「他是個本份人，又不像你有一官半職，一家人就靠他一枝筆，時間實在犧牲不起。」

吳白水望望曹萬秋，笑着慫恿他：

「怎樣？能不能去？聽說這次發的通知不多，洋人希望會會像樣的作家，談談有關文化交流的事情。」

「我這副邋遢相，實在不像樣。」曹萬秋望望自己一身髒兮兮的衣服，摸摸幾分長的鬍髭，自嘲地說：「何必去出洋相？」

「把鬍鬚刮掉，換身乾淨衣服，不就得了？」吳白水拍拍曹萬秋的肩膀。「你可以和他們談談現代文藝思潮，談談文化交流的實際問題。」

「這種大題目自然有人會談，何必我去？」

「說不定也會談到報聘的問題？」吳白水輕輕地說，樣子很神秘。

「那更沒有我的事。」曹萬秋哈哈一笑。

吳白水猜想他不會去，把話題扯到寫作方面來，當他知道曹萬秋三個月才寫兩萬字，他責怪地說：

「現在不是一字千金，你何必這麼傻里瓜氣？誰又去分青紅皀白？」

曹萬秋這次沒有作聲，他也知道自己又做了一件傻事，不過他並不後悔，還引以爲慰，認爲比那二十萬字的「吉人天相」有價值得多。

吳白水和他閒聊了一會，看着時間不早，要趕去開會，起身告辭。曹萬秋把他送到大門外，說了兩句抱歉的話，才轉身回來。

「吳先生這一坐，又去了個把鐘頭。」曹太太望着他說：「還是江邨好，住在鄉下，一心寫作，沒有人去打擾。」

「我們的孩子小，鄉下上學不便。」曹萬秋回答。這是他不搬到鄉下去的唯一理由。

小兒子又爬到他的脚邊，抱住他的腿，他把小兒子抱起來，太太怕妨碍他的構思幻想，連忙把小兒子接過去。

他望望烟缸裏的烟灰，烟癮又發了。他拍拍腦袋，在房子裏轉來轉去。忽然發現興隆電影公司的製片主任馬文遠站在門口，手裏提着黑皮包，堆着笑臉，先向他打招呼，再邁步進來。

他招待馬文遠坐下，他太太連忙倒了一杯白開水。他正在身上東摸西摸，馬文遠却先遞給他一枝美國烟，他也老實不客氣地接下。馬文遠這是第二次到他家來。

「馬先生，有何見教？」他吸了一口烟，那股芬芳辛辣的氣味，好像立刻打通了他青石板似的頭腦，心裏一高興，笑着問馬文遠。

「曹先生，我壽星唱曲子，老調兒。」馬文遠滿臉堆笑地回答：「還是想拍你的大作吉人天相。」

曹萬秋楞了一下，隨後慢吞吞地回答：

「馬先生，我說了不想拍電影的。」

「曹先生，我知道上次我出的五千塊錢是少了一點。以你的聲望，以大作的銷路，我要求公司再加三千，總經理已經同意……。」

「馬先生，你會錯了意。」曹萬秋連忙打斷他的話。「我決不是嫌你們出價太低，我實在是不願意拍電影。」

「曹先生，我眞不瞭解你的意思。」馬文遠望着他迷惘地一笑：「我們的公司在國語片圈裏算得是數一數二，有人不要錢我們都未見得肯拍，八千塊是公道價錢，你並不吃虧。」

「馬先生，你又會錯了意。」曹萬秋搖搖手：「我實在是不滿意這部作品。」

「曹先生，你太謙虛了！」馬文遠笑着說：「以我們的看法，『吉人天相』實在是一部傑作，故事一氣呵成，情節安排得十分巧妙，沒有一分鐘的冷場，第七號情報員也不過如此。所以書才好銷。拍成電影之後，一定更加叫座。」

「慚愧，慚愧！」曹萬秋紅着臉結結巴巴地說：「這本書就只有一個故事。我坦白告訴你，我是從英文報紙上的一個謀財害命的新聞拼湊起來的，沒有什麽了不起。」

「曹先生，我也坦白告訴你，這種作品才有票房價值。我們公司裏的編劇就沒有你這樣的高才。你這部作品導演拿到手裏就可以拍，連分場都不必要。我們是誠心想拍大作，合約我都帶來了。」

馬文遠打開皮包，取出兩份合約，遞給他看。

曹萬秋搖搖手，沒有看合約。馬文遠一楞，有點生氣地說：

「曹先生，我是捧着猪頭進廟門，你也應該賞我一點面子？再加你兩千都使得！」

曹萬秋笑着拍拍馬文遠的肩膀，低沉地說：

「馬先生，難得你這份盛意。你眞要拍『吉人天相』，我一個錢不要。」

馬文遠倒退兩步，瞪着眼睛望着曹萬秋，半天才說：「曹先生，你不是說夢話」？

「馬先生，我清醒的很！」曹萬秋笑着回答。

「天下那有這種事？」馬文遠望着他將信將疑。

「我曹萬秋專幹這種事。」曹萬秋淡然一笑：「不過，我有一個條件。」

「什麽條件？」馬文遠走近一步，急切地問。

「無論在片頭上或廣告上，不能用我曹萬秋三個字」。

馬文遠哈哈大笑，身子搖搖晃晃，一手搭住曹萬秋的肩膀，斷斷續續地說：

「曹先生，別人生怕我們漏了他的大名，你連名也不要，公司求之不得。這算什麽條件？」

「馬先生，你不算我算。」曹萬秋鄭重地說。

「好，遵命！」馬文遠在曹萬秋肩上一拍：「我們會隨便加一位編劇的名字。」

「電影如果能改個名字那就更好。」曹萬秋說。

「這也可以考慮。」馬文遠爽快地回答。

「好，馬先生，我們談到這裏爲止。」

馬文遠握着他的手用力搖了幾搖，說了幾句多謝，笑着走開。走到大門外好幾步遠，又突然轉身跑回來，鄭重地對曹萬秋說：

「曹先生，我們都是幾十歲的人了，說話可要算話？拍成電影以後，可不能再有任何糾紛？」

「君子一言，快馬一鞭！我曹萬秋不是那種人！」曹萬秋彷彿受了侮辱，生氣地大聲地回答。

一個禮拜以後，「九曲橋」發表了，分三天登完。曹萬秋小心地剪貼下來，比對那本「吉人天相」實貴得多。

三

登完以後的第三天，一位五十多歲，中等身材，戴着眼鏡的陌生人突然登門造訪。他向曹萬秋自我介紹，說是仁和精神病院的主治醫師，他叫王濟人。向報社打聽到曹萬秋的地址，所以特來拜訪。

「王大夫有何見教？」曹萬秋問他。

「曹先生，我是特來向你請教的。」王濟人誠懇地囘答。

「不敢當，我完全外行。」曹萬秋說。

「曹先生，不瞞你說，我雖然是個醫生，倒很歡喜小說。」王濟人搓搓手說。「我尤其注意心理描寫，精神分裂的新派小說。但是失望得很，我看得暈頭轉向，找不到來龍去脈，好像作者自己在精神分裂，正如我們醫生精神分裂，那怎麼能替人診病？」

曹萬秋聽了一笑。王濟人接着說：

「曹先生，不是我恭維你，我眞沒有想到還有你這麼一個眞正的行家！」

「不敢當，我不是學醫的，完全外行。」曹萬秋笑着囘答。

「可是你對佛洛依德的學說眞有心得，我就親手診斷過大作中的類似病例，但是我花了三年功夫才找出病根。要是我早有機會拜讀你這篇大作，那就事半功倍，也許三個月都不要。」

「王大夫，你實在過獎，我這不過是遊戲筆墨。」

「我認爲你這篇大作對我很有幫助，等於增加了我一個病例。希望你以後多寫幾篇。」

曹萬秋笑了起來，坦白對他說：

「王大夫，如果我再寫這種東西，那眞要餓飯。」

「爲什麽？」王濟人歪着頭問。

「我查了好幾本二十年前的讀書筆記，字跡已經糢糢糊糊，佛洛依德的原著一本都不在身邊，我的記性又不大好，這篇東西寫了三個月才定稿。」

「啊！曹先生，原來你這樣愼重？」王濟人張着嘴巴望着他。

「王大夫，騙外行容易，像你們這種專家，可不容易唬住。」曹萬秋笑着說：「本來文學是文學，科學是科學，詩人作家把月亮寫得如何美，甚至說月裏有嫦娥，和吳剛伐桂，都不碍事，不失文學的價値。但是如果眞以月亮作題材，寫人類在月球上登陸的生活，那就不能信口開河，一個坑就是一個坑，一個洞就是一個洞。寫精神分裂這類的小說亦復如此，作者不能隔靴抓癢，睜着眼睛說夢話。」

「高見，高見。」王濟人拱手一笑，話頭一轉。「王先生，你這篇大作能拿到多少稿費？」

「大概六七十塊錢一千字，總共不過一千三四百塊錢。」

「啊！」王濟人嘆了一口大氣。「三個月一千三四百塊錢，我們醫院的工友一個月也不止拿這些錢。我還以為你名利雙收哩！」

「王大夫，名利雙收是你們醫生的事。」曹萬秋哈哈一笑：「像我，能不餓飯，就算祖上有德。」

四

曹萬秋的大兒子曹大仁放學回來，把脹得滿滿的綠書包往舊沙發上一拋，靠在沙發背上閉着眼睛沉思的曹萬秋以為是地震，駭了一跳。他一睜開眼睛，兒子就跳到他的面前，大聲地說：

「爸，我們畢業生旅行鵝鑾鼻，每人兩百五十塊錢，明天開始收費，拿錢來！」他向曹萬秋把手一伸。

曹萬秋一楞，怔怔地望着他，半天才雲淡風清地說：

「鵝鑾鼻有什麽好玩的？」

「爸，你這就不對！」兒子馬上嘴巴一翹，大聲抗議：「以前旅行獅頭山、你不讓我去，旅行日月潭，你也不讓我去，現在好不容易熬到初中畢業，光復節又有兩天假，所以才決定旅行鵝鑾鼻，你又不讓我去，你到底是什麽意思？」

曹萬秋被兒子問得兩眼直瞪，哭笑不得。突然想到一個理由，故意扳着臉說：
「遊覽車時常翻車出事，你怎麽能去冒那個險？」
「沒有那麽巧的事！」兒子把身子一扭：「我偏不信邪！」
曹萬秋看看兒子很有自己三十年前那股傻勁，心裏暗自高興，但還是拉長了臉對兒子說：
「你不信邪？你沒有看見報紙上登的陽明山大車禍？一車上百人，死的死，傷的傷，那難道也是假的？你有幾條命？」
「爸，你怎麽這樣婆婆媽媽？多少年才有那麽一次，上陽明山的車子一天最少也有幾十上百部，怎麽沒有再出車禍？」
兒子的口才比他好，他又被兒子問住，半天搭不上腔。兒子一肚子悶氣，索性趁這個機會發洩出來，他大聲數落：
「爸，你眞不够意思！那個哥薩克的作家叫做什麽夫的，他帶着太太兒子到很遠的地方去釣魚打獵，得了諾貝爾奬金他都不知道，還是秘書打電報告訴他。你從來沒有帶我出外釣魚打獵，我爹加團體旅行都不讓我去，家裏連下女也沒有請過，讓媽當老媽子。人家是作家，你也是作家，你眞的太洩氣！」
曹萬秋兩眼直翻，他沒有想到兒子會說出這種話？他也沒有想自己會有這麽大的罪狀？兒子的話眞不下於討武則天檄。蕭洛霍夫得諾貝爾奬金的消息他知道，但是蕭洛霍夫帶着太太兒子釣魚打獵和他有個私人秘書的事他完全沒有注意，因此他低聲下氣地問兒子：

「是誰造的謠？你聽誰說的？」

「老師告訴我們的，報紙上也登了。爸，你又沒有七老八十，那麼大的字你看不見？」

曹萬秋又啞口無言，他隨手在茶几底下抽出一份報紙，翻到了那則新聞，既羨慕又慚愧，像隻呆頭鵝，望着報紙不能作聲。

「爸，」兒子攀着他的肩膀用力搖了兩下：「這次他得了五萬六千五百美金的獎金，合臺幣兩百多萬，幾輩子也吃不完。老師說，世界上最値得羨慕的人是作家，自由自在，有名有利。」

「別信你老師胡說八道！」曹萬秋把報紙往茶几底下一塞，靠在沙發背上閉起眼睛。

「老師才不胡說八道！」兒子不服氣，爲老師打抱不平：「他說話有根有據，他說日本作家叫什麼松本清張的，去年就賺了七千多萬日幣，合臺幣就是七百多萬。電影明星石源裕次郎的哥哥石源愼太郎，是十二個作家當中收入最少的，也賺了三千四百萬，比電影明星還多。你說，世界上那有這麼好的事？」

「我看你老師有點不務正業，」曹萬秋突然坐起來，睜大眼睛望着兒子說：「怎麼專和你們談這些鬼事？」

「爸爸，我們老師是最好的老師，師大的高材生，教書認眞，人又和氣，我們全班人都歡喜他。」兒子把老師大捧一番。突然打開書包，拿出作文簿，在曹萬秋眼前一晃：「爸，我這次作文得了九十分，你怎麼賞我？」

「胡說，作文還能得九十分的？」曹萬秋白了兒子一眼。

「爸，我可不吹牛，不信你看！」兒子把作文簿翻了幾頁，翻到最近一篇，往曹萬秋手上一塞。

曹萬秋不能不看，一落眼就看到紅筆打的90兩個數字，他鼻子裏嗤了一聲。再看看題目是「我最難忘的人物」，他一口氣看下去，總共才一千多字，上面打了很多紅圈圈，最後還加了一條批語：

「文筆細膩生動，入木三分，可繼令尊衣缽！」

曹萬秋大笑起來，隨手把作文簿一拋。兒子像接籃球一樣，單手一抄，把作文簿抓在手裏，奇怪地望着父親說：

「爸，老師可用不着拍我的馬屁，他當面跟我講過好幾次，說我可以接你的脚。」

「別信你老師胡說八道！」曹萬秋突然止住笑，瞪着兒子說：「你幹水肥隊都好，就是不能拿我這根討飯棍！」

曹太太從廚房伸出頭來，望着兒子慈愛地說：

「大仁，不走你爸這條路也好，免得將來連老婆也討不到。」

曹萬秋往沙發背上一靠，眼睛一閉，眼角隱隱現出兩顆亮晶晶的淚珠。

半路夫妻

一

村子裏搬來了一對中年夫妻，租了楊太太新建的披屋，八蓆正房，另外有廚房厠所，每月房租才三百塊，比起市區要便宜一倍以上。三百塊錢雖然是個很小的數目，但對楊太太却是一顆定心丸。由於楊先生收入太少，每月只有六七百塊，却拖着八口之家，楊太太千方百計邀了一個會，二三十個人，凑了一萬多塊錢，利用屋邊空地，蓋起一間正房，外加厠所廚房，準備租人貼補家用。巧的是房屋一做好，就被一對中年夫妻看上了，楊太太等於每月增加了三百塊錢的收入，她喜得眉開眼笑。而最難得的是房客是一對中年夫婦，沒有孩子，眞是打着燈籠火把都找不到。

別的太太們看到楊太太的房子一蓋起來就租了出去，十分羨慕，和楊太太最好的王太太還特別趕來看這對中年夫婦。彼此鄰居，楊太太自然要介紹一番，王太太這才知道他們姓吳。

吳先生大約四十五六，中等身材，臉色紅潤，下巴像F100 型飛機的翅膀，向後掠，有點禿頂，天生的龜背，看來有點駝。吳太太有一張方臉，一對小眼睛，皮膚滯黯，像晒乾了的橘子皮。行動遲緩，看來比吳先生蒼老。吳先生對她很客氣，她對吳先生也很周到，兩人頗有古人相敬如賓的味道。

楊太太和王太太看他們兩人講話都是那麽細聲細氣，非常羨慕。她們兩人孩子多，環境不好，經常和先生唱二進宮，看誰的嗓門大，甚至來一本「鐵公鷄」。

「王太太，妳看人家吳太太眞是前世修的！無掛無礙，不像我們帶一羣拖尾巴蛆；先生對她又那麽好，那像我那個死鬼？」楊太太回到自己這邊，自怨自艾地說。

「馬尾串豆腐，別提！」王太太幽幽地嘆了口氣：「我那個老鬼，和我好像是前世的寃孽！三年難得開一次口，一開口就吹鬍子瞪眼睛，比你楊先生還壞一百倍！」

楊太太被王太太說的笑了起來。王先生才四十小壽，「人生還沒有開始」，看起來十分「少年」，只因兒女都上了中學，王太太覺得自己老了，一提到他就駡他「老鬼」，出口怨氣。

「你王先生一點不老，還帥的很，小心小姐們追他。」楊太太打趣地說。

「我嫁了他這個窮鬼已經倒了八輩子的楣！那位小姐會瞎了眼睛追他？」王太太撇撇嘴說。

「妳別看王先生不起，他要是有錢，西裝革履，倒眞英俊瀟洒。」

「我要不是給他當了這麽多年的老媽子，那會像現在這樣一個母夜叉？」王太太十分委屈地說：

「說眞的，」楊太太突然壓低聲音，向外面瞧了一眼：「我們兩人再不濟事，也不會比吳太太生的差？偏偏人家前世送了閻王爺的大紅包，修來了好命。」

「楊太太，話說回來，妳楊先生也是一表人才，再不濟比吳先生的光頭駝背也強，妳是不是和吳太太對吳先生一樣？」

楊太太聽王太太這樣說，先是一楞，隨後又嗤的一笑：

「我那個死鬼是賤骨頭，不識抬舉。對他越好他越騎到妳頭上。乾脆，不給他吃冷猪肉，看他神氣得起來？」

王太太也好笑。楊太太輕輕問她：

「妳對王先生是不是和我對我那個死鬼一樣？」

「好話對兒子女兒講，輪不到他頭上。」

兩人格格地笑起來，像兩隻母鷄生蛋。

二

晚飯後，吳先生夫婦在馬路上散步，吳先生扶着她，生怕她跌倒似的。吳先生是八字脚，踏着細碎的八字步，和吳太太若合符節。橫過馬路時他尤其小心，雖然這邊三十分鐘才有一班車子，小孩子在馬路上打滾，吳先生還是左顧右盼，生怕有什麽東西撞着她似的。

楊太太和王太太忙了一整天，天氣熱，房子矮，也一道出來透透空氣。她們兩人不敢打擾吳先生夫婦，落在他們後面遠遠的。

山邊的馬路是一條特殊的柏油馬路，公共汽車不到，也難得有一部小車子經過，旁邊茂林修竹，是最理想的散步地方。楊太太望着吳先生扶着吳太太那種小心翼翼的樣子，不禁眼圈一紅，眼淚一滾。王太太看了有點奇怪，打趣地問：

「楊太太，我們走得好好的，妳怎麽淌貓尿？妳又不是多愁善感的林黛玉？」

「王太太，妳不知道！」楊太太抹抹眼淚嘆口氣。「剛才我和那個死鬼吵了一架。」

「什麽事又吵架？」

「他一下班回來，就打雞駡狗，我忙着替孩子洗澡，他要開飯，自己擺出狗不吃屎的架子，不肯動一下，指望我把飯菜送到他手上，我忙了一天，他回來不但不幫我一下，反而要我服侍他，他是什麽老爺命？……妳看人家吳先生？……」

王太太望望前面，吳先生一手牽着吳太太，一手扶着吳太太的腰，小心謹愼。王太太向楊太太一笑。

「妳說了這是命，我們只好打落門牙和血呑。妳又不是十八歲，還淌什麽貓尿？」

「我那個死鬼太沒有良心！」楊太太說：「要不是我死掙活掙，靠他那幾個錢不喝西北風才怪！人家吳先生，夫妻兩口，賺得比我們多，吃得比我們好，吳先生下班回來又有說有笑，和和氣氣，這才像對夫妻，那像我們寃家對頭。」

「別提！」楊太太的話突然引起王太太滿腹幽怨。「我一年半載難得看場電影，我那老鬼從來不陪我去一看場。連這種免費散步，他也不肯和我一道出來。要是山上跳下一隻老虎把我吃掉，他也不會流一滴眼淚。還會像吳先生那樣母鷄帶小鷄？」

楊太太又破涕為笑，忽發奇想，拍拍王太太的肩說：

「那天我們兩人一道跑掉，讓他們到處找。」

「他們不找那怎麼辦？」王太太有點躭心。

「不找我們就嫁人。」楊太太賭氣地說。

「誰討我們做娘？」王太太嗤的一笑。

「現在老光棍多的很，你還怕沒有人要？」楊太太不服氣。

「嫁個老頭子有什麼意思？」

「老頭子有錢，先過幾年好日子再講。」

「過了幾年做寡婦？」

「該死！妳怎麼儘往壞處想？」楊太太笑着捶了王太太一下：「妳是不是捨不得妳那個寃家？」

「說實話，我捨不得孩子。」王太太笑着回答。

吳先生吳太太走到前面山嘴又轉了回來，兩人仍然那麼親蜜。楊太太和王太太也連忙轉身，打道回府。

王先生找換洗的內衣洗澡找了半天沒有找到，急出一身大汗，一肚子悶氣，王太太一回來就衝着她問：

「家裏亂七八糟，妳死到那裏去遊魂？」

「屋裏悶得很，我到山邊散散步，怎麽又犯了法？」王太太也沒有好氣地回答。

「我要洗澡，找了半天衣服都找不到，妳放到那個鬼地方去了？」

「屁大的房子，還不是老地方？」

「妳給我找！」王先生向她吼叫。

「我服侍了小的又服侍老的，你花了多少錢請我這個下女？」王太太站着不動。

「妳別做夢！我每天上八小時的班，幹了二十年，我又拿了多少錢？」

「你要是態度好一點，我當下女也心甘情願。你這樣兇神惡煞，強橫霸道，我死也不服氣！」

「妳別做夢！妳還想我把妳當公主一樣供奉？妳也不去照照鏡子，算算八字？」

「你這個死沒良心的！你看看人家吳先生是怎樣子？」王太太眼圈一紅，淚珠一滾。

王先生一楞。他忙着上班，下班，根本不知道新近搬來了個吳先生。聽她的口氣，她對吳先生似乎很好，這可傷了他做丈夫的自尊。他向她一虎，朝她臉上啐了一口：

「滾妳的蛋！妳看誰好妳去跟誰！我不會把妳當做寶貝！」

王太太倒退兩步，雙手掩面，啊的一聲哭了出來。

三

吳先生上班以後，吳太太沒有事做，也沒有人和她講話，一個人十分寂寞，因此她特別需要朋友。楊太太是她的房東，王太太是楊太太的密友，她們的年齡不相上下，吳太太很快地和楊太太王太太成了知己。

女人在一塊永遠不愁沒有話談，成爲知己以後，很多不願對丈夫講的體己話都會講出來。吳太太又很健談，談上一天一夜她都不會疲倦。

楊太太和王太太本來都很羨慕她，在談話中自然不免流露出來。

「吳太太，妳的命眞好，前世修來了這麼個好先生，」楊太太說：「我不知道和王太太講過多少次，我們兩人都是苦命，嫁了個不通氣的旱烟桿！」

「妳們有兒有女，才眞好命。」吳太太說。

「兒女是自己找上門，一大羣拖尾巴蛆，算什麼好命？」王太太說。

「王太太，一切都是假的，兒女才是眞的，我就是沒有妳們這樣的好命。」

「吳太太，妳的少爺小姐呢？」楊太太問。

說。

「楊太太，我的身體不好，沒有生。」吳太太黯然地說。

「丈夫比兒子要緊。我那個死鬼要是和吳先生一樣溫柔體貼，我睡着了也會笑醒。」楊太太說。

吳太太望着楊太太一笑，又望望王太太，幽幽地嘆口氣：

「不瞞妳們說，我吳先生也是戲臺上流眼淚，其實他背着我又是一套。」

「吳太太，吳先生對妳那麽好，妳別冤枉他。」楊太太替吳先生叫屈。

「楊太太，我們在妳這裏住了不到兩個月，我嫁了他三年還不知道？……」吳太太說溜了口，急忙住嘴。

楊太太和王太太原來以爲他們是老夫老妻，聽她說只嫁了三年，不禁一怔。吳太太看她們驚奇地望着她，自己的話已經出口，收不回來，只好直說：

「我和吳先生不是原配。」

楊太太，王太太聽她這樣說反而不好再問。話突然斷了線，空氣格外沉悶，還是吳太太自己接下去：

「妳們以爲吳先生對我好？我原來的先生對我更好。」

「眞是洞庭湖裏水漂漂，好夫好妻命裏招。」楊太太又望望王太太：「我們兩人怎麽都碰上冤家對頭？」

「恩愛夫妻不久長。」吳太太嘆口氣說：「我三十歲那年，原來的先生就去世了。本來我想守下去，但是求親的人太多。」

「妳又怎麽嫁給吳先生？」王太太問。

「我也莫名其妙！」吳太太笑着回答：「比他強的人很多，偏偏東不成，西不就，最後還是嫁了他。」

「其實吳先生比我那個沒出息的死鬼不知道強多少倍？」楊太太說，她對於楊先生一個月只賺六七百塊錢這件事，實在有無限辛酸和不滿。

「人家××委員，××代表不知道比他強多少？」吳太太說：「我眞是園裏選瓜，越選越差。」

楊太太和王太太不禁好笑。楊太太望着吳太太說：

「有吳先生這樣的人也很不錯。她對你這樣噓寒問暖，出門就牽手牽脚，縱然是戲臺上流眼淚，看看心裏也舒服。」

四

一天晚上，楊太太在吳太太家裏聊天，吳先生從外面回來，突然想起房租到期，在身上摸出幾百塊錢，抽出兩張一百的大鈔，吳太太連忙打開那隻從來不放手的黑皮包，摸出一百塊錢交給他，他湊起三百，又交給楊太太，還說了幾句客氣話。

楊太太拿了錢不便再坐。吳先生不在家，吳太太要她作陪，吳先生回來了她自然應該退位。

但她對於這三百塊錢的房租，却滿腹狐疑？以前是吳先生或吳太太送給她一個整數，她不知道內情，今天怎麽一人兩百，一人一百？難道他們共同負擔房租？她把這情形告訴王太太，王太太不相信，搖搖頭說。

「那有這回事？夫妻同床共被，還分什麽家？」

「我不信。」王太太又搖搖頭：「我那老鬼口袋裏有一毛錢我都搜下來，他如果要我付房租，我不咬死他才怪！」

楊太太笑了起來，隨後咬着王太太的耳朵輕輕地說：

「我也是不給我那死鬼身上留一毛錢。三百塊錢的房租我塡會，他見也見不到一眼。」

「明天我們問問吳太太，看是不是眞有這回事？」王太太說。

第二天吳先生上班，吳太太又找楊太太和王太太去坐，她買了一包糖果分給兩家孩子，買了一包瓜子招待她們兩人。她歡喜吃零食，談話時嘴裏更要吃點東西助興。

她們談得高興時，楊太太突然問吳太太。

「昨天付房租怎麽妳也出一百？」

「我們經濟分開，那一百歸我出。」

「那有這回事？」王太太叫了起來：「男子漢大丈夫，怎麽要太太出房租？」

「我不想佔他的便宜，」吳太太說：「他有他的戶頭，我有我的戶頭，除了伙食以外，他用他的錢，我用我的錢。買瓜子的錢都是我的。」

王太太和楊太太聽得目瞪口呆，她們從來沒有想到會有這種事。

吳太太隨後又告訴她們說她有一棟小舖面，每月租一千塊錢，另外還有幾千塊錢的銀行存款。吳先生一個月不過一千塊錢的薪水，只有萬把塊錢的存款，他曾經想把她的存款過到他的戶頭裏去，他的親戚朋友反對，所以沒有過。她的存摺和房契都放在黑皮包裏，晚上放在枕頭底下，白天不離手。

「晚上妳不怕吳先生摸去？」王太太笑着問他。

「我們一人一床被，他睡那頭，我睡這頭，河水不犯井水，我不怕他摸。」吳太太笑着回答。

她們兩人一怔，楊太太忍不住問：

「難道你們不在一塊？」

吳太太搖搖頭。

「吳先生有那麽好？」王太太問。

「我有言在先，我說了我的身體不好，一天打漁，三天晒網，只能作伴。」吳太太說。

「當初吳先生怎麽會同意？」楊太太問。
「他說了只要心裏相愛就行。」
王太太笑了起來，楊太太笑着說：
「我那個死鬼打死他也不答應。」
「我那個老鬼給他一千萬也不行。」
「妳們以爲我這位眞的這麽好？」吳太太嗤的一笑：「他禮拜天總是出去「開會」，開到晚上十二點才囘來。不信妳們今天就多坐一會。」
「妳也由他？」王太太問。
「我睜一隻眼閉一隻眼，反正他花自己的錢。」吳太太淡漠地說：「他平時一錢如命，連一場電影也捨不得請我看，到那種地方塞狗洞，倒很大方。」
楊太太和王太太都笑了起來，王太太風趣地說：
「我那老鬼涓滴歸公，決不敢走私。」
「妳扣緊了他的荷包，他怎麽能走私？」楊太太笑着說：「綠燈戶還能賒賬？」
「男人眞要打野食，我們女人怎樣也管不住。」吳太太說。
「我那老鬼要是打野食，我會剝他的皮。」王太太發狠說。
「那不又是一本鐵公鷄？」楊太太一笑。

「平時我讓他三分，要是他犯了天條，我可要拚命。」王太太說。

「看不出來妳這個筋骨人倒有這麽大的醋勁？」

王太太談到十點多鐘起身要走，吳太太把她一拉：

「妳多坐一會，我吳先生還沒有回來。」

「他回來了我們不便。」王太太說。

「妳放心，我們決不會吵架。」吳太太坦率地說。

王太太只好留下來，楊太太住在隔壁，又是房東，遲走更無所謂。

吳先生搭着最後一班公共汽車回來，他今天穿了一件白香港衫，下身還是黃卡其長褲，剛理過髮，鬍鬚刮得光光的，紅光滿面。他笑着向王太太楊太太打了一個招呼，又問吳太太打了針沒有？顯得非常關心的樣子。

「今天一天都不見你的人，你到那裏去了？」吳太太笑着問他。

「開會。」他一本正經地回答。

「開會要開這麽久？」吳太太故意望了王太太和楊太太一眼。

「這是機密，我不能告訴妳。」吳先生一面說一面望了王太太和楊太太一眼。

她們乘機抽身。王太太回到家裏把吳先生夫婦經濟分家，以及他們兩人的私事都悄悄地告訴王先生，王先生沒有好氣地回答：

給妳？」

「妳少串門子，少管別人的閒事！妳以爲別的男人都像我一樣規矩？領了薪水一五一十地交

王太太雖然碰了一鼻子灰，心裏却十分高興。她笑盈盈地問王先生：

「怎麼？老鬼，你想打野食？還想和老娘分家不成？」

五

吳太太放賬倒了五千塊錢，很不開心。吳先生又勸她把存款過戶給他，他說他那邊的息錢高些，吳太太怕他做圈套，把她的錢吞掉，沒有答應，因此兩人心裏都有點彆扭。吳先生一上班，她又摟着黑皮包來找王太太聊天解悶。王太太事情忙，不能陪她淸談，她有點不高興，跑進城裏去收房租。

她的舖面是在一條小街上，房客是賣雜貨的。這幾天下午都有一陣大雨，房客說房子漏了，請了人修理，扣了她七十塊錢的工料費，她啞子吃黃蓮，只好認了。

她身體不好，有個發暈的毛病，在路上差點暈倒。回來就躺在床上休息，一個人發悶氣。她覺得別人都在打她的主意，想刮她的錢，連吳先生也是一樣。她越想越覺得吳先生當初追她，是看中了她的錢，現在還念念不忘過戶，甚至勸她賣房子，一定是懷了鬼胎。

吳先生回來時對她還是像過去一樣殷勤，噓寒問暖，她也強作歡笑，和他敷衍。吳先生出去

「開會」，她又把王太太、楊太太去找來聊天，把這些不愉快的事告訴她們。楊太太對她說：

「我看吳先生對妳很好，妳把存款過了戶，說不定他對妳更好？」

「楊太太，他愛錢如命。」吳太太說：「要是錢到了他的手，他拍拍屁股走路，我不是賠了夫人又折兵？」

「吳太太，妳又沒有什麼至親，丈夫是最貼心的人，最後妳總是要給他的。」王太太說。

「要是我眞的兩脚一伸，肥水不落外人田，那自然好給他。我怕的是不上不下。人是英雄錢是膽，沒有錢誰會向我？」

現在人心不古，楊太太、王太太也不便再替吳先生說話。不過王太太看她時刻摟着那隻黑皮包，覺得那是個累贅，萬一在什麼地方丟了，或是被人搶去，那不糟糕？

「吳太太，我的記性不好，老是丟東西，妳的皮包帶出帶進，不怕丟掉？」王太太問。

「我已經習慣，不會丟。」吳太太說。

「萬一妳在路上暈倒，那怎麼辦？」楊太太問。

「那我的命都保不住，也就顧不得皮包了。」

這天她們又談得很晏。王太太怕王先生駡她，幾次要走，都被吳太太留住，直到吳先生「開會」回來，她才和楊太太一道出來。吳太太和吳先生送到門口，吳先生雙手扶着吳太太，那樣子好像十分親愛。

「想不到他們表面親熱，心裏都有鬼胎？」楊太太看吳先生吳太太進屋之後，輕輕地對王太太說。

「我那老鬼像個吃人的老虎，對我從來沒有講過半句好話，天大的事吵一架也就算了，誰也不會防誰一手。」王太太說。

「結髮的到底是結髮的，不比半路夫妻。」楊太太說。

「妳還想不想和我逃走？」王太太笑着問楊太太。

「死人！那是氣話，妳還把它當眞的？」楊太太笑着把王太太一推：「死鬼打死我我也不走。」

王太太笑着跑回家，楊太太在後面打趣地說：

「小心老虎把妳吃下去！」

百鳥聲喧

一

許旭東又來到金鶯鳥園。他也記不清楚這是第幾十次了？自從掀起一陣鳥風之後，他就悄悄地參觀各個鳥園，仔細比較，冷眼旁觀。他覺得金鶯鳥園是最大的一個，鳥的種類最多，價錢公道，生意最好。老板金日昇笑口常開，不像別的鳥園老板，看他只看不買，三兩次之後，臉上就沒有好顏色。金日昇不同，隨便他什麼時候去，總是笑嘻嘻的，如果生意不忙，還陪他談談鳥經，使他增加了不少常識。原先他一隻鳥也不認識，現在他知道那是十姊妹，那是文鳥，那是金絲雀，那是錦靜，那是胡錦……而且知道牠們的身價。

十年前，他就知道這家金鶯鳥園，專門賣鳥和熱帶魚。當時他事業如意，雄心壯志未減，根本沒有想到這種鷄毛蒜皮小事。偶然從門口經過，一時興起，溜進來看看鳥，看看熱帶魚。那時金鶯鳥園的鳥沒有現在這麼多，魚也少。房子是違章建築，竹頂，板壁，泥地，相當窩囊，現在是磚牆，水泥瓦，磨石地，朱紅大門，富有東方色彩。金日昇也發福了，面團團，肚子上像貼着半邊大西瓜，挺了起來。

許旭東進門時，金日昇正在和客人談生意，向他點頭微笑。他不敢打斷金日昇的生意，點點頭，逕自走到鳥籠旁邊看看鳥。三天沒有來，彷彿又多了不少鳥。高貴的錦靜鳥多了十幾對，原有的錦靜鳥正在生蛋而且由老十姊妹代孵出幾對小錦靜鳥。白文鳥，白十姊妹，和金絲雀也在生蛋，也孵出不少小鳥。房子裏鳥聲喧鬧，彷彿走進春天的森林，金絲雀歌喉婉轉嘹亮，十分悅耳，他聽得悠然神往，彷彿身在深山大澤，忘記了自己在紅塵萬丈的臺北。

「金老板，我們一回生，二回熟，白十姊妹大鳥算一千五百一對……」客人說。

許旭東聽了一怔，三天前他來的時候金日昇告訴他白十姊妹小鳥五百，中鳥八百，大鳥一千，怎麽三天工夫大白十妹姊一下跳到一千五？這是什麽利息？他簡直不相信，懷疑地望望金日昇和那兩位客人，金日昇笑着回答：

「現在行情看漲，這個價錢我還不想脫手。」

許旭東又一怔，他覺得金日昇人心不足。可是客人還捨不得走，笑嘻嘻地說：

「我們不是單買白十姊妹，還要買白文鳥，錦靜，你要是價錢公道，這筆生意不小，白文鳥和錦靜價錢怎樣？」

「老實告訴兩位，臺北所有的鳥園，只有我這一家歷史最久，鳥類最多，價錢也最公道。兩位要是誠心買，白文鳥大的一千六百五，中鳥一千三，小鳥一千。錦靜大的九千五，中鳥七千五，小鳥三千五，……」

許旭東聽得張口結舌，客人也抓抓頭皮，金日昇却笑瞇瞇地說：

「這是最公道的價錢，不但臺北買不到，兩位就是上新竹苗栗，也買不到這樣便宜的鳥。」

「能不能承讓一點？」客人問。

「我不歡喜漫天討價，就地還錢。」金日昇笑着說：「我這個鳥園就寶這塊招牌。」

兩位客人互相望了一眼，一位瘦子問金日昇。

「錦靜的蛋多少錢一個？」

「一千一。」金日昇回答。

許旭東差點跳起來。客人也有點猶疑不決。金日昇端出一個精緻的硬壳紙盒，紙盒裏面隔了十來個少方格，小方格裏墊了棉花，六七個痲雀蛋大小的小蛋嵌在格子裏的棉花上面。金日昇像捧着貢品一般謹愼地雙手托着，笑瞇瞇地說：

「保證個個受精，孵得出小鳥，不像別家出門不認貨，我的蛋上都有特別記號。」

許旭東好奇地走過去看看，蛋頭上有很小的英文字母K字和阿拉伯字號碼。那不是普通墨水，大概很難洗掉。

兩位客人又互相望了一眼，然後對金日昇說：

「這樣好吧，我們買白十姊妹，白文鳥，錦靜，金絲雀四種大鳥，你店裏有的我們都要，你打個八折好不好？」

金日昇望望鳥籠，估計這四種大鳥有五十隻，這筆數目不小，翻了翻眼皮，笑瞇瞇地說：

「兩位大人大面，加上介紹人王先生的面子，我統統打個九五折好了。這就特別公道，別家絕對買不到。」

兩位客人裝作要走的樣子，走到門口又回過頭來說：

「老板，這是一筆大生意，如果這次成交，下次我們還會來買，我們專作外銷，不是養一兩隻玩的。」

金日昇向桌上的名片掠了一眼，看見「國際洋鳥外銷中心」這一行小字，又滿臉堆笑地說：

「為了下回生意，我再削一次價，九折，不能再少。」

那兩位客人又走進來，討價還價，金日昇無論如何不肯再減價，客人只好同意，但他們左挑右挑，四種鳥一共挑了二十對，放進四隻鳥籠，然後以大客人的口氣說：

「不是我們吃肉嫌肥，我們要在國際市場做點信用，打開銷路，所以毛色差一點的年齡大一點的我們都不能要。」

「貨賣識家，我也不願意砸自己的招牌。」金日昇說。

客人交了五千塊錢的現款，其餘的約定晚上六點要他們把鳥送過去再付清。

金日昇給了他們一個收條，笑瞇瞇地把兩位客人送到門外，鞠躬如也。眼看着客人坐上計程車，一溜烟地走了，才轉身囘來。

「金先生，怎麼三天工夫，鳥價就漲了這麼多？」許旭東連忙問。

「許先生，現在是早晚市價不同。」金日昇笑着囘答：「幹我們這一行的今年都交了好運。很多養着玩玩的，現在都發了財。你要是早兩個月在我這裏買幾十隻囘去養養，現在最少也賺了三四萬。」

許旭東想想早兩個月的鳥價不到現在的一半，要是那時買了一批囘去，最少賺了一倍。聽了金日昇的話，他眞有點後悔自己的膽子越來越小，坐着錯過了賺錢的機會。現在有什麼事情賺錢有這麼容易？聽說中南部有很多人養鳥賺了大錢，他的朋友曹日宣去年養了幾十對十姊妹、金絲雀，文鳥，現在也賺了四五萬，前兩個月又添了兩對錦靜鳥，要是生蛋孵出小鳥，這兩對鳥一年就可以賺好幾萬。

「金先生，我怕銷路有問題。」

「放心，現在有人在搞外銷，我能賣你也能賣。」金日昇遞給許旭東一枝烟，笑嘻嘻地說。

「行船跑馬三分險，沒有天上掉下來的錢。我開了十幾年鳥園，也沒有開垮。」

「金先生，不瞞你說，我只有一瓢兒水，潑了可收不起來。」

「當初我開這個鳥園，只有十幾對花十姊妹，一對金絲雀，一對文鳥，幾缸魚。現在除了這邊裝門面的鳥以外，公舘還有三四百隻，這不都是賺來的？」

許旭東聽得忻然心動，他本來對養鳥的事觀望了半年之久，可是這半年來一直看好，他坐着錯過了機會。這次親眼看見金日昇做了這筆大生意，據他估計，最少要賺五六萬，就以三天前的行情計算，也要賺兩三萬，因爲這些不是花十姊妹那種普通鳥。

「金先生，你要是肯特別優待的話，我就囘去和太太商量一下。」許旭東囘答。

「怕老婆的人才會發財。」金日昇笑得像個彌勒佛：「你囘去和太太商量一下也好，只要你到我這裏買鳥，我總比對那兩個鳥販子尅己一些。」

二

許旭東囘到家裏，眉飛色舞，他太太以爲他找到了工作，一向愁雲慘淡的臉忽然笑得像一朶迎春花兒，而且柔聲柔氣地問：

「旭東，你的工作有了眉目？」

「現在人浮於事，我坐四望五的人那裏去找工作？」許旭東笑着囘答。

「你眞是黃連樹下蓋蜂窩，事情沒有找到，還成天作樂？」太太馬上拉下臉，白他一眼。

「淑貞，妳不要人窮志短，算命看相的都說我四十六到五十財庫冲開，是一部發大財的好運。妳看我東嶽西嶽氣勢雄偉，土星明亮，準頭晶瑩圓潤，加之蘭台廷尉左輔右弼，這種格局如果不發大財是無天理！」許旭東滿臉堆笑地望着太太。窮算命，富燒香，這幾年來他對相法命理也有相當研究。「淑貞，今年我叫四十七了，正走在節骨眼兒上。新臺幣要滾滾來啦！」

「你別信武夷山人和王半仙的鬼話！」許太太聽厭了丈夫炒冷飯，沒有好氣地回答：「要是能把老家那上百頃地搬到臺灣來，蓋得起十個統一飯店！現在關二爺走麥城，卸甲丟盔，不餓死就是好的，你還想發財？」

許旭東楞了一下。他幾乎忘記了他家曾經擁有上萬畝的好地，城裏還有一家大百貨店。他不禁嘆息一聲，又自我解嘲地一笑：

「太座，妳也別窮人思古債。十年河東，十年河西，瞎貓也會碰着死老鼠，現在也該輪到我走好運了！」

「買了十幾年的愛國獎券，十塊錢都沒有中過，還有什麼好運？」許太太鼻子裏嗤了一聲。於是，許旭東期期艾艾地把在金鶯鳥園親眼目擊的事告訴她，許太太聽過之後，冷笑一聲，歪着頭問他：

「怎麼？你想養鳥？」

許旭東看太太滿臉烏雲，倒抽一口冷氣。過後又溫言軟語地說：

「這次我調查了幾個月，去過新竹苗栗養鳥人家，在臺北也看了十幾個鳥園。金鶯鳥園妳是知道的。金老板的確是矮子爬樓梯，步步高升，最近半年來大發利市，最少賺了幾十萬，這該不假？」

「臺灣這鬼地方就是一窩蜂，你不要眼紅。」許太太說：「養鳥的人總有一天也會一鍋兒爛！」

「太太，妳也不要專往壞處想。」許旭東陪着笑臉說：「事實上已經有很多養鳥戶發了小財。」

「一朝被蛇咬，十年怕井繩。」許太太攀着手指頭數落着：「養牛蛙，養鷄，養忘八，你都幹過，那一樣不是賠得慘兮兮？比波密拉吹得還慘？」

許旭東像挨了一榔頭，翻白眼，半天作不得聲。當初他還有點積蓄，每月的薪水不够開支，因此在牛蛙風刮到臺北時，他不問三七二十一，養牛蛙作副業。一下班就在池子邊上看蝌蚪，餵鷄糞，還到處挖蚯蚓，半夜聽見牛蛙叫，就高興得睡不着。但這陣風很快地就吹過去了。一年內吹掉他三萬多。以後不久又興養鱉，鱉價高到三百塊錢一斤，一隻兩三斤重的鱉可以賣到七八百塊，他因爲有水池子可以利用，又大鱉小鱉地買了二三十對，每天下午下班從菜市場買囘一包臭魚，放進池裏餵鱉，自己蹲在池子邊伺候忘八。但是冬天第一次寒流，就凍死了十幾對小鱉，大鱉像金龜，也始終不長，養了一年，還沒有長到兩斤，生了蛋，孵了小鱉，又死的死，不死的又被大鱉吃掉。而一陣忘八風也很快地吹過去了。大家偃旗息鼓，他還能獨養下去？剩下幾隻鱉，他又不好意思提到舘子裏去賣，而且殺價殺到一百塊錢一斤，還要三斤重的。他沒有一隻鱉上了三斤，一氣之下，自己宰了吃掉，這一吃又吃掉兩萬，和吃金龜差不多。

薪水越來越不管用，太太成天嘀咕，孩子也一天天大，積蓄越來越少，太太來會又倒了幾起。於是又把念頭轉到養鷄。這時鷄已很普遍，而且這陣風吹得最久，加之他一向喜歡鷄，那雪白的來亨鷄尤其可愛。他請教鷄場和農會，都說可以養，一隻鷄每月平均可賺十塊錢，因此他又塡好水池，搭起鷄棚，自己利用公餘時間，敲敲釘釘，花了一個多月，釘好了一百隻鷄的鷄籠，鷄架，一開頭就花了上萬塊。他和太太忙得團團轉，晚上也睡不着覺，比養三個孩子還勞心。一百隻小鷄只養大七十多隻，生蛋又不到七成，這批鷄只勉強保本，但時間精力白費，後來爲減輕成本，又多養了兩百隻，但八七水災以後飼料陡漲，養鷄的飼料魚粉、豆餅、花生餅、奶粉、玉米……都是進口貨，只漲不跌，臺糖飼料也水漲船高，而鷄和蛋始終無法外銷，價錢原封不動。最先垮的是他們這種家庭副業戶，三年下來，最後的一點積蓄三萬多塊錢全部賠光，這才收場。老母鷄只能賣十二三塊錢一斤，兩三百隻鷄沒有賣到一萬塊錢，不够還飼料店的欠帳。鷄架送人都不要，鷄棚勉強改作竹屋，放放亂七八糟的東西。

這以後他事業上又受了挫折，幹了二十多年，拿了幾萬塊錢「拜拜」。原先他以爲找個糊口的工作總沒有問題，可是到處碰壁，最後完全絕望，他才把念頭轉到養鳥上面來。但這次他愼重得多，冷眼旁觀了半年，始終沒有向太太提過一句。這半年中他錯過了大好機會，他還剩了四萬塊錢的老本，半年最少可以翻一倍。

他回想過去那三次慘痛的經歷，猶有餘悸。但這一年來的失業，使他更加徬徨痛苦，他覺得沒有一條生路，養鳥倒是一片好景。過了半天，他搬出金日昇的話對太太說：

「金老板說行船跑馬三分險，天上不會掉下錢來，要是我們不養鳥，剩下這點錢也吃不到一年。」

「難道你眞找不到工作？」

「你不知道外面的行情，像我這種年齡除非幹主管，但是我前不巴村，後不巴店，那有主管給我幹？幹小職員人家嫌我年紀大，而且還得八行書，再加電話，可不是外甥走娘舅家，那麼方便。」

許太太望望丈夫，又氣又惱又失望，又有點同情，想當年……她不禁眼圈一紅。

「養牛蛙，養忘八，都是一陣風，我看養鳥也不會天長地久？」許太太抹抹眼淚說。

「現在誰還會想到子孫三代的事？幹任何事都像賭寶，撈一把算一把。吃魚吃肉我們沒有碰上，吃糊吃粥剛好趕到。」許旭東下意識的摸摸他的大鼻子，又自我安慰地說：「不過，過了荒年有時年，運氣來了門板也擋不住。半夜起來吃盌肉，該熬到了。」

許太太打量丈夫一眼，方面大耳，怎麼也不像一個貧窮相。尤其是那個大而多肉的鼻子，更是得自遺傳，他祖父以同樣的鼻子白手起家，發到幾十頃地，他父親以同樣的鼻子翻了一倍以上；他也是同樣的鼻子，怎麼弄到這步田地？雖然她不懂相法，但聽老年人談過，鼻爲財帛宮，發財就看鼻子，鼻子好，走到四五十歲是非發不可的，當年她嫁他時，父親也就是看準了他這個發財的鼻子，認爲他會克紹箕裘，還要大發下去，想不到兎兒離開了老窩，連過街的老鼠也不如。現在他四十七，正走到節骨眼上，連中十塊錢的愛國獎券都沒有，因此，她全不相信那些鬼話了。但是左思右想，除了養鳥之外，也實在想不出一個更好的辦法。

「我先和你說好，我們只有半瓢兒水，再要潑了，你同我跳淡水河，我不願意看見孩子們失學，餓飯。」許太太說着眼圈一紅，滾出兩顆豆大的淚珠。

許旭東心裏也不是味道。不過瘦死的駱駝比馬大，他又是男子漢，男兒有淚不輕彈，他到了這種地步，心裏還不服輸，他還有信心。他豪放的對太太說：「別想的那麼絕，要是這一寶押中了，我們不就翻了身？脫了霉運？」

三

鳥價一天天上漲，高貴的錦靜鳥已經漲到一萬一千元一對，白文鳥一千二，胡錦一千六，小文一千五，白十姊妹一千，櫻文五百，連最賤的花十姊妹也漲到三百。

可是金鶯鳥園門庭若市，供不應求，金日昇老板更是笑口常開。

許旭東在金鶯鳥園買了四十對鳥。他買不起錦靜這種高貴的鳥，白文鳥，白十姊妹，小文，白錦華，金絲雀，胡靜，一樣只買了兩三對中鳥。最多的是花十姊妹大鳥，因爲這種鳥不但便宜，而且繁殖力強，又能孵窩，可以代孵其他高貴的小鳥。

這四十對鳥連籠子一起一共花了三萬出頭，一家人只留下幾千塊錢的生活費，勉強可以維持兩三個月，完全是破釜沉舟。

鳥不像鷄，佔的地方極少。四十對小鳥只佔了竹屋四分之一的地位。竹屋事先已經打掃得乾乾淨淨，周圍打了滴滴涕，地上洒了石灰。鳥進屋時許旭東本來想買掛鞭炮放放，但又怕驚駭了牠們，這些鳥的膽子特別小，尤其是那些貴族小姐，受了驚牠們會自己撞死的。因此他只好撰寫了一副紅紙對聯，貼在鳥屋門口。

天天生金蛋

個個是鳳凰

隨後他又寫了一個横眉，貼在上面，横眉是八個大字：

鳥屋重地閒人免進

傍晚，他大女兒玖菁放學回家，聽見竹屋裏啷啷喳喳的鳥叫，高興得往竹屋裏跑，他連忙雙手一張，把女兒攔在竹屋門口，指指横眉，女兒看了把嘴巴一撅，質問他：

「爸，我又不是外人，爲什麽不讓我進去看看？」

「妳來勢洶洶，要是駭壞了牠們，爸爸只好跳淡水河了。」

女兒想起他初養鷄時也是這個樣子，不准他們進鷄棚，要想進去一定得换好鞋子，她想想又好氣又好笑。看到「天天生金蛋，個個是鳳凰」這副對聯，她更好笑。瞟了鳥兒一眼，鼻子裏嗤的一聲：

「爸，你別做夢！那麼一點點大的小鳥也配稱鳳凰？就是生蛋也不會比麻雀蛋大，來亨鷄蛋才一塊多錢一個，鵪鶉蛋也比它値錢，你還希望它生金蛋，爸，要是別人看見你這副對聯眞會笑掉牙啦！」

「嘿！妳眞不知道天高地厚！」他白了女兒一眼：「錦靜鳥的蛋，一個値一千四百塊，妳知道什麼？」

女兒把眼睛睜得大大的望着父親，半天才說：

「爸，你不是說瘋話？要麽你又講天方夜譚？」

許旭東放下左手，把右手搭在女兒的肩上說：

「妳眞是豬八戒吃人參果，全不知滋味。」許旭東左手向那排鳥籠一指：「妳別小看這幾十隻小鳥，花了我三萬多！」

「爸，你又上洋當！」女兒脚一頓，走過去一看，指手畫脚地說：「你花上千塊錢買一對小鳥幹嗎？」

「妳和弟弟妹妹的學費，一家人的生活費，都出在牠們身上，妳說我幹嗎？」許旭東望着女兒。

女兒搖搖頭，指着一對羽毛還沒有長齊的小文鳥說：

「爸，這麽一對小鳥，也値上千塊？」

「嗯！」許旭東點點頭：「一千塊還買牠不到哩！」

「爸，這眞駭人！」女兒睜大眼睛說。

「這還不算貴，」許旭東搖搖頭：「錦靜鳥一對要一萬多哩！」

「爸，誰發了瘋花一萬多塊錢買一對小鳥呀？」

「自然有人要。」他拍拍女兒的肩膀一笑：「一萬多塊臺幣，在洋人不過是兩三百美金，算不了一回事。想當年，爸也會買，這些鳥兒我才不賣。」

女兒聽父親的口氣，像個大闊佬。不禁打量他一眼：破汗衫，舊卡其布黃褲，頭髮鬍鬚很長，一副窮愁潦倒的樣子，忽然嗤的一笑：

「爸，你要醒着說話，要是被別人聽見眞會笑掉大牙！」

「玖菁，可惜妳遲生了十年，不然妳就知道爸不是吹牛。想當年……」他望望女兒和籠子裏的鳥，有點哭笑不得。

「爸，別想當年了。」女兒搖搖他：「你養蛙牛，養忘八，養鷄，沒有一樣成功，媽暗自落淚，現在你又養鳥？……」

「玖菁，這次爸只許成功，不許失敗！妳不要和媽一樣潑我的冷水，妳要替我打氣。……」

女兒望望他，看他眼裏有淚。馬上點點頭。他又立刻高興起來，拍拍女兒的肩說：

「養鳥比養鷄快，飼料少，又好照顧，利息可大。好多人已經發了財，可惜爸駭小了膽，沒有早動手，不然也發了。」

女兒沒有作聲，她有點迷惘，也有點躭心。她昨天晚上還聽見母親嘀咕，母親好像不大贊成這種事。

他們家裏一隻大黑貓不知道什麼時候溜進鳥屋。這隻貓旣會捕鼠，又歡喜抓痲雀小鳥。貓突然向一隻白文鳥的籠子上一撲，把鳥籠打翻，小白文鳥嚇得亂撲亂撞，撞得半死。許旭東連忙把一件衣服搭在鳥籠上，遮住光線，小心地放回原處，然後抓起一根粗棍，屋前屋後地打貓。貓沒有打着，他氣得臉色鐵青，發誓要把貓丟掉。兒子女兒非常疼貓，不肯丟。他罵了兒子女兒一頓。

從這天晚上起，他一個人睡在鳥屋裏面。第二天，他等兒子女兒上學之後，把貓捉着丟到中央市場去了。

兒子女兒很不開心，對父親發生了惡感。一連幾天都不理他。

但每天清早聽見千廻百囀的鳥叫，放學以後看見那一籠籠漂亮的小鳥，他們又漸漸忘記了貓，愛上了鳥。

不但兒子女兒愛上了鳥，許太太也漸漸喜愛起來。因爲養鳥比養鷄乾淨，也沒有養鷄那麼辛苦，準時上點食，換換水，輕鬆愜意，上食換水時，鳥兒對她婉囀嬌啼，悠揚悅耳，她彷彿是住在春天的森林裏，又彷彿重看翠堤春曉的影片，重聽維也納的森林鳥聲。

許旭東看太太兒女都歡喜鳥，心裏輕鬆了許多。

中鳥長得很快，一天一個樣子，不到一個月，羽毛豐滿，十分漂亮。花十姊妹開始生蛋，他把蛋編好號碼，準備孵小鳥，這批花十姊妹生完蛋，全部孵化，他可以增加五六倍小鳥。

每天晚飯後，他要跑到金鶯鳥園和金日昇聊聊天，探探行情。鳥價一直堅挺，他十分高興。

「明天有一批交易，你的鳥賣不賣？」金日昇關照他。

他問明各種大鳥的價錢，估計白十姊妹，白文鳥，小文，金絲雀，胡錦，櫻文，每一對可淨賺三四百塊錢，他有十八對，可賺六七千，這不過是一個多月的時間。花十姊妹每對也可以賺百把塊，他準備賣掉一半，因爲有小鳥可以接替。這裏面又可以賺千把塊。

「賣，賣！」他高興地回答金日昇。

「當初你要是買了兩三對小錦靜，你就可以多賺上萬塊。」金日昇說。

「這次我決定買錦靜，最少要買三四個蛋。」

金日昇拿出幾個錦靜蛋給他看，又指指籠子裏的一對小錦靜對他說：

「這是作樣子的，公館我還有四對小錦靜，你眞要可以去挑。」

「好，等這批鳥脫手，我再和你去。」許旭東高興地回答。

第二天，金日昇介紹他把鳥賣掉，淨賺九千多。他除了補充一批中鳥之外，買了四隻錦靜蛋，去了四千八百，其餘的錢留作家用和飼料費。

一個月以後，他的中鳥又全部長大，而且多了五十四隻小花十姊妹，四隻小錦靜。這四隻蛋變成四隻鳥，他就賺上萬塊，他暗自慶幸他的運氣好，沒有一隻寡蛋，也沒有一隻出不出來，他對那隻代孵的花十姊妹，特別優待。對金日昇也很感激。

不久，他又賣了一批鳥，白文鳥，金絲雀等每樣留下一對作種鳥，但是多賣了二十對花十姊妹，賣了一對錦靜小鳥，比上次還多賺了五六千。

這兩次交易，如此順手，先後不過三個多月的時間，賺了兩萬多，雖然這些錢大部份又投在鳥的身上。他現在大大小小有一百二十多隻鳥，他心裏十分高興，連許太太也笑逐顏開，鳥屋裏也多去幾次。

「我看武夷山人和王半仙不是亂開黃腔，現在果然財庫冲開，那天我眞要去謝謝他們。」許旭東望着一排排鳥籠，和鮮艷奪目的鳥，聽着千廻萬囀的歌聲，笑着對太太說。

「好，」許太太高興地點點頭：「那天我們一道去，也請他們替我看看，看我會不會餓飯？」

「要是早聽他的話，早半年動手，我們不是多賺了四五萬？」

「財發十年無囤處，只要以後順遂就行。果眞這是個偏鋒奇門，就算天不絕人。我還要到城隍廟裏燒香許願哩！」

四

好景不常，鳥價忽然下跌。

起初，跌幅不算太大。許旭東賣了幾對就捨不得再賣。他和金鶯鳥園老板金日昇商量，金日昇也主張觀望。

「我看這是鳥販子操縱，以前也有過小跌大漲，大家不賣，他們也就撿不到便宜。」金日昇說：「三百六十行以外，現在又多了這一行。連我也有點暈頭轉向。」

「你已經穩坐江山，他們整你不垮。我們這些新戶小戶，可就慘了。」許旭東馬上想到養牛蛙、養鼈、養鷄這些慘痛的經驗。養牛蛙、養鼈，固然大家一鍋兒爛，有大資本的鷄場老板，他們早賺足了小戶的錢，自己有孵卵器，又兼營飼料和其他有關事業，所以還沒有垮，像他這種副業小戶，統統賠光。「一朝被蛇咬，十年怕井繩」，他比別人更加敏感。

「你不必着急，再過幾天看看。」金日昇安慰他。

可是，鳥價一天天下跌，不僅臺北如此，到處一片跌風，而且有行無市。許旭東急得像熱鍋上的螞蟻，還不敢對太太講。

一天他太太在外面看了報紙，才知道這回事，馬上質問他：

「鳥價跌得這麼慘，你還把我蒙在鼓裏？我們只有半瓢兒水，你怎麼還穩坐釣魚臺？」

他啞子吃黃連，作不得聲，半天沒有吭氣。他太太又急又氣，大聲地催他：

「你還不趕快想點辦法？早點脫手？多得不如少得，少得不如現得，救出兩個本錢也好賣賣香烟小菜！」

「有行無市，別人黃鶴樓上看翻船，誰肯做傻瓜，一下買我這麼多鳥？」

「你同金老板商量一下，全部讓給他不行？」

「這幾天他一隻鳥也沒有賣掉，他怎麼會要我們這麼多鳥？」

「我們的鳥都是從他那裏買來的，便宜賣給他，他總會要。」

他心裏默算一下，要是比市價低一成，全部賣給金日昇，還可以救住三萬來塊錢。他只好硬着頭皮去金鶯鳥園。

金日昇也愁眉不展，一看見他就兩手一攤：

「又跌了！」

他像澆了一頭冰水，癡癡呆呆地楞在門口。過了半天，才想起自己是爲什麼來的？於是，他期期艾艾的向金日昇說明來意，金日昇雙手一拍，一臉的苦笑：

「我的鳥比你的多，自己的都賣不出去，你再便宜我也不能買。」

許旭東沒有辦法，只好跑別的鳥園，沒有一家肯要。

隨後他又跑了幾家養鳥的大戶，一位姓王的對他說：

「我看這有點像玩股票，大魚吃小魚！說不定鳥商鳥販都有勾結，專整我們這些養鳥的？我們幾家大鳥戶，已經決定挺下去，一隻不賣。我看你也犯不着送肉上砧？要想一次脫手那更辦不到。」

「王先生，不瞞你說，我實在挺不下去。」許旭東哭喪着臉說。

姓王的同情地看看他，最後還是對他說：

「這是一場大鬪法，希望你不要自亂陣脚，免得影響所有的養鳥人家。」

他垂頭喪氣的回家，太太知道原委以後，嘀咕咕了幾句，哭了起來。

鳥價越跌越慘。許旭東自已估計，卽使全部賣掉，也賣不到兩萬塊錢。他心裏像塞了一塊大石頭，望着籠裏的鳥長吁短嘆，連夜失眠。

報紙上突然登出一個消息：據有關方面透露，國際市場鳥價，比臺灣低一倍到兩倍，過去的高價哄抬，全係有人故意操縱，翻雲覆雨，從中漁利。本省市場有限，希望大家不要一窩蜂養鳥……。

許旭東看了這則消息，差點暈倒。

鳥價繼續狂跌！許旭東的鳥一對也賣不出去。

一天傍晚時分，他在外面喝了幾杯太白酒回家，滿臉通紅，活像關二爺。他太太一看見他就抱怨地說：

「明天沒有錢買菜，再過三天就沒有米下鍋，你還黃連樹下彈琴，灌黃湯，喝馬尿？……」

「少廢話！沒有錢買菜，把鳥宰掉，一鍋燜了，不就得了？」

「這不是來亨鷄！全部宰掉也炒不到一盤肉，三萬多塊錢的血本，你好濶氣！」

「妳別門縫裏看人！猴腦熊掌許家大少爺也吃過，一盤炒子鷄有什麼稀奇？」

「你這才是窮人思古債！簡直不要鼻子！」

他突然揚起手掌，摑了過去，打得許太太身子一搖一晃，過了半天才哅的一聲哭了出來，連哭帶罵，他又打了她兩耳光，一氣衝了出去。

二十多年夫妻，這是許太太第一次挨打，她傷心地哭了一陣，沒有地方出氣，突然想起鳥來，她跑進鳥屋，搬出鳥籠，抓出鳥兒一隻隻往天上抛，鳥兒又驚又喜，滿天飛，花十姊妹啣啣喳喳，金絲雀千廻百囀，一百多隻鳥兒在天空喧叫，彷彿開音樂會，比維也納森林裏的鳥聲更好聽。

大女兒玫菁放學回家時看見鳥兒滿天飛，連忙跑到鳥屋來，許太太正從籠中抓出最後兩隻錦靜，玫菁大叫一聲撲過去：

「媽，使不得！一萬多塊！」

許太太望了女兒一眼，冷笑一聲：

「張家三小姐壓箱底的銀洋也不止一萬塊！去他的！」

她雙手一甩，兩隻錦靜啣啣地飛上天空，去湊熱鬧。

大女兒踵了半步，失神地望着天空，鳥兒在天空翩翩飛舞，快樂得大聲歌唱。大女兒回頭望望鳥屋的紅紙對聯：

天天生金蛋

個個是鳳凰

又調轉頭來望望母親：

「媽，妳這是何苦？」

許太太望着天空突然拍手大笑，笑了幾聲，兩眼一翻，像根棉花條，癱了下去……

風竹與野馬

一

自從兩年前，汪野羚一連來找陳鶴年兩次，他都失迎，她就沒有再來了，而且也一直未再給他寫信，這眞是少有的事。他想她可能生氣，幾次想去回拜她，又一直抽不出時間，心裏始終有點歉意。但一想到她那麼多孩子，一方面忙着家事，一方面又忙着學畫，她實在和他一樣忙，不去也好，因爲碰不上她，固然浪費了他的時間，碰上了她，就浪費了他們兩人的時間，甚至吵得她先生不得安寧。她是那麼健談，嘴巴像挺機關槍，噠噠噠不停，她先生偏偏是個沉默寡言的人，又不能掩着耳朵不聽。這幾年她的畫與又比小說濃厚，牆壁上掛的盡是她的大作，他一去她又拉着他談她的畫，還要他批評。隔行如隔山，他實在不敢信口雌黃，好壞總得講出一點彎彎理，他既不能胡捧，也不能亂貶，道理又講不出來，這眞是崇公道解蘇三，一件苦差。但是在她面前又沒有不講話的自由。她是那麼坦白，那麼天眞，四五個孩子的母親，還像一位童眞未鑿的少女，而且帶着幾分野性，在她這樣的人面前，作客人不講話，行？

可是她沒有生他的氣，突然寫了一封長信給他，還是恭恭敬敬地稱他「老師」。這個稱呼他十分慚愧，他沒有時間替她改寫那個長篇，也沒有受聘爲她的家庭教師，只是很早以前替她改過幾個短篇，告訴她如何發揮優點，改進缺點，如此而已。但她並不「過河拆橋」，一字爲師，多年來一直照稱不誤。

她密密麻麻地寫了一大張紙。她寫小說是信手一揮，千言萬語，彷彿黃河之水天上來，奔騰不已，又如丈二金剛令人摸不着頭腦。信更是想到就寫，天南一句，地北一句。他歸納起來有三件事：一是她要考報社編譯，她說她英文基礎很好，希望很大。二是她正申請到美國去學美術，有人替她申請奬學金。她說美國人喜歡中國的山水畫，她要改學山水，她有油畫基礎，學山水一定很快。三是她的風竹入選美展，和畫竹名家駱華亭的竹子掛在一塊，要他去看。還有兩件事她忘記說，那就是她的鋼琴彈得呱呱叫，游泳也是好手。

她講的這三件事他看了都很高興。他沒有看見她成爲小說家，本來內疚甚深。如果能考取報社編譯，對她文字的磨鍊大有幫助，他認爲她是個有才華的人，就是缺少嚴格的訓練。同時他先生是個奉公守法的人，家庭經濟情況不佳，而她用錢如用水，常常弄得捉襟見肘，要是她能考上編譯，最少她先生可以喘一口氣。放洋到美國去自然更是一椿喜事，既可唸書，又可賣畫賺美金，眞是一石二鳥。雖然孩子不能照顧，但她有個修養到家，性情極好的先生，自然可以父兼母職。至於參加畫展，這是兌了現的事，他更希望她能因此一舉成名。

她停止學寫小說之後，就向一位國畫名家學畫，畫牡丹、畫梅、畫蘭、畫竹。她以前學過油畫，天份又高，進步很快，比學寫小說的成就大。但是陳鶴年第一次在她家裏看過她牆壁上掛的那些畫後，心裏就有一個感覺，認爲她的牡丹不够富麗，氣派不足；梅花豔而不冷，缺少傲視霜雪的風骨和精神；蘭花更缺少那份幽靜，孤芳自賞的氣質；只有風竹最爲傳神，那種動盪不安，彈性十足，彷彿要破紙飛去，當他把這個意見告訴她時，她高興得跳了起來：

「老師，你的意見很對，姚老師也說我的風竹最好，一般名家都趕不上。你是怎麽看出來的？」

「我是從妳的小說和性格上看出來的，」陳鶴年說：「寫小說有相當嚴格的規範，妳專跑野馬，離譜太遠。畫風竹正好表現出妳不穩定的心情，所以相得益彰。」

「老師，照你這樣說，我的風竹眞可以成名？」

「我不懂畫，只能說妳走對了路，妳應該向姚先生多學。」陳鶴年說。

後來她寫信告訴他，只學了半年，就繳不起學費，又想回頭請他指導寫小說。他不願意她學畫半途而廢，棄長就短，委婉地拒絕了她，勸她繼續在家練習。果然她的風竹入選了。

二

美展開幕的那天下午，陳鶴年特地趕去參觀。在畫室門口，他正好碰上汪野羚，她在門口招待來賓。

兩年不見，她顯得非常親切，她招待他簽過名，就帶她去看她的畫。參加美展的多是年高德劭的名家，她是年齡最輕，資格最淺的一位。她的那幅風竹，是畫竹名家駱華亭題的字，也掛在他的作品旁邊，地位十分搶眼，非常引人注意。

「老師，你看我畫得怎樣？趕不趕得上這些名家？」她指着自己的畫問陳鶴年。

他覺得她進步眞快，用筆用墨雖然沒有駱華亭老到，但毫無匠氣，完全是妙手天成，神來之筆。他讚賞了她幾句，她眉飛色舞，輕輕對他說：

「有人出了三千塊，我不肯賣。」

「等我有錢時，我出五千好了。」他笑着說。

「老師，我學油畫沒有成功，學鋼琴半途而廢，學小說你又不肯教，反而鼓勵我畫竹子，現在總算冒出了頭，將來我一定畫一幅好的報答你。」她一本正經地說。又從大衣口袋裏掏出一份當天的日報，遞給他看，上面有一篇介紹美展的文字，其中有一段對她的風竹着實誇獎一番，譽爲後起之秀，天才之作。

「一分耕耘，一分收穫，妳的功夫沒有白費。」他把報紙交給她說。

「老師，送佛送到西天，你寫篇捧場的文章好不好？」她把報紙小心地塞進大衣口袋，望着他說。

「隔行如隔山，我不敢班門弄斧，我另外請人寫好了。」他說。

她很高興，毫不掩飾地對他說：

「老師，我眞希望一擧成名。畫畫不比寫文章，有了名氣，一幅畫兒就值幾千。姚老師光收收學生，一個月就一兩萬，其實也不過指點指點，比寫小說省事多了。」

「所以我勸你學畫，事半功倍。」

「畫竹子不行，我想學山水。」

「妳眞想賺美金？」

「要是去得成美國，不賺點美金怎麽行？」她坦白地回答：「在美國還能喝西北風不成？」

「妳不是要考編譯嗎？」

她笑着點點頭。

「妳又要學山水，又要考編譯，又申請去美國，妳一隻手能按幾隻鱉？」他笑着問她。

「先按三隻再說，希望最後捉隻大的。」

「如果妳眞能去美國，妳先生會讓妳放洋？」他故意試探她。

「他樣樣依我，怎麽會不讓我去？」她反問他。

他先生把她當小孩子，的確樣樣依他。她要學鋼琴就讓她學鋼琴，學寫小說就讓她學寫小說學畫就讓她學畫，從來沒有阻撓她。他彷彿一個大海，看她這條虎鯊究竟能衝到那裏去？陳鶴年也看不出他會不讓她去美國。

「妳參加美展，怎麼不和先生一道來看？」他也好久沒看見她先生，他們兩人倒很相投，不免有點想念。

「他早看厭了，在家裏帶孩子。」她輕鬆地囘答。

穿着長袍馬褂，看上去大約五十來歲的畫家姚先生走了過來，她馬上介紹他們兩位認識。姚先生說了幾句「久仰」，「請多指教」之類的客氣話，陳鶴年也恭喜姚先生一番，然後指指汪野羚對他說：

「恭喜你收了她這位高足。」

姚先生望望汪野羚，向陳鶴年拱拱手風趣地一笑：

「彼此彼此。」

「姚先生，她是你的名符其實的入室弟子，我可不敢當這個師字。」陳鶴年笑着囘答。

「對，我倒想起了一件事，」姚先生拊掌一笑，望了汪野羚一眼說：「她曾經對我說過，因爲閣下不肯教她寫小說，所以她才來向我學畫，不然我還沒有這份榮幸。」

陳鶴年有點尷尬，汪野羚却哈哈地笑了起來。她笑得非常響亮，參觀美展的人都注目而視，她却旁若無人。

「姚先生，不是我不肯教她，她才氣縱横，我實在教不了。她找到你才沒有走錯廟門。」過了一會陳鶴年才向他們兩人解釋。

姚先生聽了很高興，汪野羚却望着陳鶴年說：

「老師，你何必眞人面前說假話？我知道你是怕我的裹脚布，又臭又長。」

陳鶴年禁不住噗哧一聲，哈哈大笑。陳鶴年笑聲一停，她又接着說：

「姚老師也說我瘋瘋顚顚，不肯教我畫別的東西，專要我畫風竹。要不是我的風竹還過得去，姚老師也早把我趕出他的畫室了。」

「現在妳青出於藍，再過幾年妳就不認我這個老師了。」姚先生笑着說。

「老師，飲水思源，在這件事上我可不瘋瘋顚顚。」她望着姚先生一本正經地說。

姚先生和陳鶴年相視一笑。陳鶴年故意問姚先生：

「姚先生，你怎麼專要她畫風竹？」

「她胸中有股大颱風，讓她搖搖竹子最好。」姚先生望望汪野羚一笑。

參觀美展的人川流不息，姚先生發現一個送了花籃的朋友進來，向陳鶴年說了聲對不起，連忙過去接待。汪野羚陪他繼續參觀。

畫廊裏眞是琳瑯滿目，山水、花卉、翎毛、士女……名家名畫，都是亮箱底的玩藝兒，參觀完畢，汪野羚把他送到外面，悄悄地問他：

「老師，你看這些名家當中那一位的山水最好？我再拜他爲師。」

「妳已經拜了姚先生，何必再拜別人？」陳鶴年說。

「姚先生是以花卉見長，山水不是他的拿手。」她說。

「恕我說句外行話，妳胸中無丘壑，學山水不一定相宜。不如向毛一飛學學畫馬，他的馬已經畫到了家。」陳鶴年想起剛剛看到的毛一飛的幾幅馬，變化無窮，奔騰之狀宛如天馬行空，自動向他推薦。

「畫馬我也不一定會有成就？」

「妳畫沒有韁繩的野馬，一定會有更大的成就。」他笑着說。

「老師，我和你說正經話，你怎麼開玩笑？」她也笑了起來。

「我說的完全是正經話，」陳鶴年望望她：「如果妳一定要學山水，最好學畫火山，但是沒有那一位山水名家能够教妳，中國的淡墨山水裏找不出火山。」

三

美展之後，汪野羚贏得了一點薄名。

陳鶴年開始注意她另外一件事。他本來訂了那份招考編譯的報紙，他看到了一連登了三天的招考編譯人員啓事，一個星期之後，他又看到錄取編譯人員通知，一共取了三位，請他們在三天之內報到。但是這裏面沒有汪野羚。

他怕傷了她的自尊心，不好意思寫信去問，也沒有去看她。他也不知道她是學山水，還是學馬？

半年以後，他突然接到她一封信，說是要出國，請他吃便飯，他不能不去。買了一點禮物，帶了一本新書送她。

他到家時，她先生莊俊卿親自開門，他和陳鶴年好久不見，非常高興。

汪野羚從厨房出來歡迎，陳鶴年向她道喜，她開門見山地說：

「老師，獎學金是請到了，兩萬五千塊錢的飛機票還不知道在那裏？裱畫的錢都是東借西湊的。」

「有了金彈弓，還怕打不到巧鴛鴦？」他寬慰她說。「大家想想法子看。」

「老師，我倒不要你出錢，決定自己開個畫展，請你捧捧場，行不行？」

「妳想單獨開畫展？」他望望她又望望她丈夫。

她笑着點點頭，非常得意。她丈夫對陳鶴年說：

「陳先生，她要發瘋，我有什麼辦法？我自己沒有錢，只好讓她出洋相。」

「你別門縫裏看人，」她馬上白丈夫一眼：「我開這次畫展，說不定抵你幹幾年窮公務員。」

「好，惟願妳名利雙收。」她先生心平氣和地回答。

「莊先生，她去美國你不覺得有什麽不便？」陳鶴年問。
「陳先生，不瞞你說，她在家裏天翻地覆，去美國之後，我反而落個清靜。」莊俊卿說。「她是一條野馬，讓她去美國那種社會橫衝直撞。」
外面有人按電鈴，汪野羚三步兩步跑到門口，進來的是畫家姚先生，還有兩位陳鶴年不認識，經汪野羚一介紹，才知道是畫馬名家毛一飛，山水名家陳畢圃。
他們進來之後，汪野羚望望他們說：
「老師，畫展的事安排得怎樣？」
「地點已經接洽好了，在中山堂。」姚先生說。
「買畫的大頭也找了幾位，他們都答應訂。」陳畢圃說。
「老師，這次全仗你們的大名大力！」汪野羚望望他們說：「要是賣不出去，我連租金都付不起。」
他們要她放心，她高興得蹦蹦跳跳。他們又問她的畫裱好沒有？她說三天之內可以全部交貨。
三位畫家有兩位陳鶴年是初見面，莊俊卿更是只聞其名，未見其人，他們師生四人討論畫展的事，他們兩人就在一邊閒聊。孩子們都像汪野羚，一刻也不能寧靜，在客人中間鑽來鑽去。她摸出幾張一元的舊鈔票，交給大女孩子，把幾個小傢伙往外一推，關起大門開飯。

她沒有請下女，飯菜都是她自己弄的。菜馬馬虎虎，飯有一半是生的。她笑着說了一聲「糟糕，請老師吃生飯！」莊俊卿非常抱歉，連忙去買了一盤饅頭回來。

飯後不久，孩子們在外面砰砰砰地搥門，陳鶴年他們起身告辭。他們夫妻兩人把客人送到門外，莊俊卿只輕輕地說了兩句「拜託」，汪野羚却大聲地對他們四人說：

「老師，這次完全仰仗你們，要是賣不出去，我就災情慘重了！」

四

汪野羚畫展如期舉行。這天報紙上也登出她幾幅畫，還有兩篇評介文字，一張照片，頗不寂寞。

陳鶴年預先訂了一隻花籃，叮囑花店準時送去，他自己丟下重要的事，上午九點多鐘就趕去道賀。

會場裏外擺了二三十個花籃，氣勢不弱。她丈夫莊俊卿也被她拉來當招待。他一看見陳鶴年連忙過來歡迎。陳鶴年笑着問他。

「你怎麼有空出來？」

「拉夫，拉夫！」莊俊卿輕輕地回答。

汪野羚一向不大修飾，多半蓬頭散髮，今天也特別打扮了一番。頭髮做得整齊大方，把平日的裙裝換成旗袍。她和三位畫家老師，周旋在貴賓之間，看見陳鶴年進來，連忙抽身歡迎。陳鶴年向她道賀，她笑着問他：

「老師，你看場面怎樣？」

「氣派不小，趕得上名家。」他說。

「老師，我每樣都只學幾個月，你看看這些畫站不站得住？」她指着壁上的幾十幅畫說。

「妳一共展出多少？」他掃了一眼問她。

「五十幅，四十幅風竹，五幅山水，五匹馬。」

他看看壁上掛滿了各種神態的風竹，眞的搖曳生姿，大風中的竹子起伏震顫尤其傳神。其中有兩幅朱紅的竹子定價各三千元，下面掛了紅紙條子。

他又特別去看看她的馬和山水。馬全都是動態的，有的昂首揚尾長嘶，有的人立起來作搏鬪狀，有的掀起屁股彈腿，有的奔騰追逐，四蹄如飛，沒有一匹坐臥不動。

隨後他掠了山水一眼，輕輕地問她：

「山水和馬妳是怎樣學的？」

「我一隻手按兩隻鶩。老師，你看跑掉沒有？」

「妳是天才，不過妳只抓住馬，糟踏了山水。」他毫不客氣地說。

「老師沒有教畫火山，我又沒有範本臨摹，這怪不得我。」她坦然回答。

參觀的人湧到他們身邊，他不便再講，走開幾步。江野羚却虓心賣不出多少幅畫，怕不够開支，她輕輕地對他說：

「老師，看的不買，買的不看，這些人都是趕熱鬧的，幫不了我的忙。」

「妳揀兩幅定價最低的風竹和馬，掛上我的名字。」他說。

「老師，那怎麼好意思？」她高興地一笑。

「秀才人情，幫妳一點小忙。」他笑着回答：「我拉不到大頭，我自己總跑不掉。就算我送妳兩篇小說。」

「老師，那我賣一根竹子送一匹馬，你本小利大。」她笑嘻嘻地指指所有的竹子和馬。「隨你挑。」

他沒有挑，只輕輕地對她說：「賣不掉的再給我。」

五

江野羚的畫賣了二十多幅，除了開支還剩了四萬多塊錢，她高興得直跳，事後特地選了兩幅畫親自送給陳鶴年，陳鶴年問她：

「定價多少？」

「老師，你沒有要我的學費，我還好意思要你的錢？」她大聲地說：「這兩幅畫送給你作個紀念，這次的飛機票不成問題，以後我要賺美國人的錢。」

「貨賣識家，妳眞有把握？」他看她說得那麽得意，心裏暗自替她躭心。

「老師，你的觀念應該改變，只有外行的錢才好賺。這次買畫的沒有一個是行家，美國人還不是一樣？」

「妳帶竹子去還是帶馬？」

「不帶竹子不帶馬，只帶山水。」她唱歌似地說。

「千萬不要鬧笑話。」

「洋人看山水，等於我們看抽象畫，都是附庸風雅，假時髦，怎麽會鬧笑話？」

「這樣看來，妳一點也不瘋瘋顚顚？」陳鶴年笑了起來。

「這就叫做福至心靈！」她也笑了起來：「老師，瘋子與天才本來只隔一線。」

他睜着眼睛望着她，分不出那是瘋子那是天才？

她去美國那天，他特別趕到機場送行，她的三位畫家老師也去了。她提了一箱子畫，有她自己的和三位老師的淸一色的山水。她春風滿面地站在梯口向大家揮手告別，頭髮飛揚，像風竹又像馬鬣。

陳鶴年的書房從來不掛名人字畫，他從機場回來之後，却把汪野羚的風竹和野馬掛了起來。

美人計

一

「吳先生，你看她怎樣？」一個四十多歲的阿巴桑等阿珠進房後，笑着問吳明臣。

「人倒長得不壞，就是太貴。」吳明臣抓抓後腦殼說。

「嗨，吳先生，八千塊錢你還嫌貴？像她這樣的貨色最少也要一萬。」阿巴嫂眉眼直瞪地說。

「她又不是清水貨，怎麼要這樣貴？」吳明臣知道阿珠不是閨女，而他自己是第一次結婚，所以他想殺點價。

「你要知道她長得卡水呀！」阿巴嫂一笑：「如果她不是死了丈夫，你出十萬塊錢也想她不到手呀！」

「她是眞的死了丈夫？」吳明臣不放心地問。

「眞的，」阿巴嫂用力點點頭：「一點不假。」

「有沒有孩子？」吳明臣又問。

「我說了沒有就沒有。」阿巴嫂用力搖搖頭。

「妳不能騙我，」吳明臣鄭重地說：「我不願意惹麻煩。」

「她結婚才三個月，丈夫就死了，怎麼會有孩子？」阿巴嫂笑着說。

「也許她肚子裏有呢？」吳明臣還不放心。

「嘿，她替你帶一個回去還不好嗎？」阿巴嫂開玩笑地說。

「不是我自己的骨肉，那我不能要。」吳明臣固執地說。

「我保險她肚子裏也沒有，」阿巴嫂拍拍自己的胸脯：「昨天我才同她去醫院檢查過。」

「即使她肚子裏沒有孩子，我也怕她是個白虎星。」吳明臣覺得她結婚三個月就死了丈夫，怕她是個帶煞星的女人。

「她丈夫是出海打漁遇上了大颱風，這怎麼能怪她？」阿巴嫂解釋說：「你又不打漁，怕什麼？」

吳明臣想想也對，他在槍林彈雨中也沒有打死，八二三那樣兇猛的砲戰也只負過輕傷，現在退役下來開個小雜貨舖，風不吹，雨不打，難道洋鐵皮的屋頂掉下來還打得死人？何況看相的已經說過他可以活七八十歲呢。

但他覺得八千塊錢實在太貴，拿出去有點心痛，這是他用生命換來的一筆錢，他必須愼重考慮。因此他笑着說：

「卽使我的命大，八千塊錢也太貴。」

「你要知道，你出了八千塊錢一切禮餅都免了，再也不要你花一個錢，這還不好？」阿巴嫂反問他。

「我就是想落個乾淨，錢過手，人過手。」吳明臣坦白地說。

「我也是這樣說，只要你今天交錢，阿珠今天就跟你到臺北。」阿巴嫂向他挑逗地一笑。

「今天我沒有帶這麽多。」吳明臣摸摸自己的口袋。

「先交點定錢也可以。」阿巴嫂大方地說。

「價錢能不能少？」吳明臣望着阿巴嫂的臉上問。

阿巴嫂一笑，然後故作感慨地說：

「本來阿珠家裏要一萬，我說你人好，一口氣就減掉兩千塊，你還想再少？」

「如果不能再少，我就沒有辦法了。」吳明臣站了起來，準備離開。

「阿珠，吳先生要走了，妳來送一下。」阿巴嫂向房裏說。

阿珠應聲走了出來，阿巴嫂向她遞了一個眼色，她馬上向吳明臣一笑：

「吳先生，你不多坐一下？」

吳明臣本來在移動的兩腿突然停了下來，向她尷尬地一笑。

阿巴嫂看在眼裏，欲擒故縱地說：

「吳先生要趕回臺北，妳送他到車站去吧！」

阿巴嫂這一說，吳明臣倒不好意思不走了。

走出大門沒有多遠，他就輕輕地問阿珠：

「妳家裏眞的要八千嗎？」

「我父親有病，他等着錢用。」阿珠把眉一皺說。

「我坦白告訴妳，」吳明臣向阿珠一笑：「我不是拿不出這八千塊錢，我是躭心我們結婚以後的生活。」

「我能吃苦，我會作洋裁。」阿珠扭扭手絹說。

「妳眞能吃苦？」吳明臣高興地一笑。他覺得阿珠不但臉孔生得漂亮，身材尤其好，年紀又輕，如果她眞能吃苦，那就太好了。

「我們本省女人都能吃苦，不像你們外省女人只會享受。」阿珠翻翻眼睛說。

「所以我情願討本省女人哪！」吳明臣討好地一笑。

「但你又捨不得八千塊錢呀！」阿珠瞟了吳明臣一眼。

吳明臣臉孔微微一紅，隨後又抓住一個理由說：

「這又不是妳要，如果是妳要我自然捨得。」

「你這人好壞，」阿珠故意撅起小嘴輕輕地白他一眼：「如果是我要，你不是等於不給？」

吳明臣開心地笑了起來，然後又對她說：

「你去對阿巴嫂講一聲，可不可以再少一點？」

「我可以去問阿嬸一下，但你到底能出多少？你應該先告訴我。」阿珠說。

「七千五好了，」吳明臣說：「看在妳的面子上，我也不想再少。」

阿珠瞟了他一眼，就獨自轉身回去。阿巴嫂看見阿珠一個人回來，有點緊張地問：

「怎樣？」

「他出了七千五。」阿珠說。

阿巴嫂一笑，神彩飛揚地說：

「我就知道他不會跑。」

「要不要叫他來？」阿珠問。

阿巴嫂點點頭。阿珠馬上走到門口笑着向遠遠地站着的吳明臣招招手，吳明臣如奉聖旨般地走了回來。

「看在阿珠的面子上，我替你負擔五百塊錢，反正阿珠以後是你的人。」阿巴嫂看着吳明臣走進來，先笑着對他說。

「謝謝妳，阿嬸。」吳明臣也客氣起來：「不過我今天只帶來兩千塊。」

「那就算作定金好了。」阿巴嫂說：「其餘的錢你那天交阿珠就那天跟你去臺北。」

「過兩天我會再送錢來，我想一個禮拜以內就結婚。」吳明臣說。

「隨便你。」阿巴嫂說。

「阿珠，妳同不同意？」吳明臣又問阿珠。

「隨你。」阿珠故意把頭一低。

於是吳明臣拿出兩千塊錢，交給阿巴嫂，阿巴嫂接過之後，吳明臣便說：

「阿嬸，請妳給我一張收條。」

「你放心，我不會跑，」阿巴嫂一笑，然後對阿珠說：「阿珠妳代我寫一下，我來蓋章。」

阿珠讀過小學，馬上提起鋼筆寫了一張收條，阿巴嫂在上面蓋了章。

吳明臣接過收條之後心裏篤定，他望了阿珠一眼紅着臉對阿巴嫂說：

「阿嬸，我想同阿珠出去一趟！」

「不可以的嘞！」阿巴嫂故意拖長着聲音說。

「我有點私話同阿珠說。」吳明臣又補充一句。

「好吧，」阿巴嫂望着吳明臣一笑，然後又對阿珠說：「阿珠，妳記住要早點回來。」

阿珠到房間裏去取了一個黑皮包出來，和阿巴嫂交換了一個眼色，便和吳明臣一道出來。

這是一個小鎭，却什麽都有，離臺北也不過兩三小時的火車路程。

吳明臣熱心地和阿珠討論結婚的事情，他告訴她可以發多少帖子，收多少禮金。

「現在臺北送禮的規矩是，人到一百，不到也要送五十，我的長官、同事、朋友，攏總計算起來，大概可以發三百多張喜帖，最多只要準備五桌酒席，這裏面大概可以落下五六千塊。」吳明臣興奮地說。

「舖子裏一天可以做多少錢的生意？」阿珠問。

「好的時候上千，不好也有五六百。」

「一天能賺多少？」

「平均分把息錢，」吳明臣說：「我是採取薄利多銷。」

「那也很好。」阿珠滿意地一笑。

「我老早就想成家，一直找不到對象，」吳明臣向她一笑：「想不到居然找到妳！眞是有緣千里來相會，無緣對面不相逢。」

阿珠瞟了他一眼，他有點飄飄然。

走到一家旅館門口，他忽然在她耳邊輕輕地說：

「我們進去休息一下好不好？」

「你好壞！」她白了他一眼，却隨他走了進去。

二

吳明臣懷着非常滿意的心情回到臺北，他還沒有進門，他的患難之交，在他雜貨舖裏幫忙的王立夫就笑着問他：

「怎樣？敲定沒有？」

「敲定了。」吳明臣笑着回答。

「多少？」

「七千五。」

「貴了。」王立夫說。

「人很不壞。」吳明臣得意地一笑。

王立夫也高興地一笑。過了一會又問：

「能馬上結婚嗎？」

吳明臣笑着點點頭。隨後反問王立夫：

「老王，你看我該發多少帖子？」

王立夫仰着頭，翻了翻眼睛，然後望着他一笑：

「一生只有這麽一次，你儘量發好了。」

於是他們兩人各自掏出小日記簿，互相核對補充長官、同事的姓名地址，最後王立夫把小日記簿往上衣口袋一塞，笑着對吳明臣說：

「已經一網打盡了。」

「還不到三百呢！」吳明臣意猶未足地一笑。

「讓我慢慢地想一下，看還有沒有漏網的？」王立夫說。

「老王，我看這次的總務就請你全權處理好了。」

「你的事我當然要儘量幫忙，我們這些光棍也只有你夠資格討老婆。」

「我和阿珠結婚之後，我一定要她替你介紹一個，」吳明臣熱情地說：「內地小姐我們討不到手，只好討個臺灣雜布。」

「唉！我還做這個夢？」王立夫慚愧地一笑，這兩年來他搞得衣食不周，如果不是吳明臣好意請他在雜貨舖幫忙，那就不堪設想了。

「老王，不要洩氣，慢慢來。」吳明臣安慰他說。「當初我何嘗想到會有今天？」

眞是人逢喜事精神爽，吳明臣一面安慰王立夫，一面密鑼緊鼓地籌備，第三天就把喜帖全部發出去了，隨後又急不可耐地把五千五百塊錢的餘款送到阿巴嫂那邊去。

阿巴嫂看他來了，堆着笑臉迎接，他開門見山地說：

「阿嬸，我送錢來了。」

同時把一堆鈔票往桌上一放。
阿巴嫂看見這堆鈔票又是一笑，還奉承他一句：
「我說了阿珠嫁你卡好。」
「阿珠呢？」吳明臣把眼睛向四處張望了一下，不見阿珠，便忍不住問。
「她玩去了，我就叫她回來。」阿巴嫂說，同時吩咐一個七八歲的女孩子去叫阿珠。
「阿嬸，我想今天就帶阿珠到臺北去。」吳明臣說。
「結婚還有幾天，何必那樣急呢？」阿巴嫂望着他一笑。
「我想替阿珠做幾件衣服，還有些別的事。」吳明臣說。
「隨你嘞！」阿巴嫂一笑：「阿珠已經是你的了。」
吳明臣聽見她這樣說非常開心，他終於有了一個女人！
過了一會阿珠便隨着那個小女孩來了，她一看見吳明臣就笑着說：
「你就來了？」
「我替阿嬸送錢來，」吳明臣笑着回答：「接妳去臺北。」
阿珠望了阿巴嫂一眼，阿巴嫂點點頭說：
「你們吃過飯再走，我去買菜。」
說着她把錢收了起來，然後提着籃子出去買菜。

「阿珠，今天一到臺北，我就帶妳去量衣服。」阿巴嫂走後，他笑着對阿珠說。「再過四天就結婚了，沒有幾件新衣不好。」

「你替我做什麼衣服？」阿珠笑着問他。

「當然是旗袍，」吳明臣直率地說：「我覺得你穿旗袍更好看。」

「現在你儘講好話，過了三天你就會嫌我。」阿珠故意撇撇嘴說。

「不會的，我決不是那樣的人！」吳明臣握住她的手說。

「我才不相信」！她撇撇嘴，搖搖頭。

「妳將來看好了。」他向她一笑，又低着頭輕輕地問她：「阿珠，妳愛不愛我？」

「莫栽袂嘞！」她笑着說了一句臺灣話。

吳明臣哈哈一笑，想吻她一下，她巧妙地閃開了。

阿巴嫂買了魚、肉、魚丸、葫蘿蔔、和蚧蛤之類的菜回來，要阿珠幫忙她弄。

阿珠很聽話，馬上提着籃子走進厨房。

吃飯以前的這段時間坐着等是很難熬的，因此他也偶爾踱到厨房去看阿珠弄菜，不時和阿巴嫂阿珠搭訕幾句，這樣時間就過得很快了。

這倒是一頓相當豐富的晚餐，雖然不大合他的口味，但因爲是阿珠做的，他也就吃得津津有味了。

「阿珠的菜做得怎樣？」阿巴嫂笑着問他。

「很好，很好。」他望着阿珠一笑。「這幾年我都是自己弄飯，以後就用不着自己動手了。」

「只怕我沒有你做的好吃？」阿珠笑着說。

「我相信妳會比我弄得好。」他鼓勵地一笑。

爲了爭取時間，飯後他沒有坐多久，便帶着阿珠離開，阿珠提着一個包袱，裏面放了一些換洗的內衣褲和零用的東西，此外甚麼都沒有帶。

阿巴嫂把他們送到車站，還客氣地替他們買了兩張慢車票，吳明臣感動地對她說：

「阿嬸，結婚那天妳一定要去？」

「知道嘞！」阿巴嫂拖長着聲音一笑。

他們搭上了六點五十分鐘的班車，到臺北時才九點半。

因爲阿珠手裏提了一個包袱，他便帶她先到自己的舖子去。

王立夫看他果然帶了阿珠回來，高興得很，而且阿珠除了還有一點點土氣之外，人實在長得很漂亮。當吳明臣替他們介紹之後，王立夫就直呼阿珠做大嫂了。

阿珠的眼睛向這座克難房屋打量了一下，這間舖子在馬路邊上，大約有十個塌塌米大小，前面六蓆作爲舖面，擺了兩排木架，上面放了一些瓶瓶罐罐，木架前面又是一些矮架，放了一些蘿蔔乾、辣椒、鴨蛋、醬瓜……雜七雜八的東西。後面四廂作爲臥室，放了一張床，一張小條桌，此外是吳明臣應用的東西和一些存貨。

當吳明臣帶阿珠走進這個小房間時，便笑着對她說：

「房裏亂七八糟，明天我要好好地整理一下，我已經訂好了一張新的雙人床。」

阿珠把包袱往床上一放，坐了下來，他又笑着對她說：

「妳休息一下，我馬上帶妳出去量衣服。」

他隨即走了出來，王立夫笑着輕輕地對他說：

「你的艷福不淺！」

吳明臣得意地一笑，過後又故意輕輕地問王立夫：

「你看怎樣？」

「不錯，不錯！」王立夫壓低嗓音說，伸出的大姆指還搖了幾搖。

阿珠從房裏走了出來，他們兩人同時向她一笑，阿珠大方地笑着對吳明臣說：

「走吧！」

吳明臣非常乖馴地跟在她的後面，走了幾步突然轉身回來輕輕地對王立夫說：

「今天你睡在我的床上，我不回來了。」

王立夫笑着點點頭，望着他們兩人雙雙對對地離開，然後自言自語地說：

「唉！老吳眞的時來運轉了！」

三

吳明臣和阿珠是先在法院公證結婚隨後再到館子裏請客的。館子裏一切客人的接待，禮金喜帳的點收，都由王立夫負總責。

當吳明臣和阿珠從法院過來時，客人們都鼓掌歡迎，有的還向他們兩人拋洒紅紅綠綠的紙屑。吳明臣穿了一套臺灣料子的西裝，看起來比平時在舖子裏汗衫短褲整潔多了。阿珠穿了緊身的緞子旗袍，曲線畢露，充滿了年輕女性的魅力，也減少了一點土氣。

大家都以驚奇的眼光看着他們兩人。

「這樣的貨色七千五百塊錢眞不算貴。」單身漢中有人這樣竊竊私語。

「要是我有老吳這筆錢，我也決定買一個。」另一個單身漢說。

「這樣最乾淨俐落！誰有那麽多的時間金錢去談什麽鬼的戀愛？」

「對！還是老吳對，我們都學他。」

於是一陣哈哈大笑，笑過之後又有人輕輕地說：

「我們都是空口說白話，沒有一個人拿得出七千五百塊錢。」

「就是拿得出七千五百塊錢，也買不到這樣的貨色。」

於是一陣唏噓，一陣輕鬆的笑。

酒席中充滿了粗獷的笑聲和歡樂。

席終人散之後，王立夫就向吳明臣報帳：

「除掉酒席開支，還有四千多塊錢落。」

「喜幛在不在內？」吳明臣問。

「喜幛在外。」王立夫說。

「這和我們原來的估計差不多。」吳明臣一笑。「下次你結婚時我來替你管總務。」

「這要托你的福。」王立夫笑着回答。

「阿珠，以後妳要替老王介紹一個。」吳明臣回過頭來對阿珠說。

阿珠笑而不答。

當吳明臣和王立夫兩人去帳房付款時，阿巴嫂在小房間裏悄悄地對阿珠說：

「阿珠，阿虎要我告訴妳，要妳十天之內回去。」

阿珠猶疑了一下，阿巴嫂便拉長臉對她說：

「妳知道阿虎的厲害？」

「他能不能放我一次？」阿珠懇求地說。

「老虎怎麽肯吐出口裏的猪？」阿巴嫂說。

「我已經爲他賺了不少錢。」阿珠說。
「他還有一筆生意正在等妳哩！」阿巴嫂說。
「好吧。」阿珠低下頭輕輕地回答。
「妳要記住！回去時不要忘記再帶一筆！」阿巴嫂警告她說：「看今天的情形還不壞。」
阿珠無可奈何地點點頭。
吳明臣從帳房回來便走進小房間，抱歉地對阿巴嫂說：
「阿嬸，今天沒有好好地招待。」
「你的客人卡多啦，」阿巴嫂一笑。
吳明臣看見王立夫也走了進來便笑着問他：
「老王，喜幛有沒有好的？請你替我挑兩件送阿嬸作被面。」
王立夫隨即從大包裹裏挑出兩條交給吳明臣，吳明臣遞給阿巴嫂說：
「阿嬸，小意思，妳帶回去作作被面。」
「不用嘞，不用嘞！」阿巴嫂口裏這麼說，兩隻手却伸了過來。
阿珠用報紙替她包好，然後和吳明臣一道送她去車站，吳明臣替她買好票。
上車時阿巴嫂還指着吳明臣假意地對阿珠說：
「阿珠，妳要好好地聽他的話，照顧店舖，不要亂跑。」

阿珠沒有作聲，吳明臣却感動地說：

「謝謝阿嬸的關照。」

「阿珠年輕，你也要包涵包涵。」阿巴嫂以長輩的口吻說。

「阿嬸，你放心，我會愛她。」吳明臣說。

火車開走之後，吳明臣和阿珠便一道離開車站，他們沒有出去渡蜜月，直接回到馬路邊上那個小雜貨舖。

吳明臣滿心歡喜，一回到小房間便摟着阿珠吻了一下，他在世上苦了三十多年，終於成家立業了！

四

他們婚後的生活很正常，阿珠洗衣弄飯，她倒眞肯吃苦。她對吳明臣很好，對王立夫也有禮貌，吳明臣非常安心。

一天下午，吳明臣出去接洽一件事情，恰巧王立夫有個朋友來找他，他便陪那個朋友到附近的冷飲店去坐了一會，臨走時，他關照阿珠不要離開，可是當他回來時大門是反鎖着的，幸好他身上有鑰匙，把門打開了。

「到底年輕，連生意也不管，一個人跑出去了。」王立夫心裏這樣想。

吳明臣回來時，不見阿珠，便笑着問王立夫：

「阿珠那裏去了？」

「大概是出去玩了？」王立夫說。

「她沒有跟你講？」吳明臣問。

王立夫把經過的情形告訴他，他淡然一笑說：

「年輕人就是這麼不懂事。」

可是等到吃晚飯時還不見阿珠回來，吳明臣心裏才有點焦急，因爲這一向都是她弄飯。

「奇怪，阿珠到那裏去了？」他心裏這樣想。

看看別人都在吃飯，他只好自己動手，因爲王立夫正在照顧生意。

他到房裏找火柴時，忽然發覺阿珠帶來的那個包袱不見了。他心裏有點生疑，便低着頭伸手從床底下把那個放錢的鐵盒子拿出來，慌慌忙忙地打開一看，那筆禮金和留着進貨的一萬多塊錢一個也沒有了！

他叫了一聲，幾乎暈倒下去。王立夫聽見他叫連忙趕過來問：

「什麼事？」

「不好了，阿珠跑了！」

「你不要多心，也許她是貪玩，說不定馬上就會回來？」王立夫說。

吳明臣一句話不講，把那個放錢的空鐵盒子往王立夫面前一拋，王立夫俯身檢了起來，惘然地說：

「眞有這回事？」

「天下最毒婦人心，阿珠害得我好苦！」吳明臣終於掉下兩顆眼淚。

「不要急，你不妨到她嬸娘家裏去找她。」王立夫說。

王立夫這句話一下提醒了吳明臣，吳明臣把手在條桌上一拍說：

「好！我馬上去！」

「不必急，吃過飯走不遲。」王立夫說。

「我怎麼吃得下飯？」吳明臣說着就匆匆忙忙地趕了出去。

吳明臣來到阿巴嫂的家，劈頭就問：

「阿嬸，阿珠來了沒有？」

「沒有。」阿巴嫂平靜地搖搖頭。

「奇怪？」吳明臣急躁地說：「阿珠走了，她怎麼沒有回來？」

「我囑咐過她，叫她好好地聽你的話，怎麼會走？」阿巴嫂也裝作奇怪地說。

「她不但走了，還偷了很多錢！」吳明臣說。

「你不要寃枉地，阿珠不會做這種事。」阿巴嫂板着臉說。

「我怎麽冤枉她？她人不見了，我的錢也不見了！」吳明臣說。
「你舖子裏還有一個人，你怎麽只懷疑阿珠？」阿巴嫂說。
「那是我十多年的老同事，我再多的錢他也沒有動過。」
「你回去慢慢調查一下，不要錯怪了阿珠。」
吳明臣頭腦冷靜了一下，想想阿珠並不算壞，他不好再提錢的事，只說：
「阿珠到底到那裏去了呢？我要找她回來」
「你是不是虐待了她？」阿巴嫂問。
「沒有。」吳明臣用力搖頭。
「我看靠不住，」阿巴嫂望着他冷笑：「你第一天來就那麽急，她比你年輕，也許她有苦說不出？」
吳明臣被她說得臉一紅，但馬上極力否認：
「我們很好，沒有那種事！」
「那你到別處去找找她吧？」阿巴嫂向他一笑。
吳明臣沒有辦法，只好對她說：
「如果阿珠回來了，請妳馬上通知我。」
「我會送她回去。」阿巴嫂慷慨地說。

吳明臣說了一聲謝謝，茶也沒有喝，又匆匆忙忙地趕了回來。

「阿珠回來沒有？」一進門他就問王立夫。

王立夫搖搖頭，又悃然地說：

「你沒有找到她？」

吳明臣也搖搖頭，然後把經過的情形告訴王立夫，只是把懷疑他拿了那筆錢的事省略了。

這天晚上他們兩人商量研究了好久，才決定一面登報，一面尋找。可是登了幾天報，找了好幾天，仍然毫無頭緒。吳明臣再找幾個朋友研究，大家一致認爲這是一個騙局，一個美人計，因爲近年來這類的事情很多。

吳明臣一氣，又去找阿巴嫂，沒有談上幾句就衝突起來。

「我要妳交出人來！不然我就去報案！」吳明臣大聲地對阿巴嫂說。

阿巴嫂冷冷地看了他一眼，根本沒有把他的話當回事，她房裏却走出一個三十多歲的男人來。

這是一個中等身材的壯漢，他兩隻粗臂上刺了兩隻老虎，一身結實的肌肉，臉上却很瘦，上唇蓄了一撮小鬍子，脚上拖了一雙木拖板，他走到吳明臣面前把一隻脚往櫈子上一踩，然後左手托着下巴冷笑地對吳明臣說：

「你不要問她要人，問我要人好了！」

「阿珠在你那裏？」吳明臣連忙問。

那人冷笑地點點頭。

「她是我的太太。」吳明臣說。

那人哈哈大笑起來，然後突然停住笑說：

「你的太太？別做夢吧！我阿虎的女人誰敢要？」

「我們是正式結婚的。」吳明臣說。

那人又大笑起來，笑過之後板着臉對吳明臣說：

「識相點！早點回去，不要再來！如果你想報案，就不要想活！」

他忽然在腿肚上拔出一把尖刀，颼的一聲，往桌上一插，刀尖深入桌面一寸多深。

吳明臣看了有點寒心，他向旁邊望了一眼，又發現兩個年輕人，持着白晃晃的武士刀虎視耽耽地站在那裏。他想好漢不吃眼前虧，只好一聲不響走了出來。

他一走出大門，身後就爆發出幾聲大笑，他加快脚步走，那人却趕到門口大聲地對他說：

「放乖一點！臺北也有我的人！」

吳明臣一肚子的寃屈無處伸訴，他回來把經過的情形告訴王立夫，王立夫臉色也沉重起來。

過了很久他才說。

「我們現在是老百姓，鬪不過他們，退了財，折了災，算了！他們什麼都幹得出來。」

吳明臣雖然很難忍下這口氣，可是左思右想之後，也只好接受王立夫的意見了。

三個月以後，報紙上突然刊載了一條破獲人肉販子的消息，主犯阿虎及被害人阿珠等數人均解來臺北。吳明臣看了膽氣一壯，便把大門一鎖，和王立夫一同去承辦單位報告自己的遭遇。一位警官把阿珠調出來和吳明臣對證，他問阿珠有沒有這回事？阿珠統統承認了。過後又哀求警官說：

「這都是阿虎逼着我做的，請警官開恩！」

「妳偷他的那些錢呢？」

「當天就交給阿虎了，我一個也沒有留。」阿珠哭着說。

警官望望阿珠，又望望吳明臣，然後問他們兩人：

「你們願不願意破鏡重圓？」

阿珠慚愧地望了吳明臣一眼，然後對警官說：

「他很好，我對他不起，但我又怕阿虎……」

「這妳不必顧慮，」警官對她說，然後又轉過頭來問吳明臣：

「你能不能原諒她？」

「只要以後沒有痲煩。……」吳明臣審愼地說。

「你放心好了。」警官安慰他說：「等案子全部結淸之後，我們會通知你，你先留個通訊處。」

吳明臣寫下了自己的住址，然後和王立夫一道走了出來，走出大門之後他深深地吐了一口氣。

一線希望從他心中湧起。

夜襲

黑夜，大雨，無風，無浪。

這是一個理想的天氣，我們焦急地等待了半個月的天氣。有兩次我們從基地出發時，是傾盆大雨，但一過臺灣海峽，剛望見大陸，不是繁星滿天，就是發現敵人巡邏海岸的艦艇。我們的目的不是要和敵人在海上見個高低，我們是要安全登陸，劉大明率領的六十個人的「田單隊」，必須神不知鬼不覺地在佘家村上岸，連夜深入敵後，然後生根發展。我率領的三十個人的「火牛隊」是老劉的「田單隊」的配角，但是我們這個配角比他們的主角更難演。

白天我們就上了船，天黑後我們在臺灣海峽中間。小型的平底艙裏擠了上百個人，很悶，我和劉大明爬上甲板呼吸新鮮空氣。天黑以前我們不敢上來，恐怕暴露目標，洩了機密。

船上全部燈火管制，艙外看不見一絲光亮，天空，海面一片漆黑，我連老劉的面孔都看不清楚。

「看樣子午夜會有大雨？」劉大明高興地說。

「要是再碰上月朗星稀，我們又得打退堂鼓。」我說。

「老王，惟願這次我能上去，我眞有點想家。」劉大明是老廣，前兩次我們半途而廢，他很失望。他隊上的其他老廣和準老廣，也不開心。不像我這個山東老鄉，我是寧願在烟臺、靑島登陸的。去年我和十幾位老鄉，坐着小船，在海上走了幾天幾夜，才到田橫島登陸，完成任務後又回到臺灣，我還不過癮，因爲我沒有去靑島老家。

「看樣子氣象所這次不是黃腔。」我望望漆黑如墨的天空，嗅嗅海上帶點鹽味的潮濕空氣說。」

「老王，如果天氣眞如氣象所預測，午夜閩粤沿海地區大雨，明天下午才能放晴，那這次就要特別仰仗你了！」劉大明說。「今天你可能演一場鐵公鷄。我們能不能成功，全靠你跳龍潭，探虎穴。」

劉大明的話，加重了我的責任。根據情報資料，「田單隊」登陸的余家村，比較偏僻，只有少數民兵，正規部隊在三四里以外，而且人數不多。我們登陸的羅盤灣，有汽油庫、彈藥庫，有一連正規部隊駐守，還配了幾條巡邏快艇，外圍還有民兵，的確是個龍潭虎穴。

「老劉，只要你們成功，卽使我們成仁也有代價。」

「老王，惟願你鴻福齊天，火牛隊走好運。」劉大明忽然婆婆媽媽起來。

我們這些人早把生死置之度外，大家湯裏火裏都去過。「火牛隊」的兄弟們，有的傷過幾次，有的死去活來。我去年遠征田橫島，去時小舟在海上飄盪了幾天，登陸時又打了一仗，雖然斬獲不少，我們也死了三個弟兄。回來時小舟引擎故障，完全用手划，黃海大風大浪，敵人軍艦曾在海上搜索，幸好浪大船小，又是黑夜，沒有被敵人發現。後來糧盡水絕，人也沒有力氣，小舟漂流到南韓濟州島，這才得救。但我和仲卿已經饑渴欲死，連自己的小便都喝完了。回到臺灣基地以後，大家說我「鴻福齊天」，「大難不死，必有後福。」所以這次的「火牛隊」又要我率領，我自然樂意，弟兄們更是個個自願，挑了又挑，選了又選的神槍手，而且老廣是第一優先，連我這個山東老鄉也惡性補習了個把月的廣東話。這次「火牛隊」的人數比去年去田橫島的多，任務也不相同。老實說，我們是準備以三十個人的生命，換取更多的敵人生命和彈藥汽油，並且牽住羅盤灣周圍的敵人，好讓「田單隊」順利登陸，繼續鑽進。我們「火牛隊」能有幾人生還？那只有天知道。出發前，我們每人都寫下了遺囑，留在基地，以必死之心出擊。

「老劉，縱然我們倒楣，敵人一定比我們先進鬼門關。」我想到我們犀利的武器，和三十位彈無虛發的神槍手。如果老天幫忙，我們到達時他們正在夢鄉，那更是甕中捉鱉。「你們可要細水長流？」

「老王，我們是去滾雪球。老周現在不是越滾越大。」劉大明說。

周玉甫是去年帶了二十幾個人上去的，現在他已經在粵贛邊區的崇山峻嶺中建立了根據地，發展到三四百人，而且滲入了共匪基層組織。劉大明這次上去就是和他互相呼應。嫂嫂做鞋，嬸嬸有樣。周玉甫是個很好的啓示。他們這次去比周玉甫強得多，周玉甫前天還和基地通訊，歡迎他們，上去之後，周玉甫會暗中接應。」

「老劉，你的個子太小，我希望你滾大一點。」我拍拍地的肩膀，開玩笑地說。老廣的個子都小，不像我們山東老鄉。老劉就比我矮一個頭，不過人實在精明能幹，兩隻眼窩窪下去，一肚子的主意。

「惟願托你的鴻福。」劉大明笑着回答。

甲板上突然叮叮噹噹響，像在青石板上洒黃豆。我頭上落了幾滴，劉大明高與地說：

「眞的下雨了！氣象所沒有垮臺。」

「可惜下早了一點，再遲一兩個鐘頭更好。」我知道船在向預定的海面開，還有一段路程。現在九點左右，我們預定十二點下船，兩點登陸。

雨越下越大，越下越密，我要他下艙，他要在甲板上淋雨，我駡他「神經病」，他拉着我說：

「老王，我眞躭心這場雨下不久，不要又害着我們回臺灣？」

「放心，這次會下個通宵，保險送你上大陸。」我把他用力一拖，他踉踉蹌蹌地跟我跑下艙來。

弟兄們看見我兩人身上打濕了，高與地問：

「隊長，下雨了？」

「嗯！今天保險可以上去。」我搶先回答。

「再不上去，我的鬍鬚都要急白了。」我隊上一位綽號馬鬍子的山東老鄉說。他蓄了幾分長的絡腮鬍鬚。他平時不修邊幅，有了任務之後，更是名正言順。因爲我們瞭解大陸的情形，大陸的老百姓不像我們穿得整整齊齊，鬍鬚刮得乾乾淨淨，如果我們那樣上去，會立刻露出馬脚。現在我們都是穿着大陸上的那種破衣服，頭髮個把月未理，鬍鬚個把禮拜未刮，大家看起來更像中年農人。事實上我們這些人也沒有一個是嘴上無毛的小伙子。薑是老的辣，我們都是在戰場上打過滾來的三四十歲的老油條，我們不要那種初出道的綉花枕頭。

「鬍子，你不要性急。我們「火牛隊」的任務不同，岸上沒有十八歲的大姑娘等你。」我笑着對他說。

「隊長，岸上就是有獅子老虎俺也要上去。」馬鬍子拍拍他的衝鋒槍用鄉音和我說：「俺想看看它伸伸紅舌頭。可惜俺不是老廣，不然俺要參加田單隊。」

「這次任務完成之後，說不定我們有機會回山東老家？」馬鬍子是烟台人，人不親土親，我們都忘不了老家。

「隊長，咱們兩鄉親，你到那裏，俺到那裏。俺性急的很，快力斬亂麻，最怕拖死狗。」

老廣們看我們兩人談得蠻親熱，他們和劉大明也唧哩哇啦起來。老廣本來最重同鄉觀念，他們是絕對多數，那股親熱勁兒，更是少有，大家談起話來，眞像一羣鴨子。他們講得太快，我眞無法聽懂，只斷斷續續地聽到幾句：

「不知道我老母在不在？……我父親怎樣？……我老婆嫁人沒有？……我兒子快有我高了……」

馬鬍子聽他們談到老婆，十分感慨，大聲地對劉大明說：

「劉隊長，要是你得了手，麻煩你代我打聽一下。我女人叫王桂英，看她是不是改了嫁？」

「馬鬍子，你這不是叫我海底撈月？廣東和山東相隔好幾省，同姓同名的人多得很，你叫我怎樣打聽？」劉大明笑着回答。

馬鬍子馬上用原子筆寫了一張紙條子往劉大明手上一塞，突然細聲細氣地說：

「你抓着這張紙條子，保險你不會扯着何仙姑叫二姨。」

劉大明覺得自己吃了虧，望望馬鬍子尷尬地一笑，最後還是把它放進皮夾。他那小皮夾是個百寶箱，有原版原樣的人民幣，有各種必要的證件。馬鬍子看他放好，笑着向他行了個擧手禮：

「劉隊長，祝你一帆風順，馬到成功。要是打聽出我女人的下落，日後我要重謝。」

「要是你老婆嫁給匪幹，那怎麽辦？」另一個老廣說。

「寃有頭，債有主，老子這傢伙可不饒人！」馬鬍子把槍托一拍：「今天晚上它又要大開殺戒。」

雨似乎越下越大，甲板上有叮叮噹噹的聲音傳下來。

劉大明聽了很高興，笑着對我說：

「看樣子會眞下個通宵，今天準能上去。」

弟兄們聽到雨聲，像鴨子見到水，面有喜色。馬鬍子擦擦槍，我突然想起要「火牛隊」的弟兄們再檢查一下武器。我對大家說：

「今天晚上有熱鬧場面，請大家再看看自已的傢伙。」

於是一片槍機聲，長的，短的，十分熱鬧。艙裏的五百支光的電燈，照着槍機閃閃發亮。田單隊的弟兄們有的檢查槍枝，有的檢查精巧的收發報機，錄音機，有的玩弄小照相機，有的扭開袖珍收音機，收聽臺灣的廣播。福建人民廣播電臺和廣東人民廣播電臺的節目聽得也很清楚。我們因爲任務特殊，在基地就時常監聽，現在田單隊要深入大陸，自然更不能不聽。

「……最近三個月來，福建廣東各地破獲反動案件二十七件，消滅登陸滲透的××特務一百五十餘名，澈底粉碎了××的夢想……」

「丢那媽，」劉大明笑駡一句：「今天老子就要上去。」

「臭婊子，看妳咬俺的鳥？」馬鬍子朝小收音機笑駡：「俺今天要給你們一點顏色！」

老廣們笑了起來。

我拿出特繪的羅盤灣圖，要弟們再看看。他們沒有興趣，因爲在基地我們已經將羅盤灣余家村的地形地物研究得十分透澈，根據最近的空中照相和情報資料，繪好地圖，做好模型，甚至那條路在那裏轉彎，那裏有個崗哨，都記得滾瓜爛熟。而且我們有一個活地圖鄺明光。他是羅盤灣的漁民，三年前逃出大陸，參加了我們的行列，這次剛好有用武之地。劉大明也有一個熟悉佘家村附近情形的弟兄作嚮導。

「火牛隊」要準備演鐵公鷄，我怕弟兄們大意，吃眼前虧，推着抱槍打盹的吳天民問：

「老吳，汽油庫房在那裏？」

他抬起頭來望望我，不服氣地回答：

「港東一百五十公尺。」

「直路？彎路？」我又問。

「走一百公尺再左轉彎？」

「什麼房屋？」

「磚牆，鐵皮頂。」

我笑着點頭，又問正在抽烟的謝炳文：

「老謝，彈藥庫房在那裏？」

「港西四百公尺的山坡上。」謝炳文取下嘴角的紙烟回答。

「怎樣上去？」

「山坡後面有一條小路。」

「警衛部隊駐在那裏？」

「鎮尾，離彈藥庫房八百公尺。」

我不再問，我很滿意。劉大明拍拍我的肩膀，翹翹大姆指說：

「老王，薑是老的辣！有你們「火牛隊」牽住敵人，我們放心做蛇仔。」

「你們的路線很熟？」我看他沒有問弟兄們，特別提醒他一下。

他胸有成竹地點點頭。

時間一分一秒地過去，我們兩隊弟兄把一切裝備武器都準備好了。十一點三十分，指揮官梁上校和吳參謀、陳艦長一道下艙，我們自動起立，指揮官笑着向我們點頭打招呼。我們不像正規部隊那麽嚴肅，平時相處如兄如弟，只有職務不同，不太注重階級，但是執行任務時絕對服從。

指揮官要我們就地坐着，他站着對我們講話。沒有一點官氣，像一家人話別。

「……這次你們的登陸行動，是反攻大陸的先聲，你們是先頭部隊，以後這種行動更會加強。……田單隊不必打草驚蛇，應該儘量避免和敵人接觸，向內陸鑽進，和周玉甫互相策應，彼此支援，積極發展，先作好接線點火工作，一旦大軍反攻，裏應外合，必然成功……」指揮官說到這裏，望望我和「火牛隊」的弟兄，停了一會才說：「火牛隊都是神槍手，應該儘量破壞敵人的設備，消滅敵人。出其不意，攻其不備。你們是吸鐵石，要發揮聲東擊西的作用，田單隊登陸成功，就是你們的成功。任務達成，才可以撤退，我們這條船等到明天早晨七點鐘。……最後祝諸位旗開得勝，馬到成功。」

他說完以後和兩隊弟兄一一握手。

田單隊上了兩條水鴨子，我們火牛隊坐上最後一條，艙裏的電燈全部熄滅。船頭一打開，就聽見大雨嘩嘩地響，雨點打在海面上，彷彿機槍子彈打在水裏卜卜地響。

第一條水鴨子滑下水之後，指揮官大聲地對坐在第二條水鴨子上的劉大明說：

「劉隊長，上岸後隨時和我聯繫，明天早晨七點，最後一次通訊。以後再和基地聯絡。」

「是，指揮官放心。」劉大明在黑暗中回答。

「劉隊長，祝你好運。」指揮官說。

「謝謝指揮官。」劉大明回頭說：「老王，再見。惟願托你的鴻福。」

我也回答他再見，說了兩句鼓勵的話。馬鬍子突然大聲地對他說：

「劉隊長！俺拜託你的事可別忘記？」

「我一定打聽個水落石出，決不會扯着何仙姑叫二姨。」劉大明的話音未落，水鴨子已經滑進海面。

現在輪到我們「火牛隊」下水。雨還是嘩啦嘩啦地下，大海一片漆黑。船頭正對着大陸，右前方有點燈光，彷彿霧裏的花朵，那大概就是羅盤灣小港的燈光。余家村在西，羅盤灣在東，相距十華里，我們的船正停在兩點之間十多浬外的海面。

我們正要下水時，指揮官突然抓住我的臂膀，低沉地說：

「王隊長，志清兄，這次難爲了你們！任務完成之後，迅速撤退回來，萬一遭遇敵人的增援部隊，撤退困難，就設法突圍向裏面鑽，和劉大明周玉甫會合，他們的路線地點你們都知道；一切必要的證件你們也有。士可殺不可辱，更不可洩漏半點機密。……」

他的聲音漸漸提高，使大家都能聽到。馬鬍子不等他說完，搶着說：

「指揮官，你放心！咱們船頭上跑馬不止一次，大家都是鐵琤琤的漢子，扎一刀不興叫痛，俺最後一粒子彈留着自己用，誰要是沒有骨頭露了底，就是忘八羔子！」

「好！我相信你們個個都是男子漢，大丈夫。」指揮官高興地說。

他在黑暗中又和大家一一握手，握到六個手指頭的鄺明光，他特別對他說：

「鄺明光，你是土生土長的，這次火牛隊要特別仰仗你。」

「指揮官，你放心，我知道灣上有幾個毛坑。」鄺明光打着廣東官話回答。

水鴨子衝下水，先是頭一低，屁股一翹，隨後又頭一抬，屁股一坐，才慢慢恢復平衡。雨打在雨衣上嘀嗒嘀嗒響。我回頭看看，「美華」只是一堆糢糊的黑影，寂靜無聲。我向左前方望望，希望發現田單隊的兩隻水鴨子，眼前一片糢糊，只聽到一兩百公尺外糢糢糊糊的引擎聲，如果不是事先知道那兩隻水鴨子，就很難分出那是雨聲那是引擎聲。

突然我發現「美華」號後面不遠處有一堆黑影，比「美華」瘦削俊俏，它似乎在向前移動？果然，一會兒它的黑影被「美華」遮住，又在「美華」前面出現，接着我的水鴨子有點顛簸，我想那一定是護航巡邏的ＰＣ，我看過這種軍艦，身子靈巧，速度快，像個年輕英俊的小伙子，不像大肚皮的女人一般的中字號美字號。

雨沒有停止的跡象，我們也像雨中的鴨子，雨水從頭上一直淋下來，膝蓋以上沒有打濕，膝蓋以下完全濕透，艙裏已經積了一兩寸深的水，黑膠鞋浸在水裏，脚一動鞋子裏會漬漬響。馬鬍子站在我的旁邊，他的臭脚發出一種豆豉味。

小港裏的三叢燈光還像霧裏的花朵。據鄺明光說，那本來是個小漁港，只能停木船，後來經共匪改修，可以停小型海軍快艇。經常有三兩條快艇停在港裏，漁船出海時它們也出海監視，防止漁民逃跑，他那次也是乘黑夜溜跑的。

「他們現在一定在睡倒頭覺，咱們正好送他們見閻王。」馬鬍子說。

「輕點，」我用手肘碰碰他：「不一定個個睡倒頭覺，總有幾個夜貓子。」

「隊長，那還不容易對付？」馬鬍子滿不在乎地說：「我保險一槍不響，扔塊石頭就可以送他回老家。」

馬鬍子的塊頭比我還大，身體很壯，是標準的山東老鄉，現在正是日正當中，一拳頭打得死一條大狼狗，三兩個老廣決不是他的對手。但我還是提醒他：

「鬍子，不要大意，小心陰溝裏翻船。」

「隊長，你不大像俺山東老鄉，你是張飛跑馬，粗中帶細。」馬鬍子笑着說：「俺一向直來直往，歡喜青石板上甩烏龜。」

「共匪可不比一般土匪，他們詭計多端。咱們山東老鄉過去吃虧上當不小，得處處防一手兒。」我說。

「可不是！」馬鬍子嘆了一口氣：「咱萬貫家財，街上兩棟舖面，幾十頃土地，他娘的全都落花流水！」

「現在你別窮人思古債，今夜咱們得好好地亮幾手兒。」

「隊長，你聽左了，俺可不是窮人思古債，俺一想起過去的好日子和俺那一朶花兒似的女人，俺打起仗來牙齒才咬得更緊。」

「可不能一陣熱血冲昏了頭，對付共匪得三分陰。」

「隊長，你算個角色！」他用手肘碰碰我：「論力氣你不如俺，論計謀，俺不如你。」

「咱們兩鄉親，別往自己臉上貼金。」我輕輕地說：「老廣在這方面比我們行。」

和廣東人相處越久，我越覺得他們會動腦筋，當初革滿清的命，也是他們搞起的，在外國發大財的也多半是老廣，咱們山東老鄉只會到東北開荒種地。劉大明那些老廣，看來一點不稀奇，可都有一套，我「火牛隊」的老廣要佔八成，今天還要看他們的。

船漸走漸近大陸，大家自然不再作聲。港裏的燈光看來比先前亮，那是港邊的三盞路燈。

我不打算冒險進港，決定在港西四五百公尺一處比較平坦的海邊登陸，鄺明光對那邊的地形很熟，閉着眼睛也可以摸上去。

港裏烟雨濛濛，港外一片黑暗，除了海面卜卜的響聲，什麽也聽不見，看不見。

水鴨子神不知鬼不覺地靠了岸，我吩咐馬鬍子帶一組人破壞軍火庫房，鄺明光帶一組人破壞汽油庫房，我自己帶一組人去對付那一百多個共匪。我的夜光錶兩點過五分，從這裏出發，軍火庫房最近，汽油庫房最遠，最少得四十分鐘才能摸到。我要大家對對夜光錶，然後對大家說：

「三點正同時動手，任務一完，就開始撤退。能趕上水鴨子的上水鴨子，不能趕上水鴨子的搶港裏的快艇，四點以前一定上船，過時不候。萬一不大順手，不能退出來，就遵照指揮官的命令，向敵後鑽。」

我怕馬鬍子性急，又特別囑咐他：

「你不能先動手，最好看見汽油庫房起火你再爆炸。」

「要是先被敵人發現，難道俺也不能下手？」馬鬍子反問我。

「你們應當特別小心。萬一先被敵人發現，那自然先下手爲強。」我回答，隨後又對鄺明光那一組人說：「你們也是一樣。不過我決不先開槍，等你兩組有了行動，我們才下手。」

「隊長，共匪人多，你要不要我們支援？」有人關心地問。怕我們十個人對付不了那一百多人。

「你們不必分心，任務一完，你們先走，我們殿後。」

大家不作聲。我和鄺明光領頭先走，沿着山坡背後一條小路向裏面摸。路很窄，高低不平，脚底下又滑。我傳話過去要大家小心槍機走火。

雨仍然未停，我們的行動雖然十分不便，但被敵人發現的危險也少了許多。摸了二十來分鐘，鄺明光突然停住，打量了一會，輕輕地對我說：

「子彈庫就在山坡那邊，有鐵絲網，要特別小心。」

我要馬鬍子這一組人留下來，慢慢爬過去。告訴他有鐵絲網，一再叮囑他不要性急，不要大意。馬鬍子有點聽不入耳，回答我說。

「隊長，你放心。沒有三兩三，不敢上梁山，俺不是初出道兒的。」

我聽了很安慰，這才想起他耍槍桿兒快二十年，見過不少風險。

我們繼續摸索了一段路。我和鄺明光爬上山坡向下面望望，山坡下面的小港，不過像口長方形的大池塘，停了十幾條破舊的漁船，三條灰色的快艇，港口有個崗亭，沒有看見人，大概衛兵在亭子裏打盹。港內死樣的寂靜。汽油庫房隱在幾棵大樹裏面，燈光照不到那邊。

我們在警衛部隊營房後面兩百公尺左右的地方停住，臥倒。鄺明光領着那一組人繞到汽油庫房那邊去。

我們向營房慢慢爬過去，港口的燈光照見營房旁邊的一棵樹頂，隱隱可以辨出營房的屋脊，此外是一片漆黑。雨仍然嘩嘩地下，周圍只聽見一片雨聲，雨聲淹沒了我們在地上匍匐爬行的聲音。

原先我躭心狗叫，臺灣到處是狗，常常擾人清夢。這裏離小鎮不遠，我們十個人和鄺明光他們十個人的行動，雖然可以瞞得過人，照理瞞不過狗，但我們到現在還沒有聽見一聲狗叫，難道狗真的和麻雀一樣統統被共產黨消滅了？

我們爬到離營房二三十公尺的地方才停頓下來，聽聽動靜，周圍是一片雨聲。沒有別的聲音，也沒有發現一個衛兵。

我看看夜光錶，三點差十分，我告訴弟兄們一聽見我的槍響，就衝過去開火。然後我帶着吳樹森從右邊繞到前面去，大門口似乎有個衛兵倚着石柱子打盹？營房前面不像後面那麼黑暗，因爲有港口的燈光反映。

我伏在一棵大樹幹後面，看夜光錶一分一秒地過去，越接近三點，心情也越緊張。先是怕他們個別行動，影響戰果，現在又怕兩組人發生意外，到時候交了白卷。

過了三點，還沒有聽見響動，我急出一身冷汗，還不敢哼聲。難道他們都觸了電？或者被俘？我食指觸着扳機，幾次想用力一扳，又忍了下來。直到三點過兩分，才聽見轟然一聲，火光一閃，我吐出了一口氣，心反而輕鬆起來。接着是砰砰乒乓的彈藥爆炸聲，驚天動地。

火光冲天，頓時照耀得如同白晝。門口的衛兵一驚而醒，端着槍團團轉，我一扣扳機，他馬上栽倒在水泥地上。

弟兄們大喊一聲，一衝而上，手榴彈從窗口扔進營房，火燄噴射器向營房裏面吐着又粗又長的火舌，衝鋒槍像放鞭炮，營房裏像殺猪樣地嚎叫，有的穿着白汗衫短褲從大門口逃出來，吳樹森的衝鋒槍打靶一樣把他們一個個地打倒在門口，再跑出來的人不打也自己絆倒，但吳樹森不放過他們。我們離大門口不到二十公尺，這種距離我的手槍要打那裏就打那裏，何況急驚風似的衝鋒槍。

到現在我只用手槍打了那一槍。衝鋒槍一槍未發，我不想浪費子彈。

汽油庫房那邊黑烟直上雲霄，火光越衝越高，照紅了半邊天。彈藥庫房繼續爆炸，乒乒乓乓之中往往夾着幾聲轟然巨響，人都震得跳起來。

我們這邊只聽見呻吟哭叫，而且聲音漸漸微弱稀疏。我發現一位弟兄端着衝鋒槍進屋去，對裏面一陣掃射，過了一會又跑了出來，手裏拿着一面五星旗，看了一眼，往懷裏一塞。

「裏面的情形怎樣？」我問他。

「死的死，傷的傷，沒有一個能動。」

「好！我們到港口去！」我大聲說。我怕增援部隊趕到，我們這十個人支持不了多久。

弟兄們聽我這樣說都趕了過來。我對他們說。

「我們帶兩條快艇回去。」

大家叫了一聲「好」，爭先向港口跑。現在用不着摸索，火光加上港口的燈光，照得和白天一般明亮。雨也停止了。什麽時候停止的？我完全沒有注意，也許就在倉庫爆炸的時候。

突然路邊一聲冷槍，跑在前面的弟兄倒下一個，接着是我們弟兄的一陣掃射，打倒了一個藏在樹林中的敵人崗哨。我看看中彈的弟兄是王廣平，一個老廣，還沒有死，我要另外一個弟兄揹着他走。

我發現鄺明光那一組人已經先到港口，而且上了快艇。他們大概也發現了我們，沒有開走，鄺明光正在艇上向我們招手。

我們趕到時才知道他們已經打死了一個港口衞兵，制服了三個在快艇上睡覺的士兵。我們只有兩個人會駕駛，三個匪軍兩個受傷，一個是帆纜，外行。於是我們分乘兩艘快艇，放棄一條，因爲鎭上的民兵已經趕來，他們老遠就向我們打槍，彷彿通知我們他們駕到。

我們把兩條快艇發動駛開之後，二十幾個民兵漸漸追近，吳樹森把兩顆未用的手榴彈一起投到那條快艇上，轟然兩聲，快艇炸了兩個大洞。民兵一怔，隨後又慌慌張張向我們打了幾槍。不知道是他們的槍法太差？還是拉拉交情？子彈不是從我們頭上飛過，就是從快艇兩邊嘘嘘而過。我們不想把他們當活靶子，只想露兩手給他們看看。我對弟兄說：

「把路燈打掉！」

於是砰砰三槍，路燈應聲而熄，燈泡跌在水泥地上十分清脆。我沒有注意這三槍是誰打的？路燈一熄，我們的快艇就在黑暗之中。我看見那些民兵在油庫的火光映照之下，像一羣呆頭鵝，楞楞地站在港邊。

快艇出港之後，鄺明光突然「唉呀」一聲。我不知道什麽不對勁？連忙問他：

「什麽事？」

「我忘記回家去看一下。」他低沉地回答。

我笑了起來，拍拍他的肩說：

「下次再來。」

弟兄們笑了起來。

我們的快艇駛近「美華」時，「美華」的 forty five 機槍口對準我們，探照燈照得我的眼睛發花，我站在艇前向他們揮着白手絹，高聲叫喊：

「你們不要看左了，這是我們的戰利品。」

大概他們聽見了我的聲音，看出是我，機槍口調了方向。

我首先爬上艦舷的繩梯，一跳上甲板，指揮官就雙手抱住我。我連忙問他：

「田單隊怎樣？」

「一切順利。」指揮官說：「剛才接到他們的密電，已經深入十五里。」

我鬆了一口氣。指揮官又問我：

「你們有沒有損失？」

「一死一傷。」我馬上回答。死的是鄺明光那一組的一位姓張的弟兄。但我突然想起馬鬍子那一組人，我問指揮官：「馬志遠他們回來沒有？」

指揮官摸不着頭腦，經我說明之後，他搖搖頭。

我的心一沉。

從艇上的望遠鏡裏，我發現有兩三百共匪的正規部隊包圍羅盤灣，火光照耀出港口和軍火庫的山坡上人影幢幢，手電四射。我更躭心馬鬍子那一組人。

等到七點鐘，海上還不見馬鬍子他們的踪影。陳艦長下令回航，我心裏很難過，我不知道馬鬍子他們十個人是死是活？鄺明光打着生硬的廣東話安慰我說：

「隊長，我們火牛隊這次着實賺了一票，下次再來捉大魚。」

下次我想回青島。

花燭刼

一

龍鳳花燭燃燒了一大半，燭油在燭台上結成了紅球；新的燭油還在繼續往下流，像新娘子韓雨蓮的眼淚，沿着羞紅的臉蛋兒慢慢地滴落。

韓雨蓮低垂粉頸，坐在床沿上，頭髮蓬鬆，瓜子臉上有兩道淚痕，像大蚯蚓爬過灰塵，新的眼淚沿着舊的淚痕涔涔而下。

新郎徐春陽坐在燭台邊，用手撐着頭，唉聲嘆氣。他突然在紅漆方桌上捶了一拳，新娘子一怔，怯生生地覷了他一眼，又連忙低下頭。

燭台搖晃了幾下才慢慢站穩。

「看妳一副觀音相，原來偷和尚！」徐春陽虎到韓雨蓮面前，用手向她一指，差點兒戳到她的鼻樑：「妳裝什麼蒜？妳說，妳說！」

「表哥，我說了我沒有偷人養漢……」韓雨蓮低着頭輕輕地回答。

「妳還想瞞天過海？哼，我決不會寃枉好人！」

「表哥，求求你，輕聲點，傳出去了我沒有臉見人。」韓雨蓮低聲下氣。

「呸！妳還要臉？要臉就不偷人養漢！」徐春陽向她唾了一口。

她倒在床上蒙着臉哭泣，頭埋在龍鳳被上，不敢出聲，兩肩一聳一聳，像扯着一隻大風箱。

徐春陽鄙夷地向地上唾了一口，又朝着韓雨蓮說：

「妳戲台上抹眼淚揿鼻涕，做給誰看？」

「爺，我哭我的黃連命，你也不要欺人太甚。」新娘子抬頭艾怨地望了他一眼。

「妳送爺一頂綠帽子，還說爺欺妳？爺從小唱老旦，窩囊了一輩子！兩個老糊塗檢了妳這個浪蹄子，更是粉壁牆上糊牛屎，爺眞是倒了八輩子楣，你還說爺欺你？……」

「表哥，當初兩老替我們訂親，你自己不也同意？」

「畫虎畫皮難畫骨，知人知面不知心，誰知道妳楊花水性？」

新娘子又傷心地哭了起來，哭了半天突然把頭一抬，望着新郎說：

「爺，你既然要抽頭道烟，唱頭道茶，我決不累你，明天我就回娘家去。」

「戲台上吹鬍子，嚇不倒人。爺跟妳打開天窗說亮話，爺不戴這頂綠帽子，回娘家，找野男人，一切由妳，爺有大字筆，不難寫個『休』字！」

新娘子的頭一倒，大風箱扯得更急，整個身子都抽動起來。

突然響起嗚嗚的警報聲，新郎一口氣把一對龍鳳花燭吹熄，悄悄地溜了出去。

新娘子躺在床上不動，暗自飲泣，她希望一顆炸彈丟在頭頂上，粉身碎骨，同時毀滅那永世難忘的羞恥。

二

大清早，新娘子就夾雜在躲進警報的人羣中，走回河東娘家，一副失魂落魄的樣子。

她一進門她母親就微微一怔。隨卽裝出一副笑臉說：

「兒，回門也不必這麼早，妳怎麼不多睡一會兒？」

「娘，紙包不住火……」韓雨蓮眼圈兒一紅，身子一踉蹌，險些兒跌倒。

韓老太太連忙把房門帶上，扶着她坐在自己的床沿，低聲地問：

「春陽眞的識破了？」

「娘，五更天下雪，明白的很！他不是二百五，女兒也不是青樓人，一筆難寫個瞞子。」韓雨蓮用紅手絹揩揩眼淚。

「春陽這孩子也眞絕，他一點兒也不顧我這張老臉皮，讓妳一個人回門？」

「娘，您別看花燈，作好夢！昨夜警報一響，他就溜之大吉，他說了絕情話，還會送我回門？」

韓老太太一怔，打量了女兒一眼，看女兒像雨打的梨花，也不禁流下兩行淸淚。她一再探問女婿講了些什麽話？韓雨蓮只好和盤托出。韓老太太張口結舌地望着女兒，過了半天才嘆了一口大氣：

「兒，我娘兒倆眞是黃連命！娘本來希望你們百年好合，想不到弄巧反拙！」

「娘，我早要您對三姨打開天窗說亮話，您偏要瞞天過海，到底雪裏埋不住人，女兒這張臉皮往那裏擺？」

「春陽問妳，妳怎麽不說？」

「娘，自己的瘡疤那有自己揭？」

「三姨雖是至親，娘也不好意思啓齒，想不到春陽那孩子是隻刁嘴的貓兒，不信今日也不信平日？」

「娘，男人都是採花蜂，重的是黃花閨女，他打翻了一缸醋，還管妳什麽王麻子老店？」

女兒一把眼淚一把鼻涕，老太太唉聲嘆氣，隨後又憐惜地對女兒說：

「天塌下來娘頂，妳先睡一會兒，身體要緊。」

「娘，這個臭皮囊我也不想要了，免得再在世上丟人現眼。」女兒搗着臉哭了起來。

「兒，別說糊塗話，我娘兒倆連着一根臍帶，妳要尋短見，娘也不會偷生。」

老太太替女兒解開紅綾襖，把她按在床上，扯開被子替她蓋好，逕自去廚房燒茶弄飯。

韓老太太一走進廚房，女房東就問她：

「韓太太，妳大姑娘昨夜才圓房，今天怎麽回得這麽早？」

「唉！」韓老太太故意拉長聲音一嘆：「鬼子眞鬧得我們鷄犬不寧，昨夜是他們的好日子，也放警報。我兩蓮膽小，怕在城裏挨炸彈，所以一大清早就跑過河東來。」

「這眞是今古奇觀！剛進洞房就跑警報。韓太太，他們這一代人沒有我們那一代人好，當年我們一進洞房，眞是老鼠掉進糖罐裏，拔也拔不出來。」房東太太說。

「李太太，那時天下太平，風調雨順，那像現在這個打翻了的黃蜂窩？」韓老太太說着說着又嘆了一口氣：「我兩蓮他們這一代人，眞是黃連命！」

「但願大姑娘早生貴子，甘蔗老來甜。」

「李太太，謝謝妳的金玉良言。」韓老太太笑在臉上，苦在心裏。

她燒了一冲壺開水，就開始煮麵，她特別向房東太太買了兩個新鮮鷄蛋，打在麵裏，又放了幾粒桂圓紅棗。房東太太打趣地說：

「韓太太，這眞是水往下流！年輕人只圖恩愛，不免損壞了身子。女人是城門樓上的箭把子，少不得吃點兒虧，大姑娘回門，是應該吃點兒補的培元養氣。」

「李太太，我們現在是公子落了難，不然我只有她這麽一塊心頭肉，那會這麽寒傖？」韓老太太感慨地說：「瘦麻雀沒有四兩肉，能補那塊瘡？她也只好委屈些兒。」

「韓太太，幸好她嫁了個有錢的婆家，吃用不盡。」李太太羨慕地說：「韓太太，新姑爺怎麼沒有一道來？」

「他財忙，舖子裏的事兒纏住了身。」韓老太太故意低着頭挑麵。房東太太也沒有再問。

韓老太太端着一大盌麵走進房，女兒連忙爬起，眼淚汪汪。

「乖，吃盌麵培元補氣，不要傷了身體。」韓老太太把一大海盌麵遞給女兒。

「娘，您自己吃，不要只顧我。」韓雨蓮說。

「娘是棵老槐樹，一陣風還吹不倒。妳快點兒吃，廚房裏我留了一大盌。」韓老太太安慰女兒欺騙自己。隨即溜囘廚房。

早飯後，韓老太太的妹妹徐太太從城裏過來，一進房內就打量了新媳婦一眼，韓雨蓮用往日的口氣叫了她一聲三姨，眼淚就滴了下來。

「雨蓮，妳怎麼一個人囘來，也不告訴我一聲？」徐太太問。

「三姨，我打落門牙和血吞，不敢再驚動您。」

「雨蓮，妳不認我是娘了？怎麼又改口叫三姨？」

「三姨，我是黑烏鴉，不配上梧桐樹。」

徐太太怔怔地望着她，胖胖的身體像尊彌勒佛。韓老太太替女兒揩揩眼淚，輕輕地對她說：

「妳出去散散心，娘有話和三姨講。」

韓雨蓮頭一低，竄了出去。韓老太太隨手把房門關上。她妹妹連忙湊近她輕輕地說：

「二姐，洞房起風波，不知道兩個小寃家是不是昨天夜晚少喝了兩杯合歡酒？」

「三妹，春陽和妳說了什麼沒有？」韓老太太說。

「他一清早就發猪脾氣，彷彿他老子和我欠了他一屁股債。他老子罵了他一頓，他才說出幾句渾話，所以我特地趕到河東來。」

「仔大爺難做。三妹，我們是自己人，直鈎兒釣魚，妳直說吧。」

「二姐，俗話說，黃毛丫頭十八變。雨蓮自小是個好姑娘，不知道這兩年人長大了，是不是花了心？」

「三妹，妳放心，雨蓮還是和小時候兒一模一樣。」

「二姐，三月的芥菜起了心，難保她沒有心上人。」

「我娘兒倆秤不離鉈，相依爲命，除了春陽以外，她沒有交過任何男人。」

「二姐，我眞是米湯裏洗澡，越弄越糊塗！」徐太太捉摸不定，尷尬地一笑：「聽妳的口氣，雨蓮的確規規矩矩，但是春陽又一口咬定她不是黃花閨女，我看包大人也難斷這件案子？」

「三妹，春陽沒有錯。」

韓老太太的話使她妹妹身子一抖，倒退兩步。指着她說：

「二姐，妳要醒着說話？」

「三妹，我何曾睡着？」韓老太太淒然一笑。
「雨蓮到底犯了什麽大錯？」
「她也沒有錯。」韓老太太搖搖頭。
「二姐，他們兩個小寃家都沒有錯，難道是我錯，妳錯？」
「三妹，本來我早就應該向妳說破，可是我嘴軟心酸，癩痢頭不敢揭瘡疤，想不到洞房裏還是起了風波。」
「二姐，梁山結了寨，一下子也散不了夥，妳也不妨直說。」
韓老太太輕輕地走到房門邊，側耳傾聽，然後抹抹眼淚，向妹妹重重地嘆了口氣：
「三妹，千里長江，我還是從源頭提起。」

三

「今年端午節前，我和雨蓮逃到南城，偏偏遇到傾盆大雨。」韓老太太說。
「二姐，這我知道。」徐太太說。
「這場大雨，一連下了四五天，河裏的水平了岸，路上連麻雀兒也找不到一隻。」
「螻蟻尚且貪生，麻雀自然也怕死。」
「初七天一放晴，城裏的難民就像螞蟻出洞，老老小小向南湧，我和雨蓮寡婦弱女，請伕子請不到，找鷄公車也找不到，寸步難行，只好遲一天走。誰知道這天中午，鬼子抄了後路，逃出城的難民，攔回了一半，我們一聽到消息，就跟着別人往河東跑，槍子兒亂飛，我和雨蓮也實在跑不動，只好躲進景雲寺。」

「二姐，這妳沒有提過。」

「那是個傷心地，所以我沒有提。」

「那寺裏住的是和尚還是尼姑？」

「沒有和尚也沒有尼姑，原來辦了個初級中學，不久之前樹倒猢猻散，只留了一個老校工。那寺比不得南北朝的古寺，只有三間教室，六七間房間，另外還有一個供長生祿位，存放生人壽材的小屋。我和雨蓮住在那間小屋隔壁的小房間。別的房間讓人家先佔了，教室裏韮菜炒豆芽，亂七八糟，雨蓮十七八歲的黃花閨女，還能讓他魚龍混雜？萬一葫蘆藤爬上了絲瓜架，三妹，我做姐姐的對妳又怎麼交代？她老子半路上死在炸彈下，她還能再出一點兒差錯？」

韓老太太扯起衣角，揩揩眼淚，嘆了口氣，沒有再說下去。徐太太關心地問：

「鬼子進城以後怎樣？」

「當天晚上還聽見零星的槍聲，第二天就平靜下來，到處是鬼子兵，河東和城裏只隔了幾丈寬的河，有石橋通過，交通要口上都站了鬼子兵。外面的不敢進來，裏面的不能出去。我們人地生疏，更不敢亂走一步。」

「鬼子怎麽樣？」

「他們只作三件事。一是抓着男人當伕子，或者拉到西門外槍斃。二是打開店舖，搬綢緞，運糧米。三是赤身露體，胯下只兜着一片遮羞布，街頭巷尾到處闖，搥門，破戶，駭得女人鷄飛狗跳。」

「畜牲！他們該沒有到景雲寺？」

「他們一網打盡天下魚，還會漏掉景雲寺？」

「二姐，那你們怎麽辦？」

「我一望見那羣畜牲，就把雨蓮收在棺材裏面。起先雨蓮也很怕，我一說鬼子來了，她就連忙鑽進去。我怕她悶死，把棺材口留了一條縫。三妹，百密一疏，我錯就錯在這裏！」韓老太太滾出兩顆眼淚。

「難道鬼子敢向棺材裏找人？」

「三妹，惡人不怕鬼，雨蓮就是在棺材裏被鬼子拖出來的……」韓老太太泣不成聲。

「畜牲！畜牲！……」徐太太咬牙頓脚，身上的肉一晃一跳。

「三妹，景雲寺以後成了鬼子的菜園門，女人都遭了殃。雨蓮兩次投河自盡，都被別人救了回來，因爲有我這個老骨頭，她才打落門牙和血吞，事實如此，我做娘的自然不能替她豎貞節牌坊，她可也沒有養漢偷人。妳既是姨，又是婆，船到橋頭，妳看怎麽辦？」

「二姐，為了我們雙方的面子，我自然也只好打落門牙和血吞了。不過我要問妳一句，雨蓮肚子裏有沒有孽種？我們雖然是親姊妹，她可不能給徐家帶個野種去。」

「三妹，老天可憐見，這點妳放心，事隔半年，雨蓮還是輕舟淺儎。」

「二姐，現在生米已經煮成熟飯，當初妳既沒有講出來，現在我們索性瞞到底。好在他老子認定雨蓮規規矩矩。」

「三妹，瞞得住菩薩瞞不住廟，春陽瞎子吃湯圓，心裏有數。」

「二姐，屎不挑不臭，春陽那孩子從小唱老旦，沒有辦法，只好讓他再窩囊一次，我眞怕雨蓮投水上吊。」

「三妹，我也是躭的這個心，雨蓮已經沒有退步路了。」

「二姐，請妳把雨蓮找來，我們先給她吃顆定心丸，免得她在春陽面前露馬脚。」

四

韓雨蓮跟在她母親後面走進房，眼睛還是紅紅的。

「雨蓮，五更天下雪，我也明白了。鬼子作的孽，這不能怪妳。」徐太太說。

「三姨，扁擔長的爛冬瓜，也賣不起價。妳同情我，表哥還是看我不起。」

「官司打倒金鑾殿，打死妳也不要招認，讓他一個人在肚子裏嘀咕，他又有什麼法子？」

「他有枝大字筆，可以寫個「休」字。」

「現在是什麽朝代？妳信他胡言亂語？」

「三姨，他要御窰裏的原裝貨，我無面目見江東。」

「男人都想喝頭道茶，他有本領就打到鬼子國去作駙馬，既然碰上了這種尷尬事，他也只好捏着鼻子喝一盅。」

「三姨，我雖然沒有作虧心事，心裏總有個疙瘩。」

「這也難怪，我們女人沒有男人的臉厚，妳以後處處讓他一着，逆來順受好了。只要妳守婦道，他抓不到葫蘆把，無名的腫毒自然消。」

「多謝妳，三姨。」

「雨蓮，妳怎麽還不改口？」徐太太慈祥地瞪她一眼

「娘！」她輕柔地叫了一聲，臉一紅，滾出兩顆眼淚。

五

贛州成了鬼子的轟炸目標，中午又放警報，徐春陽跟着他父親氣喘吁吁地跑到河東來，他不肯進韓老太太的家，他父親向他兩眼一瞪，他只好低着頭進來，叫了韓老太太一聲姨，沒有理會新娘子。新娘子眼圈一紅，含淚欲滴。他父親偷閒到朋友家打牌，他母親把他叫到一邊，嘰咕了

一頓。

「春陽，你不要人在福中不知福，雨蓮這樣好的媳婦兒，打着燈籠火把也難找。」徐太太對兒子說。

「娘，御窰裏的破罐兒，您替我謀得好！」兒子負氣地回答。

「你不要滿嘴的豆渣，雨蓮規規矩矩。」

「娘，炸彈丟下來晒筐大個坑，我怎麼會含血噴人？」

「你不要一肚子的鬼胎，娘過的橋比你走的路多，你懂什麼？」

「娘，妳不要天牌壓地牌，我瞎子吃湯圓，心裏有數。」

「春陽，你雞蛋裏找骨頭，要是逼出了人命，看你爹剝不剝你的皮？」

兒子嘆了一口氣，頓了一下脚。徐太太捉住他的手一拉，把他帶進韓老太太的房間，他比母親高一個頭，乖乖地跟着她走。

新娘子倒了一杯茶給他，他鼻子裏嗤了一聲。新娘子一怔，倒退兩步，眼淚在眼眶裏打滾。他母親望了他一眼，悠悠地說：

「你叫驢子打噴嚏，好大一口氣！」

他禁不住嗤的一笑，新娘子連忙背轉身，用手絹蒙住嘴。

徐太太向韓老太太使了一個眼色，姊妹兩人悄悄地走出來，妹妹隨手把門帶上，輕輕地吁了一口氣。

過了一會，徐太太對韓老太太說：「二姐，鬼子作的孽，兩個孩子吃苦果。親家差點兒變成了寃家，喜事差點兒變成了喪事，我心裏窩囊的很。」

「三妹，我們記住這筆賬，將來在閻王老子面前奏一本。」

城裏響起嗚嗚的警報聲。

塞外後記

最近幾年來，除了六部長篇之外，我寫了上百個中短篇。結集出版的計「花嫁」十四篇，「水仙花」十六篇，「白夢蘭」十五篇，「颱風之夜」十六篇，以及這本「塞外」裏的十四篇。以一個職業作者來講，我的產量不能算多，而今年的產量又特別少，除了寫了一本「「紅樓夢的寫作技巧」之外，只寫了三四個短篇和一些零稿。一方面是我一度患風濕，健康和情緒都受影響；二是任了三個月的教職，去了一趟馬尼拉；三是一些俗務纏身，分心費時。此外不可諱言的是，數年筆耕，心血也快耗盡。而我又決不肯爲了稿費胡拼亂湊，把寫小說當說故事。有此種種原因，產量自然減少。

「塞外」這篇小說的發表和這本集子的出版，曾經有一段波折，不能不提。

先說「塞外」的發表。當初我寫好這篇兩萬多字的小說之後，卽寄中央副刋，編者立卽易名「札爾烏蘭公主」闢欄連載，想不到只登了一天就沒有再登。第三天我問編者是怎麼一回事?他**抱歉地說**當天晚上就有蒙籍有力人士打電話到報社，驚動了社長，硬不許這篇小說再登。這種出版法以外的私人干豫，報社自然並不十分樂意，但也不願意爲了我這麼一位無拳無勇的作者，得罪打電話的人，只好連夜拆版。我挨了這一記悶棍，心裏自然生氣，而且我是以寫作維生的人，不能白費氣力，因此把稿子要回，恢復原題「塞外」，寄「今日世界」，「今日世界」特別快地把它發表，稿費自然也比中副多一倍。當初我之所以未先寄「今日世界」，是「今日世界」發表拙作已經不少，而他們的稿子又排到一年以上，這篇小說得佔三期篇幅。一個半月的時間，會影響別人，同時我又等着錢用，寄中副半個月就可以拿到稿費。想不到半路殺出程咬金，給我攔腰一棍！我幾天的心血就被別人一個電話斷送了；而且使我青黃不接，鬧了饑荒。寫小說還要躭心政府法令以外的私人干涉，實在使我灰心。如果我一氣跳淡水河，讀者還不知道我是怎麼死的？

再說「塞外」的出版。這本集子原交「**太平洋出版公司**」，一天突然接到該公司書面通知易名「美人計」出版。我一看到通知，非常生氣，因爲易名出版事先未徵求我的同意，而且合約未簽，版稅條件沒有談妥，（我事先聲明須訂合約，支版稅不賣版權），他們怎麼可以如此獨斷專行？我連夜邀他們的天主教友盧克彰兄前往交涉，克彰兄說「他們就是這個樣子，臺大教授也沒有辦法」。我說「對我不能這樣，我不吃這一套」。趕到該公司時負責人不在，我留下字條，同時拜託克彰兄轉告負責人：「依我的條件就出，不依我的條件別出」。克彰兄又單獨趕到景美去找那位先生。後來他告訴我，當天晚上十二點多鐘，他們趕到中央日報把出書廣告抽下來，我收到寄回的稿子時，才知道稿子已經檢了字。他們太不尊重作者，咎由自取。這本集子當時雖未出成，我總算爲自己和其他作者出了一口惡氣。

這次「塞外」由臺灣商務印書館出版，公平互惠，規規矩矩，彼此愉快。但我却不能不把「塞外」的波折寫出來，留個紀念。血痕鞭影，以誌不忘。

五五、一〇、二七、臺北。

墨人博士著作書目（校正版）

書目	類別	出版者	出版時間
一、自由的火焰 與《山之禮讚》合併	詩集	自印（左營）	民國三十九年（一九五〇）
二、哀祖國 易名《墨人新詩集》	詩集	大江出版社（臺北）	民國四十一年（一九五二）
三、最後的選擇	短篇小說	百成書店（高雄）	民國四十二年（一九五三）
四、閃爍的星辰	長篇小說	大業書店（高雄）	民國四十二年（一九五三）
五、黑森林	長篇小說	香港亞洲社	民國四十四年（一九五五）
六、魔障	長篇小說	暢流半月刊（臺北）	民國四十七年（一九五八）
七、孤島長虹（全集中易名爲富國島）	長篇小說	文壇社（臺北）	民國四十八年（一九五九）
八、古樹春藤	中篇小說	九龍東方社	民國五十一年（一九六二）
九、花嫁	短篇小說	九龍東方社	民國五十三年（一九六四）
一〇、水仙花	短篇小說	長城出版社（高雄）	民國五十三年（一九六四）
一一、白夢蘭	短篇小說	長城出版社（高雄）	民國五十三年（一九六四）
一二、颱風之夜	短篇小說	長城出版社（高雄）	民國五十三年（一九六四）

一三、白雪青山　長篇小說　長城出版社（高雄）　民國五十四年（一九六五）
一四、春梅小史　長篇小說　長城出版社（高雄）　民國五十四年（一九六五）
一五、洛陽花似錦　長篇小說　長城出版社（高雄）　民國五十四年（一九六五）
一六、東風無力百花殘　長篇小說　長城出版社（高雄）　民國五十四年（一九六五）
一七、合家歡　長篇小說　臺灣省新聞處（臺中）　民國五十四年（一九六五）
一八、紅樓夢的寫作技巧　文學理論　臺灣商務印書館（臺北）　民國五十五年（一九六六）
一九、塞外　短篇小說　臺灣商務印書館（臺北）　民國五十五年（一九六六）
二〇、碎心記　長篇小說　小說創作社（臺北）　民國五十六年（一九六七）
二一、靈姑　長篇小說　小說創作社（臺北）　民國五十七年（一九六八）
二二、鱗爪集　散　文　水牛出版社（臺北）　民國五十七年（一九六八）
二三、青雲路　短篇小說　臺灣商務印書館（臺北）　民國五十八年（一九六九）
二四、變性記　短篇小說　臺灣商務印書館（臺北）　民國五十八年（一九六九）
二五、龍鳳傳　長篇小說　幼獅書店（臺北）　民國五十九年（一九七〇）
二六、火樹銀花　長篇小說　立志出版社（臺北）　民國五十九年（一九七〇）
二七、浮生集　散　文　聞道出版社（臺南）　民國六十一年（一九七二）
二八、墨人詩選　詩　集　臺灣中華書局（臺北）　民國六十一年（一九七二）
二九、鳳凰谷　長篇小說　臺灣中華書局（臺北）　民國六十一年（一九七二）

三〇、墨人短篇小說選	短篇小說	臺灣中華書局（臺北）	民國六十一年（一九七二）
三一、斷腸人	短篇小說	臺灣學生書局（臺北）	民國六十一年（一九七二）
三二、詩人革命家胡漢民傳	傳記小說	近代中國社（臺北）	民國六十七年（一九七八）
三三、心猿	長篇小說	學人文化公司（臺北）	民國六十八年（一九七九）
三四、山之禮讚	詩　　集	秋水詩刊（臺北）	民國六十九年（一九八〇）
三五、心在山林	散　　文	中華日報社（臺北）	民國六十九年（一九八〇）
三六、墨人散文集	散　　文	學人文化公司（臺中）	民國六十九年（一九八〇）
三七、山中人語	散　　文	臺灣商務印書館（臺北）	民國七十二年（一九八三）
三八、花市	散　　文	江山出版社（臺北）	民國七十四年（一九八五）
三九、三更燈火五更雞	散　　文	江山出版社（臺北）	民國七十四年（一九八五）
四〇、墨人絕律詩集	詩　　集	臺灣商務印書館（臺北）	民國七十六年（一九八七）
四一、全唐詩尋幽探微	文學理論	臺灣商務印書館（臺北）	民國七十六年（一九八七）
四二、第二春	短篇小說	采風出版社（臺北）	民國七十七年（一九八八）
四三、全唐宋詞尋幽探微	文學理論	臺灣商務印書館（臺北）	民國七十八年（一九八九）
四四、小園昨夜又東風	散　　文	黎明文化公司（臺北）	民國八　十年（一九九一）
四五、紅塵（上、中、下三卷）	長篇小說	臺灣新生報社（臺北）	民國八　十年（一九九一）
四六、大陸文學之旅	散　　文	文史哲出版社（臺北）	民國八十一年（一九九二）

四七、紅塵續集	長篇小說	臺灣新生報社（臺北）	民國八十二年（一九九三）
四八、墨人半世紀詩選	詩　選	文史哲出版社（臺北）	民國八十四年（一九九五）
四九、張本紅樓夢（上下兩巨冊）	修訂批註	湖南出版社（長沙）	民國八十五年（一九九六）
五〇、紅塵心語	散　文	圓明出版社（臺北）	民國八十五年（一九九六）
五一、年年作客伴寒窗	散　文	中天出版社（臺北）	民國八十六年（一九九七）
五二、全宋詩尋幽探微	文學理論	文史哲出版社（臺北）	民國八十九年（二〇〇〇）
五三、墨人詩詞詩話	詩詞・理論	詩藝文出版社（臺北）	民國八十九年（二〇〇〇）
五四、娑婆世界（定本）	長篇小說	昭明出版社（臺北）	民國八十八年（一九九九）
五五、白雪青山（定本）	長篇小說	昭明出版社（臺北）	民國八十九年（二〇〇〇）
五六、滾滾長江（定本）	長篇小說	昭明出版社（臺北）	民國八十九年（二〇〇〇）
五七、春梅小史（定本）	長篇小說	昭明出版社（臺北）	民國八十九年（二〇〇〇）
五八、紫燕（定本）	長篇小說	昭明出版社（臺北）	民國九　十年（二〇〇一）
五九、紅樓夢的寫作技巧（定本）	文學理論	昭明出版社（臺北）	民國九　十年（二〇〇一）
六〇、紅塵六卷（定本）	長篇小說	昭明出版社（臺北）	民國九　十年（二〇〇一）
六一、紅塵法文本	巴黎友豐（you fonq）書局出版		二〇〇四年初版

附　註：

▲北京中國文聯出版社　二〇〇三年出版　大陸教授羅龍炎・王雅清合著《紅塵》論專書

▲臺北市昭明出版社出版墨人一系列代表作，長篇小說《娑婆世界》、一百九十多萬字的空前大長篇《紅塵》（中法文本共出五版）暨《白雪青山》（兩岸共出六版）、《滾滾長紅》、《春梅小史》、《紫燕》，短篇小說集、文學理論《紅樓夢的寫作技巧》（兩岸共出十四版）等書。臺灣中華書局出版的《墨人自選集》共五大冊，收入長篇小說《白雪青山》、《靈姑》、《鳳凰谷》、《江水悠悠》（爲《東風無力百花殘》易名）、《短篇小說・詩選》合集。《哀祖國》及《合家歡》皆由高雄大業書店再版。臺北詩藝文出版社出版的《墨人詩詞詩話》創作理論兼備，爲「五四」以來詩人、作家所未有者。

▲臺灣商務印書館於民國七十三年七月出版先留英後留美哲學博士程石泉、宋瑞等數十人的評論專集《論墨人及其作品》上、下兩冊。

▲《白雪青山》於民國七十八年（一九八九）由臺北大地出版社第三版。

▲臺北中國詩歌藝術學會於一九九五年五月出版《十三家論文》論《墨人半世紀詩選》。

▲《紅塵》於民國七十九年（一九九〇）五月由大陸黃河文化出版社出版前五十四章（香港登記，深圳市印行）。大陸因未有書號未公開發行僅供墨人「大陸文學之旅」時與會作家座談時參考。

▲北京中國文聯出版公司於一九九二年十二月出版長篇小說《春梅小史》（易名《也無風雨也無晴》）；一九九三年四月出版《紅樓夢的寫作技巧》。

▲北京中國社會科學出版社於一九九四年出版散文集《浮生小趣》。

▲北京群衆出版社於一九九五年一月出版散文集《小園昨夜又東風》；一九九五年十月京華出版社出

版長篇小說《白雪青山》大陸版，第一版三千冊，一九九七年八月再版一萬冊。

▲長沙湖南出版社於一九九六年一月初出版墨人費時十多年精心修訂批註的《張本紅樓夢》，分上下兩大冊精裝一萬一千套。立即銷完、因未經墨人親校，難免疏失，墨人未同意再版。

Mo Jen's Works

1950 *The Flames of Freedom*（poems）《自由的火焰》

1952 *Lament for My Mother Country*（poems）《哀祖國》

1953 *Glittering Stars*（novel）《閃爍的星辰》

The Last Choice（short stories）《最後的選擇》

1955 *Black Forest*（novel）《黑森林》

The Hindrance（novel）《魔障》

The Rainbow and An Isolated Island（novel）《孤島長虹》（全集中易名爲富國島）

1963 *The spring Ivy and Old Tree*（novelette）《古樹春藤》

1964 *Narcissus*（novelette）《水仙花》

A Typhonic Night（novelette）《颱風之夜》

Ms.Pei Mong-lan（novelette）《白夢蘭》

The Joy of the Whole Family（novel）《合家歡》

Flower Marriage（novelette）《花嫁》

1965 *White Snow and Green Mountain*（novel）《白雪青山》

The Short Story of Miss Chung Mei（novel）《春梅小史》

The Powerless Spring Breeze and Faded Flowers（novel）《東風無力百花殘》（《江水悠悠》）

Flower Blossom in Loyang（novel）《洛陽花似錦》

1966 *The Writing Technique of the Dream of Red Chamber*（literature theory）《紅樓夢的寫作技巧》

Out of The Wild Frontier（novelette）《塞外》

1967 *A Heart-broken Story*（novel）《碎心記》

1968 *Miss Clever*（novel）《靈姑》

Trifle（prose）《鱗爪集》

1969 *The Road to Promotion*（novelette）《青雲路》

1970 *A Sex-change Story*（novelette）《變性記》

The Biography of the Dragon and the Phoenix（novel）《龍鳳傳》

1971 *A Brilliantly lighted Garden*（novel）《火樹銀花》

1972 *My Floating Life*（prose）《浮生記》

Selection of Mo Jen's Poems《墨人詩選》

A Heart-broken Woman（novelette）《斷腸人》

Phoenix Valley（novel）《鳳凰谷》

Mo Jen's Works（five volumes）《墨人自選集》

Selection of Mo Jen's short stores《墨人短篇小說選》

1978 *Hu Han-ming, the Poet and Revolutionist*（novel）《詩人革命家胡漢民》

1979 *The Mokey in the Heart*（i.e. The Purple Swallow renamed）《心猿》

1980 *The Hermit*（prose）《心在山林》

A Collection of Mo Jen's Prose（prose）《墨人散文集》

A Praise to Mountains（poems）《山之禮讚》

1983 *Mountaineer's Remarks*（prose）《山中人語》

1985 *My Candle Burns at Both Ends*（prose）《三更燈火五更雞》

Flower Market（prose）《花市》

1986 *A Mundane World*（novel, four volumes, over 1.9 million words）《紅塵》

1987 *Remarks on All Poems of the Tang Dynasty*（theory）《全唐詩尋幽探微》

1988 *Remarks On All Tsyr*（prose poem）*of the Tang and Sung Dynasties*（theory）《全唐宋詞尋幽探微》

1991 *The Breeze That Came From The East Last Night in My Little garden Again*（prose）《小園昨夜又東風》

1992 *Travel for Literature in Mainland China*（prose）《大陸文學之旅》

1995 *Selection of Mo Jen's Poems, 1992-1994*《墨人半世紀詩選》

1996 *I'll look upon the World*《紅塵心語》

Chang Edition of the Dream of Red Chamber《張本紅樓夢》（修訂批註）

1997 *Cherish thy guests and the Muses*《年年作伴寒窗》

1999 *Saha Shih Gai*《娑婆世界》

1999 *Remarks on All Poems of the sung Dynasties*《全宋詩尋幽探尋》

1999 *Mo Jen's Classical Poems and Prose Poems*《墨人詩詞詩話》

2004 *Poussiere Rouge*《紅塵》法文譯本

墨人博士創作年表（二〇〇五年增訂）

年度	年齡	發表出版作品及重要文學紀錄摘要
民國二十八年己卯（一九三九）	十九歲	在東南戰區《前線日報》發表〈臨川新貌〉。淪陷區著名的上海《大美晚報》隨即轉載。
民國二十九年庚辰（一九四〇）	二十歲	在《前線日報》發表〈希望〉、〈路〉等新詩作品。
民國三十年辛巳（一九四一）	二十一歲	在《前線日報》發表〈評夏伯陽〉書評等文。
民國三十一年壬午（一九四二）	二十二歲	在各大報發表〈苦難的行列〉、〈贛州禮讚〉（長詩）、〈老船夫〉、〈盲歌者〉、〈自己的輓歌〉、〈抹去那怯弱的眼淚吧〉、〈生命之歌〉、〈快割鳥〉、〈鷂鷹與雲雀〉等詩及散文多篇。
民國三十二年癸未（一九四三）	二十三歲	在各大報發表長詩〈鋤奸隊長〉、〈搜索連長〉、〈遙寄〉、〈寫在第七個七七〉、〈父親〉、〈受難的女神〉、〈城市的夜〉及〈火把〉、〈擊柝者〉、〈橋〉、〈古鐘〉、〈汽笛〉、〈山居〉、〈沙灘〉、〈夜行者〉、〈孤芳〉、〈蚊蟲〉、〈蒼蠅〉、〈園圃〉、〈陽光〉、〈深秋〉、〈贈某詩人兼寫自己〉、〈哀亡命詩人〉、〈自供〉、〈白屋詩抄〉、〈哀歌〉、〈生活〉、〈給偶像崇拜者〉、〈戰書〉、〈燈下獨白〉、〈夜歸〉、〈失眠之夜〉、〈悼〉、〈殘英〉、〈黃昏曲〉、〈補綴〉、〈復活的季節〉、〈擬戀歌〉、〈晨雀〉、〈春耕〉、〈天空的搏鬥〉等長短抒情詩。另發表散文及短篇小說多篇。

民國三十三年甲申（一九三九）	二十四歲	發表〈山城草〉五首及〈沒有褲子穿的女人〉、〈襤褸的孩子〉、〈駝鈴〉、〈無聲的哭泣〉、〈長夜草〉、〈春夜〉、〈擬某女演員〉、〈蛙聲〉、〈麥笛〉等詩及散文多篇。
民國三十四年乙酉（一九四五）	二十五歲	發表〈最後的勝利〉及〈煉獄裏的聲音〉、〈神女〉、〈問〉等長詩與散文多篇。
民國三十五年丙戌（一九四六）	二十六歲	發表〈夢〉、〈春天不在這裡〉等詩及散文多篇。
民國三十六年丁亥（一九四七）	二十七歲	發表〈冬天的歌〉、〈流浪者之歌〉、〈手杖、煙斗〉及長詩〈上海抒情〉等與散文多篇。
民國三十七年戊子（一九四八）	二十八歲	主編軍中雜誌、撰寫時論，均不署名。
民國三十八年己丑（一九四九）	二十九歲	七月渡海抵臺，發表〈呈獻〉、〈滿妹〉，及長詩〈自由的火燄〉、〈人類的宣言〉等及散文多篇。
民國三十九年庚寅（一九五〇）	三十歲	發表〈站起來，捏死他！〉、〈滾出去，馬立克！〉、〈英國人〉、〈海洋頌〉等詩。出版《自由的火燄》詩集。
民國四十年辛卯（一九五一）	三十一歲	發表〈春晨獨步〉、〈炫與殉〉、〈悼三閭大夫屈原〉、〈詩聯隊〉、〈心靈之歌〉、〈子夜獨唱〉、〈真理、愛情〉、〈友情的花朵〉、〈啊，西風啊！〉、〈歲暮吟〉、〈師生〉、〈往事〉、〈天書〉、〈歷程〉、〈雨天〉、〈火車飛馳在海岸涼上〉、〈帶路者〉、〈送第一艦隊出征〉等詩，及〈哀祖國〉長詩。
民國四十一年壬辰（一九五二）	三十二歲	發表〈未完成的想像〉、〈廊上吟〉、〈窗下吟〉、〈白髮吟〉、〈秋夜輕吟〉、〈秋訊〉、〈渴念，追求〉、〈寂寞、孤獨〉、〈冬眠〉、〈我想把你忘記〉、〈想念〉、〈成人的悲歌〉、〈訴〉、〈詩人〉、〈詩〉、〈貝絲〉、「春天的懷念」五首，〈和風〉、〈夜雨〉、〈臺灣海峽的霧〉等及散文、短篇小說多篇。　出版《哀祖國》詩集。

民國四十二年癸巳（一九五三）	三十三歲	發表〈寄台北詩人〉等詩及散文短篇小說多篇。高雄百成書店出版短篇小說集《最後的選擇，收入〈華玲〉、〈生死戀〉、〈梅蘭馨〉、〈敵人的故事〉、〈最後的選擇》、〈蔣復成〉、〈姚醫生〉等七篇。大業書店出版長篇小說《閃爍的星晨》一、二兩冊。
民國四十三年甲午（一九五四）	三十四歲	發表〈雪萊〉、〈海鷗〉、〈鳳凰木〉、〈流螢〉、〈鵝鑾鼻〉、〈海邊的城〉、〈長夏小唱〉及散文、短篇小說多篇。
民國四十四年乙未（一九五五）	三十五歲	發表〈雲〉、〈F-86〉、〈題 GK〉等詩及散文、短篇小說多篇。香港亞洲出版社出版長篇小說《黑森林》，並獲中華文獎會國父誕辰長篇小說第二獎（第一獎從缺）。
民國四十五年丙申（一九五六）	三十六歲	發表〈四月〉等詩及散文、短篇小說多篇。
民國四十六年丁酉（一九五七）	三十七歲	發表〈月亮〉、〈九月之旅〉、〈雨和花〉等詩及長篇小說《魔障》。
民國四十七年戊戌（一九五八）	三十八歲	暢流半月刊雜誌社出版長篇連載小說《魔障》。
民國四十八年己亥（一九五九）	三十九歲	發表短篇小說、散文多篇。文壇雜誌社出版長篇小說《孤島長虹》（全集中易名爲《富國島》）。
民國四十九年庚子（一九六〇）	四十歲	發表〈橫貫小唱〉等詩及散文、短篇小說多篇。
民國五十年辛丑（一九六一）	四十一歲	發表〈熱帶魚〉、〈豎琴〉、〈水仙〉等詩及短篇小說甚多。奧國維也納納富出版公司編選的《世界最佳小說選》選入短篇說〈馬腳〉，同時入選者有諾貝爾文學獎得主威廉福克納、拉革克菲斯特等世界各國名作家作品。

民國五十一年壬寅（一九六二）	四十二歲	發表〈青鳥〉、〈兩腳獸〉、〈晚會〉、〈祈禱〉等詩及短篇小說甚多。奧國維也納納富出版公司又將短篇小說《小黃》（以江州司馬筆名撰寫者）選入《世界最佳小說選》，同時入選者有諾貝爾獎得主蕭洛霍夫，郭沫若及世界各國名作家作品。
民國五十二年癸卯（一九六三）	四十三歲	香港九龍東方文學出版社出版中篇小說《古樹春藤》。發表短篇小說、散文甚多。
民國五十三年甲辰（一九六四）	四十四歲	香港九龍東方文學社出版短篇小說集《花嫁》，收入〈教師爺〉、〈劉二爹〉、〈二媽〉、〈異鄉人〉、〈花嫁〉、〈扶桑花〉、〈南海屠鮫〉、〈高山曲〉、〈古寺心聲〉、〈誘惑〉、〈隱情〉、〈美珠〉、〈新苗〉、〈心聲淚影〉等十四篇。高雄長城出版社出版中短篇小說集《水仙花》，收入〈水仙花〉、〈銀杏表嫂〉、〈圓房記〉、〈江湖兒女〉、〈天鵝〉、〈賭徒〉、〈搶親〉、〈黃龍〉、〈風雪歸人〉、〈花子老趙〉、〈景雲寺的居士〉、〈人與樹〉、〈過客〉、〈阿婆〉、〈馬腳〉、〈小黃〉等十六篇。高雄長城出版社出版中短篇小說集《白夢蘭》。收入〈情敵〉、〈空手〉、〈師生〉、〈斷夢〉、〈黃昏曲〉、〈白夢蘭〉、〈平安夜〉、〈凱塞琳、萊蒙托夫與我〉、〈陽春白雪〉、〈亂世佳人〉、〈傷心之旅〉、〈白衣清淚〉、〈護士與病人〉、〈如夢記〉、〈除夕〉等十五篇。　高雄長城出版社出版《中華日報》連載的二十五萬字長篇小說《白雪青山》。　發表短篇小說、散文甚多。
民國五十四年乙巳（一九六五）	四十五歲	高雄長城出版社出版連載長篇小說《洛陽花似錦》、《春梅小史》、《東風無力百花殘》三部。　發表短篇小說、散文甚多。
民國五十五年丙午（一九六六）	四十六歲	省政府新聞處出版長篇小說《合家歡》。是年五月赴馬尼拉華僑文教講習會講授「紅樓夢的寫作技巧」及新詩課程一個月。商務印書館出版文學理論專著《紅樓夢的寫作技巧》，全書共十五萬字。商務印書館出版中短篇小說集《塞外》。收入〈塞外〉、〈鬍子〉、〈百合花〉、〈天山風雲〉、〈白金龍〉、〈白狼〉、〈秋圃紫鵑〉、〈曹萬秋的衣缽〉、〈半路夫妻〉、〈百鳥聲喧〉、〈風竹與野馬〉、〈美人計〉、〈夜襲〉、〈花燭劫〉等十四篇。

民國五十六年丁未（一九六七）	四十七歲	發表短篇小說、散文甚多。小說創作社出版連載長篇小說《碎心記》。
民國五十七年戊申（一九六八）	四十八歲	小說創作社出版《中華日報》連載長篇小說《靈姑》。水牛出版社出版散文集《鱗爪集》，收入〈家鄉的魚〉、〈家鄉的鳥〉、〈雪天的懷念〉、〈秋山紅葉〉、〈學問與創作之間〉等散文七十六篇、舊詩三首。
民國五十八年己酉（一九六九）	四十九歲	商務印書館出版中短篇小說集《青雲路》。收入〈世家子弟〉、〈青雲路〉、〈空棺記〉、〈久香〉等四篇。
民國五十九年庚戌（一九七〇）	五　十　歲	商務印書館出版中短篇小說集《變性記》。收入〈變性記〉、〈嬌客〉、〈歲寒圖〉、〈泥龍〉、〈祖孫父子〉、〈秋風落葉〉、〈老夫老妻〉、〈恩愛夫妻〉、〈布販與偷雞賊〉、〈芳鄰〉、〈沙漠王子〉、〈沙漠之狼〉、〈世界通先生〉、〈寶珠的祕密〉、〈奇緣〉等十五篇。幼獅文化事業公司出版長篇小說《龍鳳傳》。臺北立志出版社出版長篇《火樹銀花》出版全集時易名《同是天涯淪落人》。
民國六十年辛亥（一九七一）	五十一歲	立志出版社出版長篇小說《火樹銀花》。發表散文多篇及在高雄《新聞報》連載長篇小說《紫燕》。
民國六十一年壬子（一九七二）	五十二歲	聞道出版社出版散文集《浮生集》。收入〈文藝的危機〉、〈貝克特高風〉、〈五十年華〉等散文十三篇，舊詩六首。學生書局出版短篇小說散文合集《斷腸人》。收入短篇小說〈斷腸人〉、〈薇薇〉、〈相見歡〉、〈滄桑記〉、〈恩怨〉、〈夜宴〉等七篇及散文〈文學系與文學創作〉、〈大學國文教學我見〉、〈作家之死〉等十五篇。　中華書局出版《墨人自選集》五大冊。包括長篇小說《白雪青山》、《靈姑》、《鳳凰谷》、《江水悠悠》（《東風無力百花殘》易名）及《短篇小說、詩選》（精選短篇小說二十八篇，抒情詩一〇六首），共一百五十萬字。
民國六十二年癸丑（一九七三）	五十三歲	發表散文多篇。列入英國劍橋國際傳記中心（International Biographical Centre Cambridge England）出版的《國際詩人名錄》（*International Who's Who in Poetry. 1973*）。

民國六十三年甲寅（一九七四）	五十四歲	出席第二屆世界詩人大會。發表散文多篇。
民國六十四年乙卯（一九七五）	五十五歲	列入正中書局出版的《中華民國文藝史》（1975）。發表〈臺北的黃昏〉新詩一首及散文多篇。
民國六十五年丙辰（一九七六）	五十六歲	列入英國劍橋國際傳記中心出版的 *Men of Achievement. 1976* 發表〈歷史的會晤〉新詩及散文、短篇小說多篇。
民國六十六年丁巳（一九七七）	五十七歲	應 I.B.C 邀請於三月間赴義大利翡冷翠出席國際文藝交流大會（The 3rd I.B.C. International Congress on Arts and Communications）。會後環遊世界。發表〈羅馬之雲〉、〈羅馬之松〉、〈翡冷翠的女郎〉、〈翡冷翠之柳〉、〈塞納河〉等詩及羅馬掠影」、〈單城記〉、〈威尼斯之旅〉、〈藝術之都翡冷翠〉、〈西雅奈與比薩斜塔〉、〈美國行〉、〈江戶、皇宮、御苑〉、〈環球心影〉等遊記。在《中國時報》發表有關中國文化論文〈中國文化的三條根〉，在《新生報》發表〈文藝界的『洋』瘋癲〉等多篇。
民國六十七年戊午（一九七八）	五十八歲	近代中國社出版長篇傳記小說《詩人革命胡漢民傳》。列入英國劍橋國際傳記中心出版的《國際名人辭典》（*Dictionary of International Biography. 1978*）。《國際知識分子名錄》(*International Who's Who of Intellectual. 1978*、《國際人名剪影》 *International Register of Profiles*）、《國際社會名人錄》（*International Who's Who in Community Service*），發表〈六月之荷〉詩一首。在各報發表〈中國文化的宇宙觀〉、〈中國文化的真面目〉、〈文化、社會形態與當代文學創作（爲亞洲文學會議而作）〉、〈人與宇宙自然法則〉等。出席亞洲文學會議。 列入中華書局出版的《中華民國當代名人錄》（*Who's Who of R.O.C. 1978*） 列入行政院新聞局編印的一九七八年英文《中華民國年鑑名人錄》（*China Yearbook Who's Who*）。

民國六十八年己未（一九七九）	五十九歲	學人文化事業有限公司出版長篇小說《心猿》（《紫燕》易名）。發表短篇小說〈春〉、〈杏林之春〉、長詩〈哀吉米・卡特〉及〈山之禮讚〉五首。短篇〈客從故鄉來〉、〈人瑞〉。理論〈中國古典小說戲劇〉、〈抗戰文學的整理與再創作〉（《中央日報》）等多篇。
民國六十九年庚申（一九八〇）	六十歲	秋水詩刊社出版詩集《山之禮讚》、收集六十四年以後新詩四十四首及七言絕律詩十首。　中華日報社出版散文集《心在山林》、收集〈花甲雲中過〉、〈老當益壯〉、及抒情寫景散文數十篇。 臺中學人文化事業出 版有限公司出版《墨人散文集》收集〈文化、社會形態與當代文學創作〉、〈人與宇宙自然法則〉、〈中國文化的三條根〉、〈宇宙爲心人爲本〉、〈文藝界的『洋』癇瘋〉等理論性散文數十篇。 在《中央日報・副刊》發表〈紅樓夢研究的正確方向〉，《中華日報・副刊》發表〈人生六十樹常青〉，《青年戰士報・新文藝副刊》發表〈山中人語〉專欄文章〈山水之間〉、〈生命長短價值觀〉、〈寶刀未老〉、〈七進七出鬼門關〉、〈報人甘苦〉、〈杏壇生涯〉等。 接受《大華晚報》採訪組副主任程榕寧兩次訪問，一爲談胡漢民生平，一爲談《易經》、《道德經》、命學，並發表〈醫學命學與人生〉專文。
民國七十年辛酉（一九八一）	六十一歲	繼續撰寫《山中人語》專欄。 應臺中市《自由日報》特約撰寫《浮生小記》專欄。 應行政院新聞局邀請參觀本省農漁畜牧事業單位，並在《中央日報》發表〈人在福中〉散文。 接受臺灣廣播公司《成功之路》節目訪問，於四月廿七日晚八時半播出。 在高雄《新聞報》發表〈撥亂反正說紅樓〉（六月十七、十八日）論文。
民國七十一年壬戌（一九八二）	六十二歲	九月赴漢城出席第二屆中韓作家會議，並在東京參加中日作家會議，曾暢遊南韓、北海道、大阪至東京名勝地區，歸後撰寫〈韓國掠影〉、〈秋遊北海道〉，發表於《中央日報》。 列入中華民國名人傳記中心出版的《中華民國現代名人錄》。

		列入英國劍橋國際傳記中心出版的《傑出男女傳記》（*Men and Women of Distinction*）並附照片。 列入美國 MarQuis 公司出版的《世界名人錄》（*Who's Who in the World*）第六版。 接受義大利藝術大學授予的文學功績證書。
民國七十二年癸亥（一九八三）	六十三歲	商務印書館出版散文集《山中人語》，收集散文七十篇。
民國七十三年甲子（一九八四）	六十四歲	商務印書館出版《論墨人及其作品》上、下兩冊，包括評論文章六十餘篇。 列入義大利 Accademia Itlia 出版英、法、德、義四種文字的《國際文學史》（*The History of International Literature*）及《百科全書：當代人物（*The Encyclopadeia: Contemporary Personalities*）。 端午節（六月四日）開筆撰寫已構思準備十餘年的一百餘萬字的大長篇小說《紅塵》，年底完成初稿四十餘萬字。 十月在韓國漢城舉行的第四屆中韓作家會議，事忙未能出席，但提出一萬餘字的論文〈古典與現代〉一篇。
民國七十四年乙丑（一九八五）	六十五歲	由江山出版社出版《三更燈火五更雞》、《花市》散文集等兩本，前者收入散文，理論二十四篇，後者收入散文遊記二十七篇。 八月一日退休，專心寫作《紅塵》，於十二月底完成九十二章，告一段落，共一百二十萬字，超出《紅樓夢》十餘萬字，內有絕律詩（聯）三十一首。
民國七十五年丙寅（一九八六）	六十六歲	年初開始研讀《全唐詩》，撰寫《全唐詩尋幽探微》，十一月完成，共十二萬餘字，一面在《新聞報・西子灣》發表，並連同歷年所作絕律詩三十七首，定名為《墨人絕律詩集》，一併交與臺灣商務印書館簽約出版。 列入美國 A.B.I.出版的 5000 Personalities of the World；英國 I.B.C.出版的 *The Intemational Authors and Writers Who's Who.*

民國七十六年丁卯（一九八七）	六十七歲	訪問考察東南亞地區、國家馬來西亞、新加坡、泰國、菲律賓、香港十七天，並出席多次座談會。 商務印書館出版《全唐詩尋幽探微》（附《墨人絕律詩集》）。 《紅塵》長篇小說於三月五日開始在（臺灣新生報）連載。 七月四、五日出席在臺北市召開的抗戰文學研討會。 八月一日出席在高雄市召開的第七屆中韓作家會議。
民國七十七年戊辰（一九八八）	六十八歲	元月二日完成《全唐宋詞尋幽探微》（附《墨人詩餘》）全書十六萬字。設於美國深受世界尊重的「國際大學基金會」（The Marguis Giuseppe Scicluna 1855-1907 Internarional University Foundation）（Founded 1973）授予榮譽文學博士學位。
民國七十八年己巳（一九八九）	六十九歲	臺灣商務印書館出版《全唐宋詞尋幽探微》。 臺北大地出版社三版長篇小說《白雪青山》。 世界大學（World University）授予榮譽文學博士學位。
民國七十九年庚午（一九九〇）	七十歲	五月應大陸黃河文化實業公司邀請，作四十天文學之旅，與北京、上海、杭州、九江、武漢、西安、蘭州等地作家座談中華文化、文學創作，坦誠交換意見，獲得一致共識、真摯友情與尊敬，廣州電視臺並全程錄影，製作專輯播出，六月底返臺後即撰寫《大陸文學之旅》專著。 艾因斯坦國際學院基金會（Albert Einstein 1879-1955 International Academy Foundation）授予榮譽人文學博士學位。 榮列英國劍橋國際傳記中心出版的 IBC Book of Dedications.占全書篇幅五頁，刊登照片五張，介紹五十年創作生涯，十分翔實，篇幅之大，爲全書冠，並禮聘爲 IBC 副總裁。
民國八十年辛未（一九九一）	七十一歲	二月底新生報出版《紅塵》，二十五開本，上、中、下三鉅冊。黎明文化事業公司出版《小園昨夜又東風》散文集。 應香港廣大學院禮聘爲中國文學研究所客座指導教授。 《紅塵》榮獲新聞局著作金鼎獎及嘉新優良著作獎。

民國八十一年壬申（一九九二）	七十二歲	文史哲出版社出版《大陸文學之旅》。 應聘香港廣大學院中研所客座指導教授。 一月五日開筆寫《紅塵續集》，自九十三章起至一百二十章止，共四十萬字，六月十日完稿，《紅塵》全書共一百九十萬字。續集自十二月一日開始在《臺灣新生報・副刊》連載近年，雙破長篇鉅著及連載紀錄。中國廣播公司《中廣小說選播》節目，亦於十二月一日十四時三十分，在AM657千赫第一廣播網開始播出長篇鉅著《紅塵》上、中、下三冊，由戴愛華小姐導播，集該公司播音精英，通力合作，龍老夫人一角由播音元老白銀飾演，其餘人物均爲一時之選，效果奇佳，前所未有。　北京「中國文聯出版公司」出版《也無風雨也無晴》。 墨人故鄉九江《師專學報》，於本年起開闢《墨人研究》專欄，與《陶淵明研究》、《黃山谷研究》，並稱三大專欄，甚受教育、學術界重視。
民國八十二年癸酉（一九九三）	七十三歲	十月下旬，偕《秋水》詩刊同仁涂靜怡、雪柔、麥穗、汪洋萍、風信子、林蔚穎等爲慶祝《秋水》創刊二十周年，訪問哈爾濱、北京、西安三大都市，與當地詩人座談交流，水乳交融，兩岸詩人因而建立深厚友誼。十一月初，隻身訪問昆明、探親，昆明作協主席曉雪、八十多歲老作家李喬、小說家張昆華、《春城晚報》副總編輯熊廷武、副刊主編原因、理論家教授余斌、作家湯世傑、李錦華等集會歡迎，其中多爲白族、彝族等少數民族作家，乃以雲南少數民族文化資源努力創作相勉，深獲共鳴。資深作家彭荊風，晚間並來下榻處暢談。 繼續應聘香港廣大學院中研所客座指導教授三年。 十二月新生報社出版《紅塵續集》，全書共四大冊，其實前後一貫，爲一整體，該報爲方便，乃以《續集》名之。一生心願心血得以完成，在輕、薄、短、小及商品文學獨占市場情況下，亦一大異數。北京「中國文聯出版公司出版《紅樓夢的寫作技巧》。

民國八十三年甲戌（一九九四）	七十四歲	一月開始研讀自北京購回的《全宋詩》，擬續寫《全宋詩尋幽探微》。 四月十一日接受臺北復興廣播電臺《名人專訪》節目主持人裴雯小姐訪問：談一生寫作歷程及大長篇《紅塵》寫作經過。 臺北《世界論壇報》副社長兼副刊主編詩人評論家周伯乃先生，特自五月三十一日起一連三天出版特刊，慶祝七十晉五誕辰暨創作五十五周年，除刊出〈小傳〉、〈七五人生一首詩〉、〈中國新詩與傳統詩詞的整合〉、〈叩開生命之門〉三篇新作外，並刊出蒙古族女詩人作家薩仁圖婭的〈墨人：屈原風骨中華魂〉，及馬來西亞霹靂州立女子中學校長，詩詞家、散文作家彭士麟女士論《紅塵》與大陸作家作品比較的書信，墨人著作校長，詩詞家、散文作家彭士麟女士論《紅塵》與大陸作家作品比較的書信，墨人著作目錄、美國兩個榮譽文學博士、一個人文學博士照片三張，《紅塵》獲獎照片一張，及周伯乃〈無限的祝禱〉文等。 八月七日，中國時報系的《工商日報・讀書版・大書坊》刊出耆齡的《紅塵》墨人專訪文章，並配合攝影記者何日昌拍攝的墨人及《紅塵》四冊照片。 大陸廣州暨南大學中文系教授兼臺港暨海外華文文學研究中心主任、評論家潘亞暾，費時月餘撰寫《紅塵續集》論文達一萬餘字的〈偉大史詩的歸結〉，於九月二十一至二十五日在臺北市《世界論壇報・副刊》全文刊出，見解不凡，對《續集》的成功更使他大吃一驚，因此，更肯定《紅塵》的史詩價值、地位。 八月二十八日第十五屆世界詩人大會在臺北召開，僅提出〈中國新詩與傳統詩詞的整合〉論文一篇，並未出席、論文則由《中國詩刊》主編曾美霞女士代讀。
民國八十四年乙亥（一九九五）	七十五歲	一月，臺北文史哲出版社出版《墨人半世紀詩選》（一九四二—一九九四）。 一月十日應臺北廣播電臺《藝文夜話》主持人宋英小姐訪問，許導播秀玲決定十日開播《紅塵》全書四冊，每日廣播兩次。 中國詩歌藝術學會主辦、中國文藝協會協辦，於五月二十二日在臺北市中國文藝協會舉行《墨人世半紀詩選》學術研討會，與會詩人、評論家六十餘人，討論情況熱烈，並印發海峽兩岸評論家王常新、古繼堂、古遠清、李春生、楊允達、周伯乃等十三家論文專集。各家均推崇、肯定新舊詩兩方面的成就與半個多世紀的貢獻。

		英國劍橋國際傳記中心頒贈二十世紀文學傑出成就獎。榮列一九九五年英國劍橋國際傳記中心出版的 The Definitive Book of the Deputy Directors General of the IBC.佔全書篇幅五頁，刊登照片五張，爲全書之冠。
民國八十五年丙子（一九九六）	七十六歲	臺北圓明出版社出版涵蓋儒、釋、道三家思想的散文集《紅塵心語》。卷首有珍貴的文學照片十餘張。 臺北中國詩歌藝術學會出版《十三家論文》論《墨人半世紀詩選》。
民國八十六年丁丑（一九九七）	七十七歲	臺北中天出版社出版與《紅塵心語》爲姊妹集的散文集《年年作客伴寒窗》，各篇亦均以五、七言詩作題，內中作者詩詞亦多，並附錄珍貴文學資料訪問記、特寫、著作目錄等十餘篇。出任「乾坤」詩刊顧問，並主編該刊古典詩詞。完成《墨人詩詞詩話》、《全宋詩尋幽探微》兩書全文。
民國八十七年戊寅（一九九八）	七十八歲	構思六年的以佛學精義結合修行心得化爲文學創作的長篇小說《娑婆世界》，於三月二十八日開筆，十二月脫稿。共三十八章，五十多萬字。 英國劍橋國際傳記中心（IBC）出版《二十世紀傑出人物》以照片配合文字將墨人傳記刊卷首重要位置，並頒發獎狀。大陸中國國際經濟文化交流促進會、燕京國際文化藝術研究會等七大單位編纂出版的《世界華人文學藝術界名人錄》，中國國際交流出版社出版的《世界名人錄》，均爲十六開巨型中文本。
民國八十八年己卯（一九九九）	七十九歲	本年爲來臺五十周年，創作六十周年，中國習俗八十歲，昭明出版社出版長篇小說《娑婆世界》。 美國傳記學會（ABI）出版二十世紀《五百位有影響力的領袖》，以照片配合文字將墨人傳記刊於卷首重要位置並頒發獎狀。照片及詩詞五首編入中國《當代吟壇》巨著。　美國「世界智庫」與艾因斯坦國際學會基金會」聯合頒贈墨人傑出成就榮譽獎，以紀念千禧年，並榮列中國出版的《中華精英大全》。 美國傳記學會頒贈墨人「二十世紀成就獎」。

民國八十九年庚辰（二〇〇〇）	八十歲	臺北昭明出版社陸續出版定本長篇小說《白雪青山》、《滾滾長江》、《春梅小史》；文學理論《紅樓夢的寫作技巧》，連同民國八十八年出版的長篇小說《娑婆世界》，並列爲墨人一系列代表作品，以慶祝墨人八十整壽。 臺北詩藝文出版社出版《墨人詩詞詩話》。 臺北文史哲出版社出版《全宋詩尋幽探微》。
民國九十年辛巳（二〇〇一）	八十一歲	臺北昭明出版社出版長篇小說定本《紅塵》全書六冊及長篇小說《紫燕》定本。
民國九十一年壬午（二〇〇二）	八十二歲	五月三日偕長子選翰赴上海訪友小住。 英國劍橋國際傳記中心授予「終身成就獎」。
民國九十二年癸未（二〇〇三）	八十三歲	八月底偕夫人及在臺子女四人經上海轉往故鄉九江市掃墓探親並遊廬山。
民國九十三年甲申（二〇〇四）	八十四歲	準備出版全集（經臺北榮民總醫院檢查無任何疾病。）巴黎 you-Feng 書局出版豪華典雅法文本《紅塵》。
民國九十四年乙酉（二〇〇五）	八十五歲	此後五年不遠行，以防交通意外，準備資料。計劃百歲前開筆撰寫新長篇小說。北京「中央出版社」出版《強國丰碑》，以著名文學家張萬熙爲題刊出墨人傳略，爲臺灣及海外華人作家唯一入選者。並先後接到北京電話、書函邀請寄送資料編入《一代名家》、《中華文化藝術名家名作世界傳播錄》。
民國九十五年丙戌（二〇〇六）至民國一百年（二〇一一）——	八十六歲至九十二歲——	重讀重校全集，已與臺北市文史哲出版社簽訂出版《墨人博士作品全集》合約，民國一百年年內可以出版。此爲「五四」以來中國大陸與臺灣所未有者。